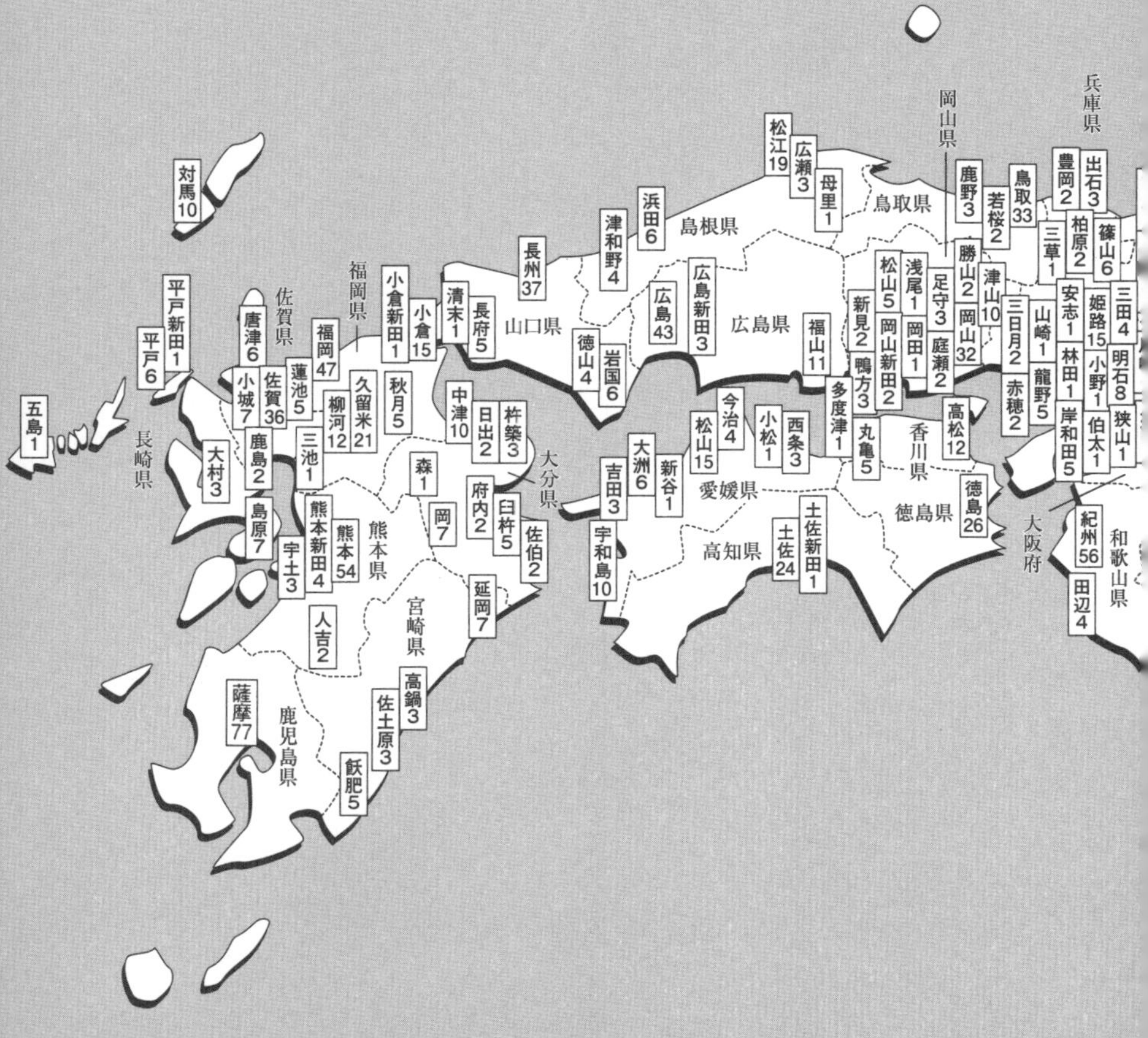

兵庫県
岡山県
松江19
広瀬3
母里1
鳥取県
鹿野3
若桜2
鳥取33
豊岡2
出石3
柏原2
篠山6
三草1
浜田6
島根県
津和野4
長州37
広島新田3
広島43
広島県
福山11
松山5
浅尾1
足守3
勝山2
津山10
新見2
岡山新田2
岡田1
庭瀬2
岡山32
三日月2
山崎1
安志1
姫路15
三田4
林田1
小野1
明石8
龍野5
赤穂2
岸和田5
伯太1
狭山1
鴨方3
多度津1
丸亀5
香川県
高松12
今治4
小松1
西条3
松山15
大洲6
新谷1
吉田3
愛媛県
宇和島10
土佐新田1
土佐24
高知県
徳島県
徳島26
大阪府
紀州56
田辺4
和歌山県
山口県
徳山4
岩国6
清末1
長府5
小倉15
小倉新田1
福岡県
福岡47
秋月5
久留米21
柳河12
蓮池5
佐賀県
唐津6
佐賀36
小城7
鹿島2
三池1
中津10
日出2
杵築3
大分県
森1
府内2
臼杵5
佐伯2
岡7
延岡7
熊本県
熊本54
熊本新田4
宇土3
島原7
大村3
長崎県
平戸6
平戸新田1
五島1
対馬10
人吉2
宮崎県
高鍋3
佐土原3
飫肥5
薩摩77
鹿児島県

シリーズ藩物語

弘前藩

本田伸……著

現代書館

プロローグ

弘前藩物語

寛政四年（一七九二）、根室に来航したロシア使節ラクスマンは、指示に従って箱館（函館）に回航し、漂流民として保護されていた大黒屋光大夫《こうだゆう》らを日本側に引き渡した。この時の接見のもようが井上靖『おろしや国酔夢譚』に書かれているので、少し引用してみよう。

会見場所は浜屋敷と呼ばれている家老松前勘解由《かげゆ》の邸であった。そこに近くなると、道の両側には鞍をつけた三十頭の馬が居並んでいた。その馬の列を通って行くと門があり、門内の歩道の両側は塀になっていて、塀には青と白の幔幕が掛けられてあった。

北海道大学の北方資料室に、接見場となった浜屋敷の絵図「異

藩という公国

江戸時代、日本には千に近い独立公国があった

江戸時代。徳川将軍家の下に、全国に三百諸侯《しょこう》★の大名家があった。ほかに寺領や社領、知行所《ちぎょうしょ》★をもつ旗本領《はたもとりょう》などを加えると数え切れないほどの独立公国があった。そのうち諸侯を何々家《なになにけ》家中《かちゅう》と称していた。家中は主君を中心に家臣が忠誠を誓い、強い連帯感で結びついていた。家臣の下には足軽《あしがる》層《そう》★がおり、全体の軍事力の維持と領民の統制をしていたのである。その家中を藩と後世の史家は呼んだ。

江戸時代に何々藩と公称することはまれで、明治以降の使用が多い。それは近代からみた江戸時代の大名の領域や支配機構を総称する歴史用語として使われた。その独立公国たる藩にはそれぞれ個性的な藩風《はんぷう》と自立した政治・経済・文化があった。幕藩体制とは歴史学者伊東多三郎《いとうたさぶろう》★氏の視点だが、まさに将軍家の諸侯の統制と各藩の地方分権が巧く組み合わされていた、連邦でもない奇妙な封建的国家体制であった。

今日に生き続ける藩意識

明治維新から百三十年以上経っているのに、今

国人御応対場浜御屋鋪唱、右之外御堅目南部津軽松前三家而警衛之、右大略之図」があり、そこには、盛岡・弘前・松前三藩が分担して警備に当たるようすが描かれている。現場では青と白の幕のほかに、三藩の家紋（双鶴《むかいづる》＝南部、杏葉牡丹《ぎょうようぼたん》＝津軽、武田菱《たけだびし》＝松前）をあしらった幕が用いられていたことが、この絵図で分かる。

三藩が協力して事に当たるのは、初めてではない。寛文九年（一六六九）のシャクシャインの蜂起や寛政元年のクナシリ・メナシの乱など、蝦夷地《えぞち》の狄《えぞ》（アイヌ）が動きを見せる時、幕府はこの三藩に鎮圧を命じた。特にロシア船が出没するようになった十八世紀後半以降、幕府は松前藩から蝦夷地を召しあげ、弘前藩・盛岡藩に蝦夷地警備の中心的役割を与えた。海を渡って兵を送る必要があった両藩の負担は大きかったが、それだけの見返りもあり、弘前藩は十万石に、盛岡藩は二十万石に、それぞれ昇格した。

ともすれば本州の端、辺境の地とみられがちな北奥《ほくおう》だが、人々の前には常に、北方世界への窓が開かれていたのである。「北狄《ほくてき》の押《お》さえ」は、藩の存在意義を確立する手段としてひんぱんに使用されていたことばだが、今はこれをキーワードにして、北奥の豊かな歴史の一端を繙《ひもと》いてみよう。

でも日本人に藩意識があるのはなぜだろうか。明治四年（一八七一）七月、明治新政府は廃藩置県《はいはんちけん》★を断行した。県を置いて、支配機構を変革し、今までの藩意識を改めようとしたのである。ところが、今でも、「あの人は薩摩藩の出身だ」とか、「我らは会津藩の出身だ」と言う。それは侍出身だけでなく、藩領出身も指しており、藩意識が県民意識をうわまわっているところさえある。むしろ、今でも藩対抗の意識が地方の歴史文化を動かしている。そう考えると、江戸時代に育まれた藩民意識が現代人にどのような影響を与え続けているのかを考える必要があるだろう。それは地方に住む人々の運命共同体としての藩の理性が今でも生きている証拠ではないかと思う。

藩の理性は、藩風とか、藩是《はんぜ》とか、ひいては藩主の家風ともいうべき家訓などで表されていた。

（稲川明雄）

諸侯▼江戸時代の大名。
知行所▼江戸時代の旗本が知行として与えられた土地。
足軽層▼足軽・中間・小者など。
伊東多三郎▼近世藩政史研究家。東京大学史料編纂所所長。
廃藩置県▼藩体制を解体する明治政府の政治改革。廃藩により全国は三府三〇二県となった。同年末には統廃合により三府七二県となった。

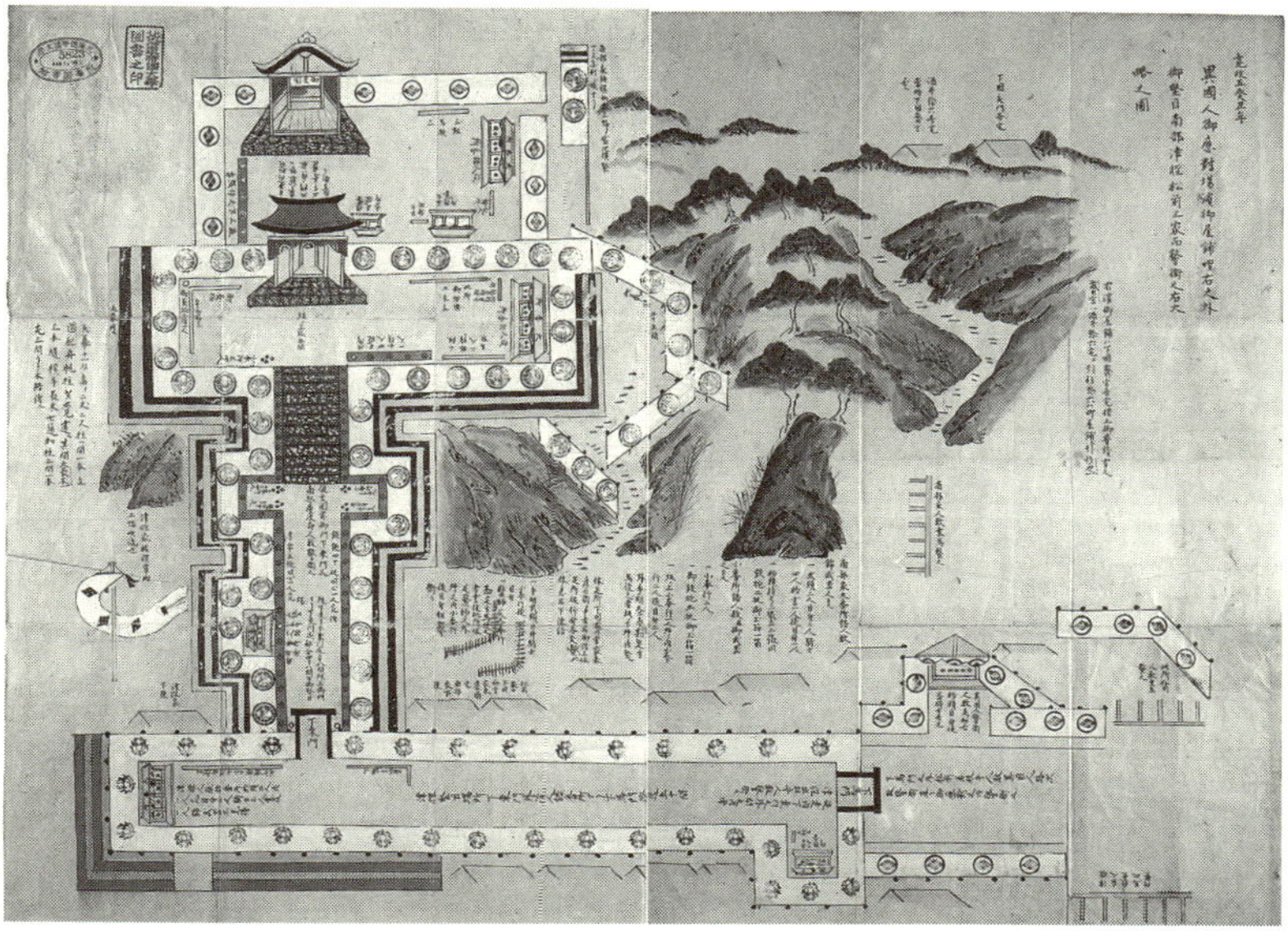

ラクスマンの接見場

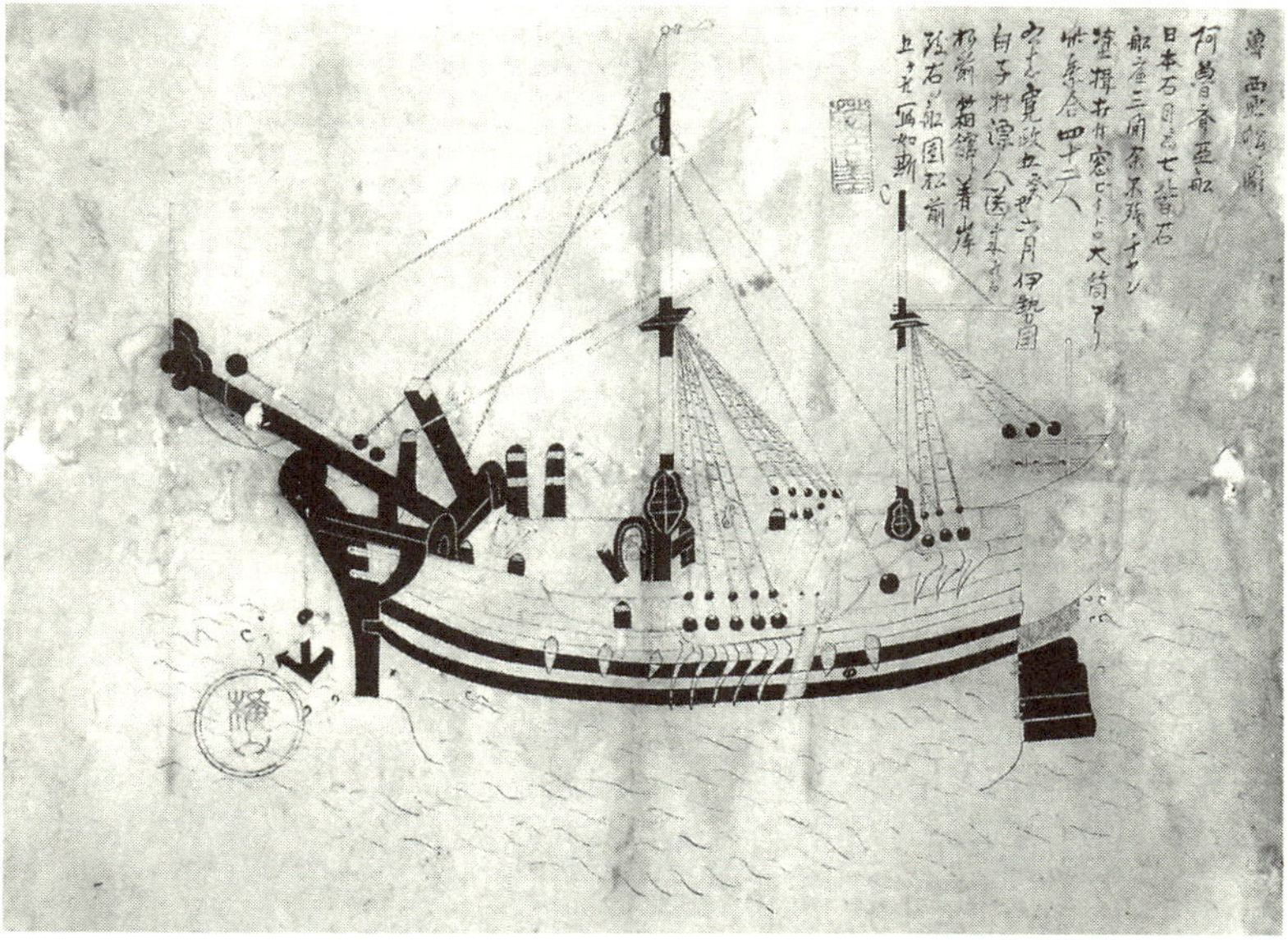

ラクスマン乗船のエカテリーナ号

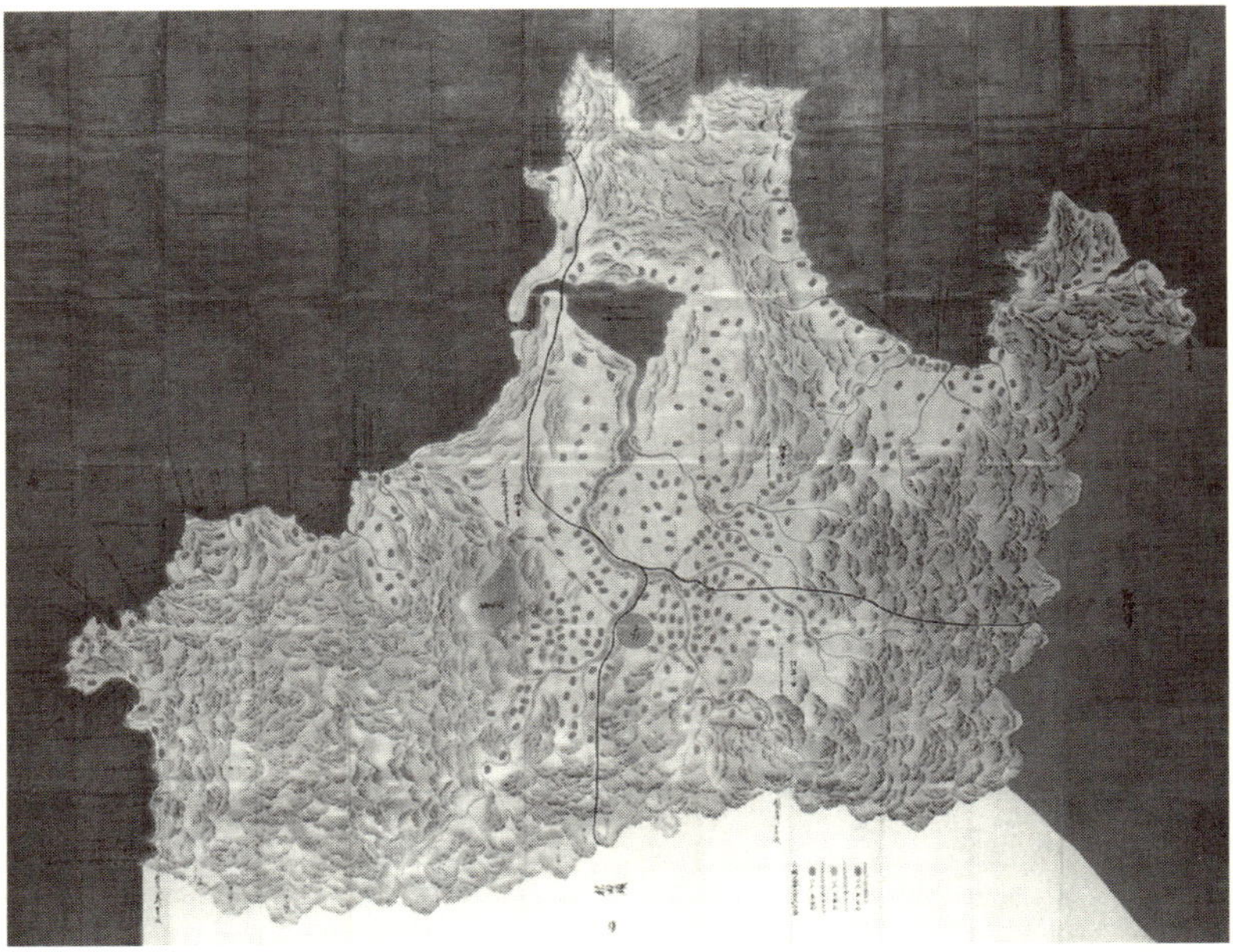

陸奥国津軽郡之絵図

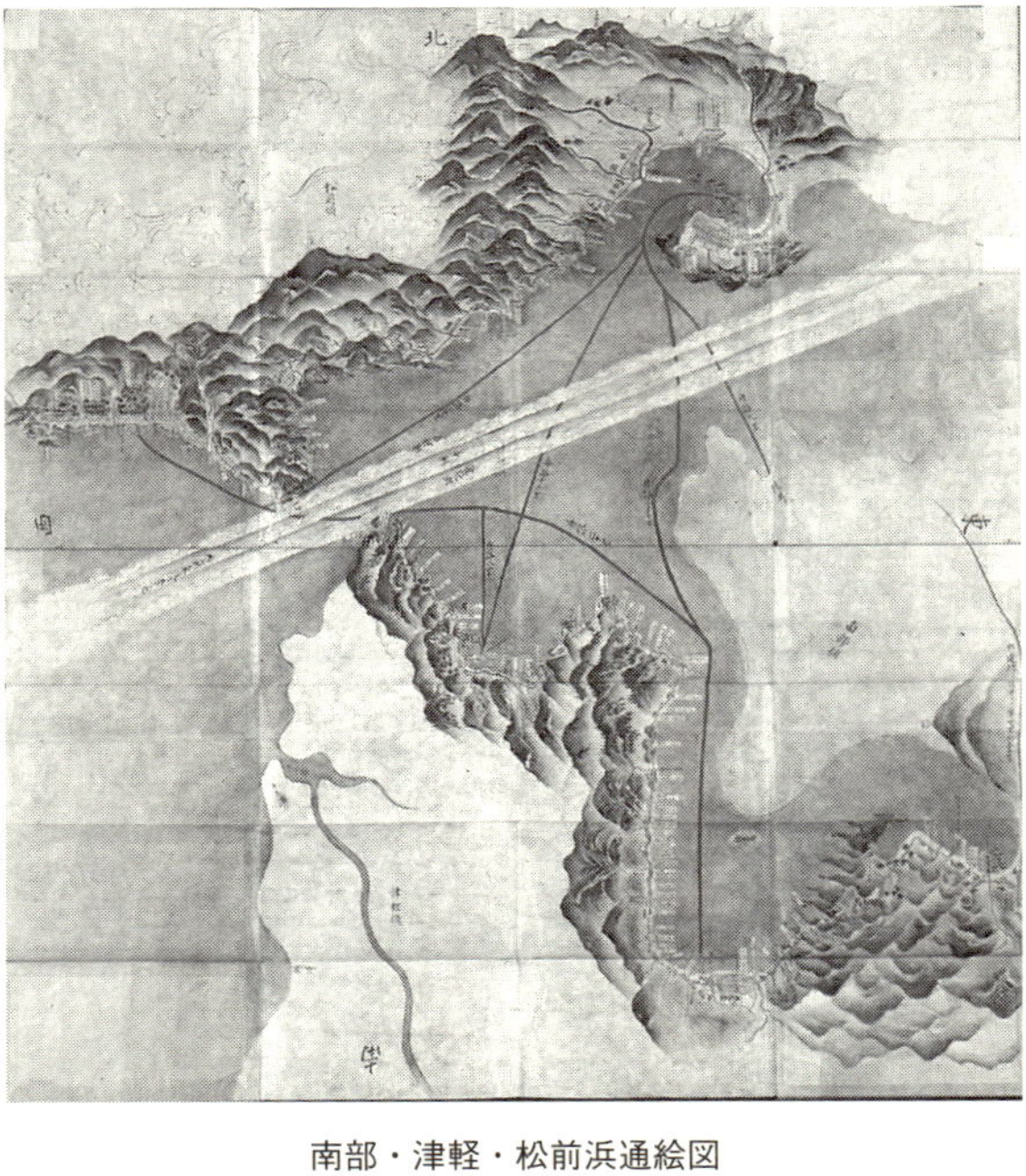

南部・津軽・松前浜通絵図

シリーズ藩物語

弘前藩

目次

これも弘前

弘前ネプタ(上)と青森ネブタ(下)

第一章 弘前藩の誕生

独立を果たした津軽為信は、権力者との関係づくりに奔走した。

1

津軽家の独立

南部氏から実力で独立を勝ち取った大浦為信。のち、津軽姓を名乗る。為信は秀吉に臣下の礼をとり、朱印状を授けられたが、秀吉亡き後は家康に従い、関ヶ原にも参陣して、藩の基礎をつくった。

藩祖津軽為信―謎に包まれた前半生

国文学研究資料館が所蔵する津軽家文書の中に、津軽為信《つがるためのぶ》夫妻が並んで座っている姿を描いた画幅がある。作者も制作年代も不明だが、南部氏の支配から抜け出し、実力で津軽地方を切り取った為信と、不在がちな夫を助けて家中をまとめた糟糠《そうこう》の妻戌《いぬ》姫（阿保良姫、お福）の仲睦まじいようすが見てとれる。戌姫は、鰺ヶ沢町の種里《たねさと》城を拠点とした大浦為則《おおうらためのり》の娘である。

為信が津軽姓を名のるのは天正十九年（一五九一）からで、それ以前は妻方の大浦姓（または南部姓）を用いた。しかし、為信が成人するまでの過程についてはさまざまな記述があり、決定的と言えるものはない。

十四世紀後半、南部氏は安東《あんどう》氏との戦いに勝って津軽一帯を支配した。延徳三年（一四九一）には大浦光信《おおうらみつのぶ》が南部領久慈《くじ》（現岩手県久慈市）から津軽に入り、種

津軽為信と戌姫

里城を築いたという(「津軽一統志」)。光信は久慈を領地とした金沢家信の子と言われるが、金沢右京亮《うきょうのすけ》宛の口宣案《くぜんあん》★(津軽家文書)などの検討から、この家信は実在の人物と考えられるので(長谷川成一編『津軽藩初期文書集成』)、十分にありえる話だ。この光信から四代目が、為信の義父となる大浦為則である。

十七世紀中頃に書かれた為信の伝記「愚耳旧聴記《ぐじきゅうちょうき》」によれば、為信は大浦為則の弟武田守信の子で、幼名は「扇《おうぎ》」という。一方、南部氏の「参考諸家系図」によれば、為信は久慈治義の二男で、幼名を「平蔵」といった。兄信義と不仲になり、弟五郎とともに津軽に行って大浦為則の養子になったとある。興味深いことに、弘前藩の二代藩主信枚、三代信義、四代信政、五代信寿の幼名はいずれも「平蔵」で(「寛永諸家系図伝」、「寛政重修諸家譜」)、津軽家当主の名のりとして代々受け継がれていた時期がある。

このように為信の出自は、南部氏と密接なつながりを持っている。

津軽切り取り――津軽為信の独立と南部氏

義父大浦為則の跡を継いだ為信は、永禄十年(一五六七)、岩木川中流部の大浦城(現弘前市岩木字賀田《よしだ》)に拠点を移し、発展の礎《いしずえ》を築いた。元亀二年(一五七一)には石川城(現弘前市)を攻めて南部氏の津軽郡代石川高信(南部信直《なんぶのぶなお》★の父)

▼口宣案
叙位・任官の際に伝えられる(＝口上)の控え書き。

大浦光信

▼南部信直
陸奥国三戸城主。南部晴政の養子として本家に入ったが、実子晴継が生まれたため、廃嫡。天正十年(一五八二)、晴政・晴継父子が死去した際、重臣らに擁立されて家督を継いだ。

を自殺させ、公然と叛旗《はんき》を翻《ひるがえ》した。

為信の反乱は、南部家中の内部抗争、出羽国における安東氏の勢力拡大、南部氏と安東氏の対立など、北奥羽における戦乱の激化を機敏にとらえたものだった。為信は、秋田の安東愛季《ちかすえ》や庄内の大宝寺義氏《だいほうじよしうじ》に働きかけて南部氏を牽制させ、天正四年(一五七六)正月には、南部氏の一大拠点である大光寺《だいこうじ》城（現平川市光城）を攻略して、城代瀧本重行《たきもとしげゆき》を敗走させた。さらに浪岡《なみおか》城にいた南部氏の客将《かくしょう》★北《きた》畠顕村《ばたけあきむら》を滅ぼし、津軽平野を横断する平川《ひらかわ》に面した浅瀬石《あせいし》城（現黒石市）など周辺の諸城も従え、豊かな南津軽一帯を支配下に置いた。戦いを通じて、隣国の比内《ひない》・鹿角《かづの》地方の小領主たちや、東国・北陸・畿内から移住してきた武士らを家臣団に取りこみ、強力な軍団を築きあげた。

「愚耳旧聴記」は為信を「ゑひ智の良将」と記し、為信を讃えようとする姿勢が見える。それから約五十年後、享保年間に編集された弘前藩の正史「津軽一統志」は為信を「智仁勇兼備」の人物と記し、領民から親のように慕われる理想的な存在として描いている。しかし藩祖の理想化・神格化はよくあることで、到底それを鵜呑《うの》みにはできない。

為信に対する評価は、文禄元年(一五九二)、前田利家が徳川家康に「為信は裏表のある人物（表裏仁《ひょうりのじん》）で油断がならない」（「宝翰類聚」）と忠告した一事に尽くされていよう。そのような奸雄《かんゆう》★の道をあえて選んだところに、為信が戦国の世

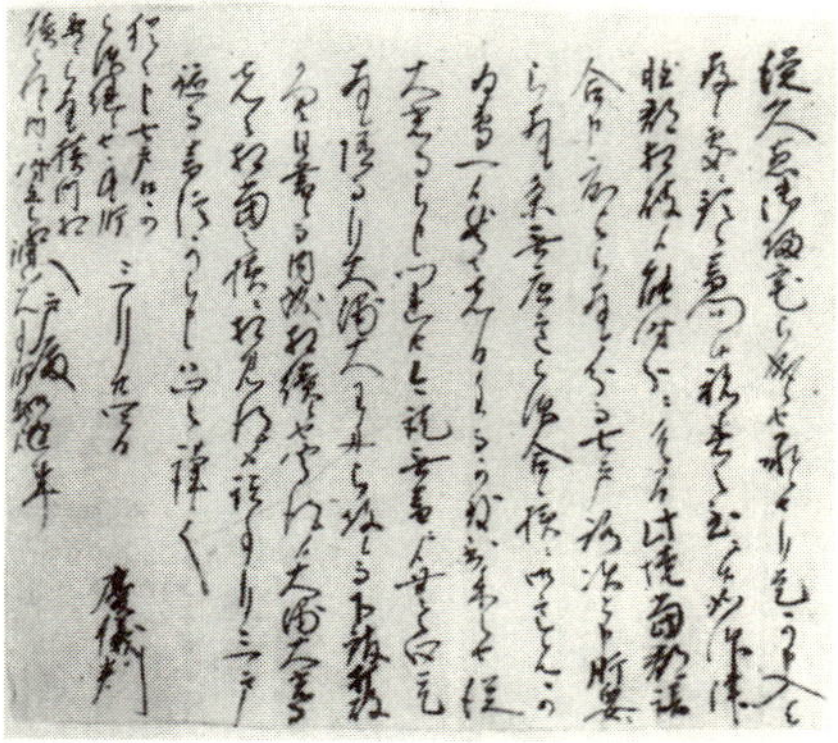

「為信謀叛」を伝える南慶儀の書状

▼客将
客分として待遇される大将。

▼奸雄
奸智衡策にたけた英雄。

に生き残りを果たすことができた理由があると思われる。

南部右京亮と津軽右京亮—秀吉と鷹献上

為信が南部氏からの独立を企てていた頃、豊臣秀吉による関東・東北地方への干渉が本格化した。四国・九州への遠征に始まる一連の「奥羽日の本仕置」によって覇権を固めた秀吉は、惣無事令《そうぶじれい》と呼ばれる停戦命令を発し、各地の大名・小名に上洛や小田原への参陣を求めた。抵抗する者には武力行使も辞さないという態度をとったが、基本的には、関白に挨拶すれば所領は安堵《あんど》するという寛大さを強調し、平和的な方法で秀吉の支配に服させようとしたものである。すべての武力衝突は私戦とみなされ、惣無事令の違反者は厳しく処罰されることになった。

いち早く秀吉に誼《よしみ》を通じた南部信直は天正十七年(一五八九)八月、為信による津軽切り取りの非を訴えた。取りついだ前田利家は信直への手紙で「いずれ為信は処罰されよう」と返答しており、少なくともこの段階では、為信は秀吉政権への反逆者とみなされていた。しかし為信は利家ら御側衆《おそばしゅう》に頼らず、秀吉とじかに接触する道を選んだ。当時、戦国大名は鷹の贈答を重視し名鷹《めいよう》を得ることを喜んだので、為信は秀吉に黄鷹《きだか》・蒼鷹《おおたか》を献上した。同年十二月、秀吉は為信に朱印状を与え、贈られた二羽の鷹への礼を述べている(津軽家文書)。為信の工作は功

津軽為信の銅像

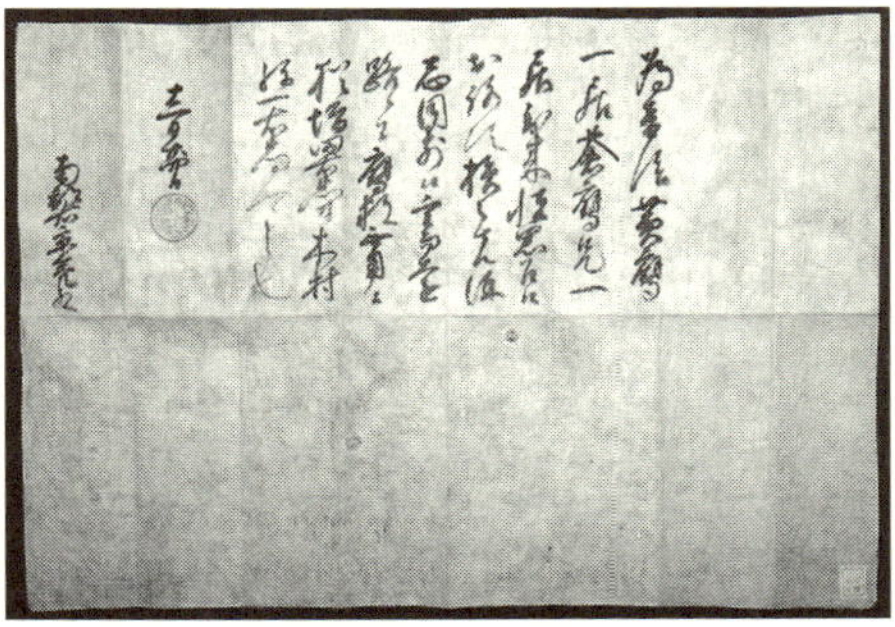

鷹献上に対する秀吉の礼状

を奏した。

興味深いことに、この礼状で秀吉は為信の宛名を「南部右京亮《うきょうのすけ》」と書いている。この宛名は天正十八年正月の織田《おだ》信雄《のぶかつ》判物《はんもつ》や、同年四月の豊臣秀次判物にも見られる（いずれも津軽家文書）。同年十二月の河島重続書状（伊達家文書）にも「南部右京亮が妻子を連れて上洛する」と書かれている。東北地方の戦国大名は、為信を南部氏の被官《ひかん》（＝家臣）と見ていたのだ（長谷川成一編『津軽藩初期文書集成』）。

天正十九年初頭に九戸政実《くのへまさざね》の乱が起こると、為信は鎮圧軍への参加を命じられ、南部信直の本拠である三戸城付近まで出張った。命令を伝える同年六月の秀吉朱印状では、為信の宛名は「津軽右京亮」となっている。

これらのことから、為信は天正十八年末まで南部姓を名のり、天正十九年になってまもなく津軽姓に改めたと考えてよいだろう。

津軽氏の家紋伝承――きわめて近い南部氏との関係

「南旧秘事記」には、小田原の秀吉のもとへ挨拶に向かう信直が津軽氏の一団を見かけ、馬の鞍覆《くらおおい》に「杏葉《ぎょうよう》」の金紋をつけているのを見て憤慨した、とある。杏葉牡丹《ぼたん》は近衛《このえ》家の家紋で、縁者と認められた為信にとくに使用を許されたのだが、そのことを信直は「為信上京し近衛家に追従《ついしょう》」と激しく非難したという。

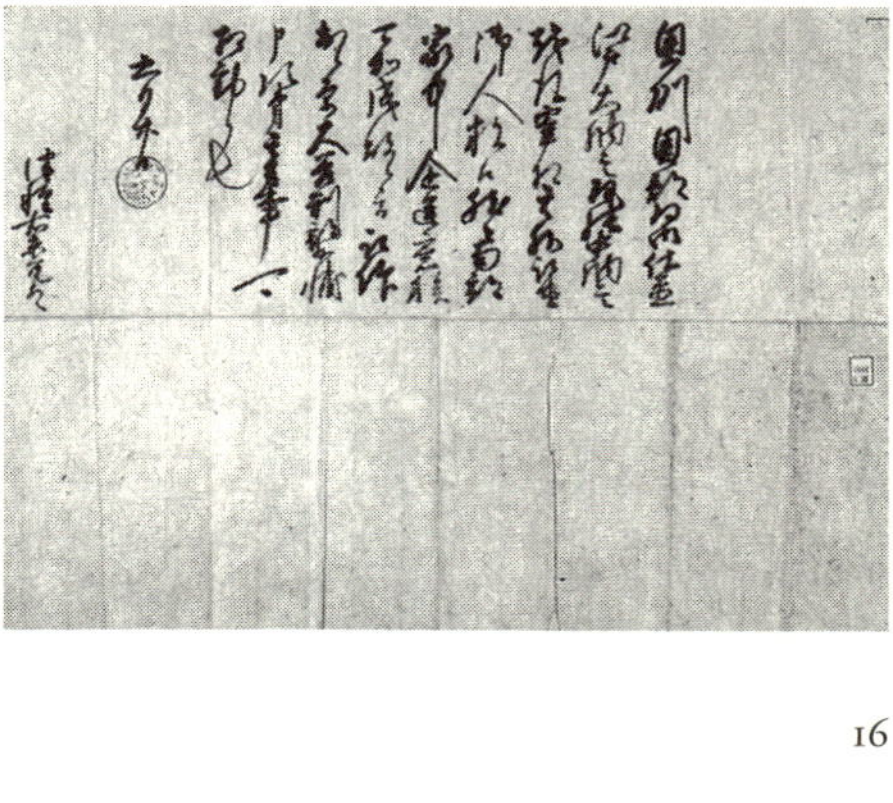

「津軽姓」の初出

杏葉牡丹

家紋といえば、南部氏の「丸に対鶴《むかいづる》」（双鶴紋）は、よく知られた紋である。鶴の胸に九曜《くよう》を配しているのが特徴で、「南部鶴」と呼ばれて人気があった。南部氏は武田菱《たけだびし》・九曜・菱鶴《ひしづる》・花菱・松笠などの紋も用いたが、「向ひ鶴　菱の餅より　後に出来」という句（『折句式大成』）にもあるように、双鶴紋は比較的新しい時期に成立したものと見られていたようだ。

「八戸家伝記《はちのへかでんき》」「三翁昔語《さんおうせきご》」「祐清私記《ゆうせいしき》」「聞老遺事《もんろういじ》」など南部氏の系図や史書を比較してみると、双鶴紋の伝承には、

①安東氏との戦争が舞台　②南部氏側が苦戦にある
③「鶴が舞い降りれば勝ち」との霊夢　④宴席で杯に九曜が映る
⑤夢判断をする家臣の存在　⑥戦勝により九万石を得る
⑦九曜にちなむ「八皿」の儀式を創始　⑧出羽国月山より神社を勧請
⑨胸に九曜を配した双鶴を家紋に採用　⑩二曜を引いた七曜を家臣が用いる

といったエピソードが盛りこまれている。

津軽氏の旗紋「卍」の由緒にも、双鶴紋の伝承と同じような言い回しが見える。ある日、為信の夢に現れた「曼字《まんじ》」「錫杖《しゃくじょう》」という二人の神人が「われ又公の旌旗《せいき》を守護せしむべし」と為信に告げる。為信はこの霊夢にちなんで旗紋と馬印を定めるのだが（「津軽一統志」）、これは③〜⑥のエピソードそのものである。杏葉紋についても、津軽家では近衛家に遠慮して九枚葉から二枚を減じ七枚葉の杏葉

為信のライバル南部信直

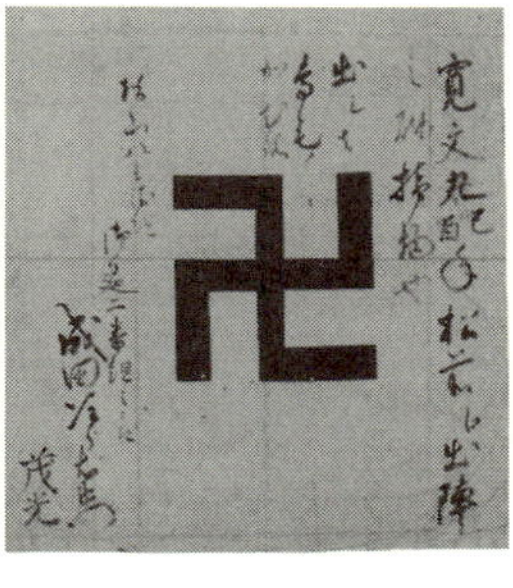
寛文蝦夷蜂起で用いられた卍旗の袋

牡丹を用いるのだと吹聴《ふいちょう》するが、この論法はまさしく⑨・⑩の援用《えんよう》である。
南部側の史書と津軽側の史書には食いちがいがあるが、両方を比較することで補い合える部分もまた多い。南部氏と津軽氏は系譜的に密接なつながりを持ち、対立という観点のみでは括《くく》ることのできない人間模様を展開していた。

肥前名護屋に在陣――「日の本のつきあい」に失敗

秀吉の朝鮮出兵は唐入《からいり》と呼ばれ、全国の大名を参加させる一大イベントとして、豊臣政権の実力を示す機会となった。

天正二十年（文禄元年／一五九二）正月、諸大名に肥前国名護屋《なごや》への参陣が命じられた。東北地方からは伊達政宗が先陣に組み入れられ、秋田実季《さねすえ》・南部信直《のぶなお》・津軽為信らは後詰《ごづめ》に配置された。近年発見された「肥前名護屋城図屏風」（名護屋城博物館蔵）には、名護屋城を中心に、周辺の大名陣屋、町家、湾に浮かぶ安宅《あたけ》船などが克明に描かれている。半径三キロほどの圏内に一二〇を超える大名陣屋が築かれた。為信の陣屋は名護屋城のすぐ隣（弾正丸の隣）に置かれ、南部信直の陣屋とは約六〇〇メートル、前田利家とは約八〇〇メートル、徳川家康とは約一〇〇〇メートル離れていた。現在はネギ畑になっている。

ごく短期間に総勢一四万人が詰めかけたため、現地は混乱した。隣り合う軍勢

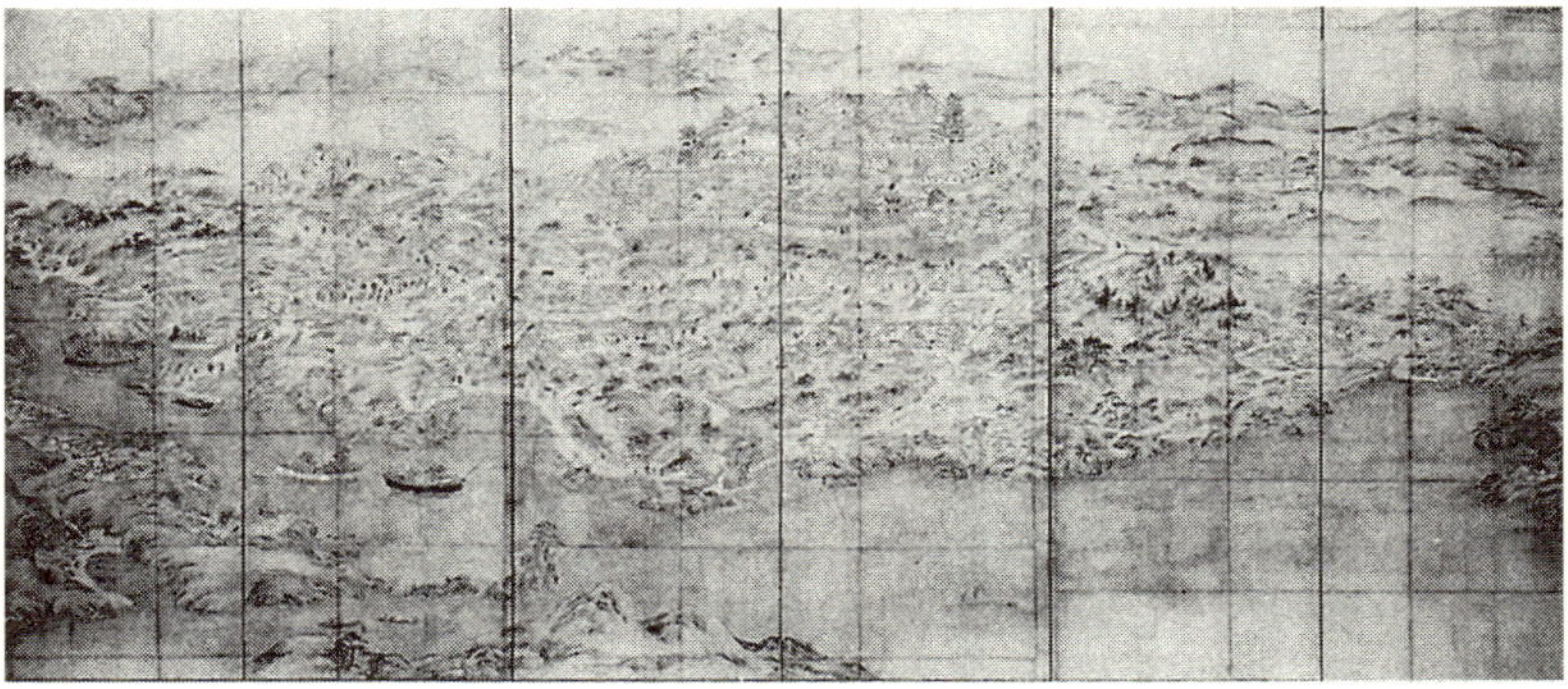
陣屋がひしめく肥前名護屋城の周辺

の小競り合いは日常茶飯事だった。殺伐さをやわらげるためにと、連日、茶会が催された。秀吉の趣向で仮装の宴（瓜畑遊び）が行われ、徳川家康のあじか（ザル）売りや織田有楽斎《うらくさい》の旅僧が、拍手喝采をとったりした。

同年十二月、南部信直はこの地で仇敵秋田実季と和解した（「宝翰類聚」）。為信も和解を望んで家康に斡旋《あっせん》を依頼したが、前田利家の「表裏仁《ひょうりのじん》」発言もあり、手打ちがうまくいったかどうかは定かでない。

さまざまな人間関係が渦巻く現地での生活は、苦痛の連続だったろう。うち続く茶会。上方《かみがた》衆への間断ない挨拶。そうした「日の本のつきあい」に疲れたのか、為信はある席で粗相《そそう》をし、前田利家にやりこめられて、陣屋に引きこもってしまった。信直はそうした為信のその姿を、国元を守る八戸直栄《はちのへなおよし》への書状に綴った（遠野南部家文書）。同情はしないが、「上方の衆、とかくわれらをなぶり候」と書きつらね、今度は自分が田舎大名と誹《そし》られるのではないかと懸念をのぞかせている。

証明された関ヶ原参陣――「津軽屏風」の分析から

慶長五年（一六〇〇）七月、徳川家康は、奥羽・越後の諸大名に最上《もがみ》口への出陣を命じ、米沢の上杉景勝を包囲させた（「書上古文書」）。しかし、津軽為信に出兵命

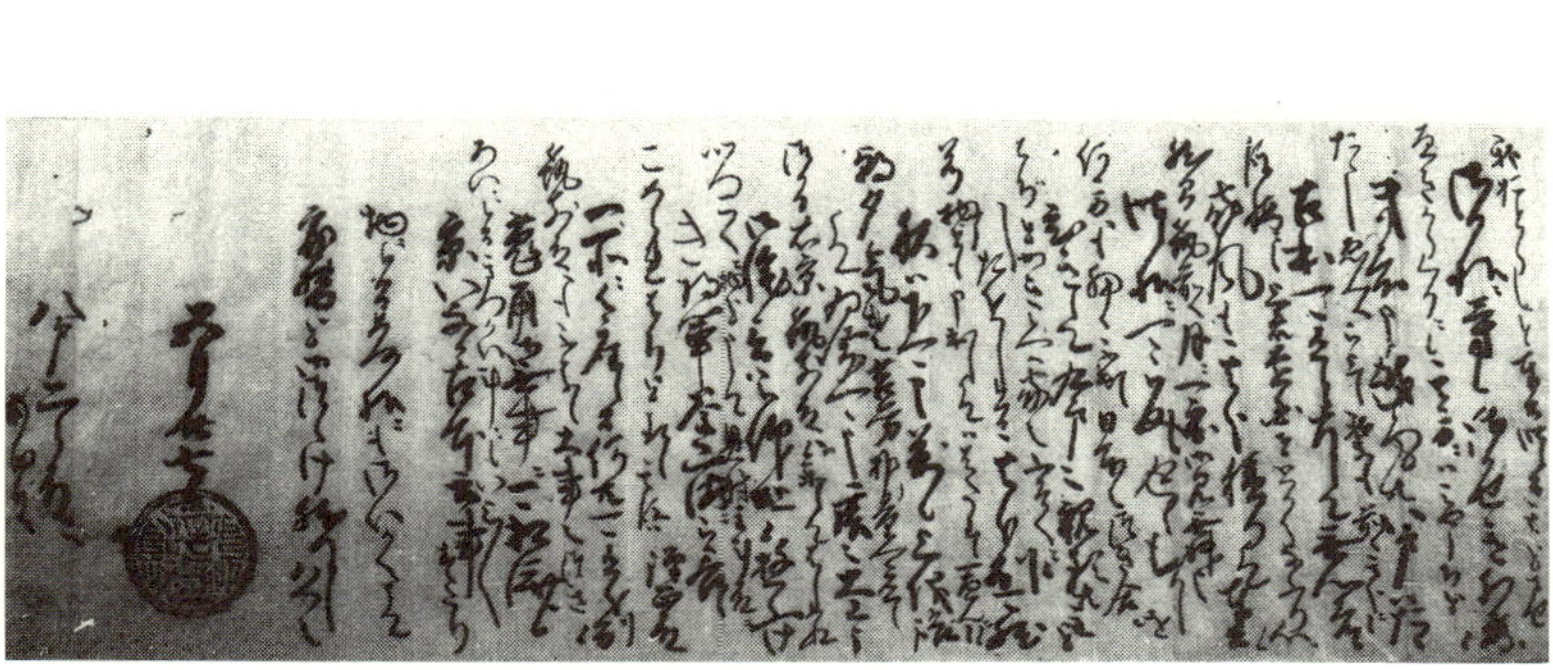

「為信粗相」を伝える南部信直の書状

令はなく、ようやく八月の徳川秀忠判物《はんもつ》（弘前市立博物館蔵）で、家康の出陣に随行するものとされた。為信は明らかに、ほかの北東北の大名とは異なる扱いを受けていた。

この秀忠判物は、貞享元年（一六八四）六月、京都の糸屋助右衛門から金七両で津軽家が購入したものである（「津軽編覧日記」）。為信の関ヶ原参陣を証明できる文字資料は、今のところこの秀忠判物以外に見あたらない。この時点ですでに関ヶ原戦から八十年余りが経過し、為信が実際に参陣したかどうか、津軽家でも自信が持てていなかったようだ。新井白石が為信の参陣に疑問を投げかけたのも（「藩翰譜」）、そのあたりを意識してのことだろう。しかし近年、長く津軽家に伝来し、関ヶ原合戦の迫真性・真実性を伝えるビジュアルな資料として高く評価されている「津軽屏風」の分析により、為信の参陣が史実であることはほぼ確実となった（長谷川成一「津軽氏」）。

「津軽屏風」は「関ヶ原合戦図屏風」（大阪歴史博物館蔵）の通称で、為信の三男信枚に嫁《とつ》いだ徳川家康の養女満天姫《まてひめ》が、輿《こし》入れの際、家康愛用のこの屏風を借り受けて持参したことからこの名がある。八曲二隻《せき》に分かれ、右隻には決戦前日の状況（杭瀬川《くいせ》の戦い）を、左隻には九月十五日の決戦当日の状況（関ヶ原の戦い）を、対比的に描いている。注目すべきは右隻の中央、第五扇《せん》に描かれた赤坂の陣（家康の本陣）である。陣中の厩《うまや》の部分をよく見ると、その脇に「卍」の

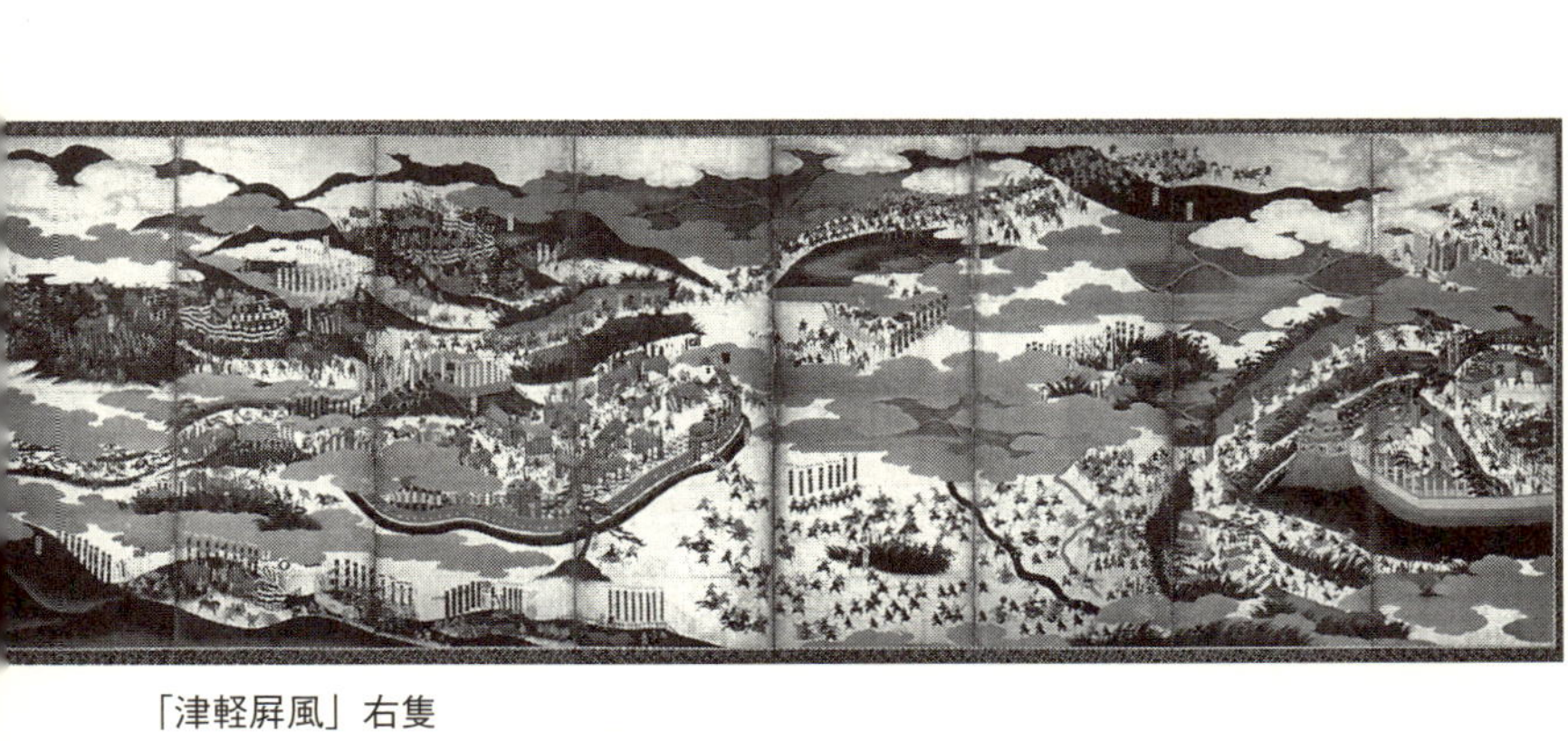

「津軽屏風」右隻

旗指物《はたさしもの》が数本立っているのがわかる。

当時「卍」を用いたのは津軽氏・蜂須賀《はちすか》氏・堀氏だが、蜂須賀氏は赤坂の陣に居なかったし、堀氏は上杉氏の押さえとして庄内に詰めていた。また、蜂須賀氏の旗は「卍」が一つだが、津軽氏の旗は「卍」が上下に二つである（芹沢銈介美術館蔵「諸将旌旗《せいき》図屏風」）。よって「津軽屏風」に見える「卍」の旗指物は、津軽氏のものである可能性がきわめて高いのである。

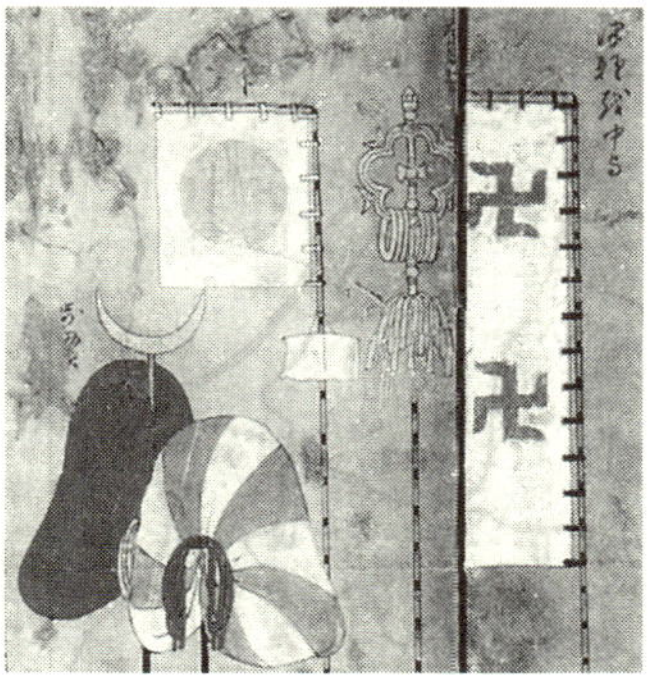

「諸将旌旗図」津軽家の卍旗

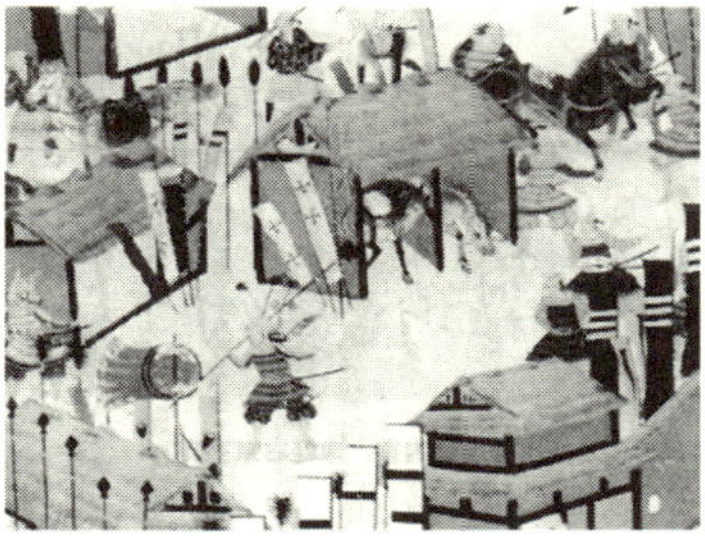

「津軽屏風」右隻・赤坂陣の卍旗

「津軽屏風」左隻

②領域の確定と初期の藩政

関ヶ原以降、徳川氏との結びつきをますます強めた津軽家。
二代藩主信枚には家康の養女が輿入れし、秋田領との境界も定まった。
越後への国替えも中止になり、藩政の安定期を迎える。

関ヶ原戦後の津軽家―為信父子と上方

関ヶ原の戦が終わって覇権が確立してもなお、徳川家康は伏見や大坂で政務を執った。豊臣秀吉の遺児秀頼が大坂城にいたことに加え、朝廷や西日本の諸大名に対する統制上からも、未完成の江戸城に戻ることができなかったのだ。

津軽為信の長子信建《のぶたけ》は、秀吉の人質として早くから大坂で生活していた。三男の信枚《のぶひら》ものちに上方へ出てきたが、信枚はほとんど京都にいた。為信の屋敷が伏見にあり、親がかりの生活をしていたのだろう。彼らは参議の西洞院時慶《にしのとういんときよし》と誼《よしみ》を通じ、時慶を良き指南役として政治感覚を磨いた。為信不在の折、信枚が時慶に衣装の借用を申しこむなど(「時慶卿記」)、親密なつきあいが続いた。

この時期、為信は津軽と上方を往復した。慶長七年(一六〇二)二月に帰国した後、同八年十月には伏見に戻った。さらに同九年三月にも帰国し、同十年二月には再び京に出てきた。これだけの短い期間に大きな移動を繰り返したのは、いわゆる参勤交代に近い意味合いがあったのだろう。

為信にとって不運だったのは、同十二年十月、信建が三二歳の若さで逝去したことである(「津軽一統志」)。信建は病気がちではあったが、為信が京に不在の時は、名代《みょうだい》として各所に出向く機会が多かった。信建がいたからこそ、為信は安心して津軽に戻り、領地経営に励むことができたのだ。西洞院時慶は信建の死を悼《いた》み、その後も何度か忌日《きにち》法要を営んだ(「時慶卿記」)。しかし、やがて西洞院家と津軽家の関係は薄れ、津軽家は近衛家へ接近していくようになる。

信枚の菩提寺である長勝寺《ちょうしょうじ》(弘前市)には為信の御影堂《みえいどう》があり、為信が京の仏師に依頼して刻ませたという肖像彫刻が安置されている。「髭殿《ひげどの》」と渾名《あだな》された為信の魁偉《かいい》な風貌《ふうぼう》を伝える、みごとなできばえの木製坐像である。

信枚、二代藩主に──為信の死と津軽大熊一件

後継者信建に先立たれた為信は慶長十二年(一六〇七)十二月、さながら信建の後を追うように亡くなった。為信の次男信堅《のぶかた》は早世していたため、跡目は三男信枚が継ぐしかない。急いで江戸に下った信枚の相続は認められ、翌十三年四月、幕府から後見役としてつけられた服部康成《はっとりやすなり》を同道して津軽に戻った。しかし、国

「髭殿」津軽為信の肖像彫刻

元では信枚の二代藩主襲封《しゅうほう》をめぐり、騒動が持ちあがっていた。信建の子大熊《おおくま》が家督相続の権利を主張し、信枚を廃するよう幕府に訴えたのだ。いわゆる「津軽大熊事件」である。

大熊と言えば、「天藤騒動《てんどう》」で知られた人物である。幼い頃、為信がいた黒石の城で大熊はヤケドを負い、堀越城《ほりこし》にいた父信建は天藤四兄弟を派遣して、大熊を連れ戻そうとした。しかし為信に拒絶されて四兄弟は甲斐なく戻り、激高した信建に妻子を殺されたというものだ。この話の真偽のほどは定かでないが、大熊が叔父信枚に対して藩主の座を譲るよう公然と主張できたということは、祖父為信が大熊に対し気兼ねをし、増長を許していたことの証ともとれよう。いずれにせよ大熊の主張は論外で、幕府としては受け入れるわけにはいかなかった。

大熊の後押しをしたのは、津軽建広《たけひろ》（左馬助）である。建広はもと小田原北条氏の家臣といい、縁あって為信の娘をめとり津軽姓を名のった。そうした経歴の人物が動きを見せているところに、戦国末期の慌ただしい世相が浮かびあがってくるようだ。同十四年正月、幕府は信枚の襲封を正当とし、大熊らの訴えを却下した。大熊らは建広が居る大光寺城（平川市平賀）に籠もったが、高坂蔵人《こうさかくらんど》らにより鎮圧され、大熊・建広は追放処分に付された。

二代藩主・津軽信枚

家康養女満天姫の輿入れ——天海僧正が取り持つ縁

慶長十六年(一六一一)六月、信枚は、関宿《せきやど》城主松平康元の娘満天《まで》姫《ひめ》を正室とした。満天姫ははじめ福島正則の息子正之に嫁いでいたが、正之の死で実家に戻った。信枚の学問上の師である天海僧正がそこに目をつけ、徳川家康の養女として、津軽家との婚儀をまとめたのである(「天海僧正筆記写」)。

慶長十九年十月、幕府は東北・関東の諸大名に大坂への参陣を命じた。大坂冬の陣である。しかし、津軽家には命令がなかった。信枚は兵を率いて大坂に馳せのぼり家康に面会を求めたが、家康は江戸勤番を命じ、戦闘には参加させなかった。

元和二年(一六一六)に家康が世を去ると、信枚は幕府に願い出て城内に東照宮を設置する許可を求め許された。そこには満天姫の意向が働いていたという。この時天海は、何かと対立していた南部家の怨念を鎮めるとともに、領国経営の成功を実現する有効な手だてであると信枚に進言した(「東叡山法嗣ノ由来記」)。信枚は父為信から、家康さえ一目置く天海に教えを請えと遺言されていたので、その意見に従って東照宮を勧請《かんじょう》し、自ら天台宗に改宗した。

信枚の死後満天姫は葉縦院《ようしょういん》と号し、寛永十五年(一六三八)三月に、弘前城内で

信枚の正室・満天姫

信枚の師・天海僧正

死去した。御霊屋《おたま》は明鏡台と名づけられ、環月台（為信室戌姫）・碧巌台《へきがんだい》（二代信枚）・白雲台（三代信義）・凌雲台（六代藩主信著）とともに長勝寺（弘前市）の境内にある。扉には葵《あおい》の紋が配されており、満天姫が徳川家の縁者であることを示している。

秋田領境の画定―佐竹氏入部と境争論

この時期の津軽・秋田境は人の出入りが激しく、領境の画定が急がれていた。とくに、日本海に面する八森・比内（現秋田県八森町・比内町）のあたりでは、入良川《いらがわ》上流の銀山をめぐって争論が絶えなかった。

慶長七年（一六〇二）、関ヶ原戦で西軍についた佐竹義宣《よしのぶ》が秋田に減転封《げんてんぽう》となり、安東改め秋田実季《さねすえ》は磐城国三春（現福島県）へ移された。義宣はさっそく旧領主の実季に書状を送り、境目の交渉についてアドバイスを求めた。実季は争論になっている場所を示した上で、詳しくは地元の住民に聞くよう勧めた。

元和四年（一六一八）、幕府から島田利正が派遣され、調停にあたった。弘前藩が「須郷《すご》という所に明神社を二つ建ててあったが、最近、秋田の農民らがこわしてしまった」と述べたのに対し、秋田藩の重臣梅津政景は「それが証拠だというなら、秋田実季殿の支配時分に境は決まっていたはずではないか」と応酬し、絶

満天姫の御霊屋「明鏡台」

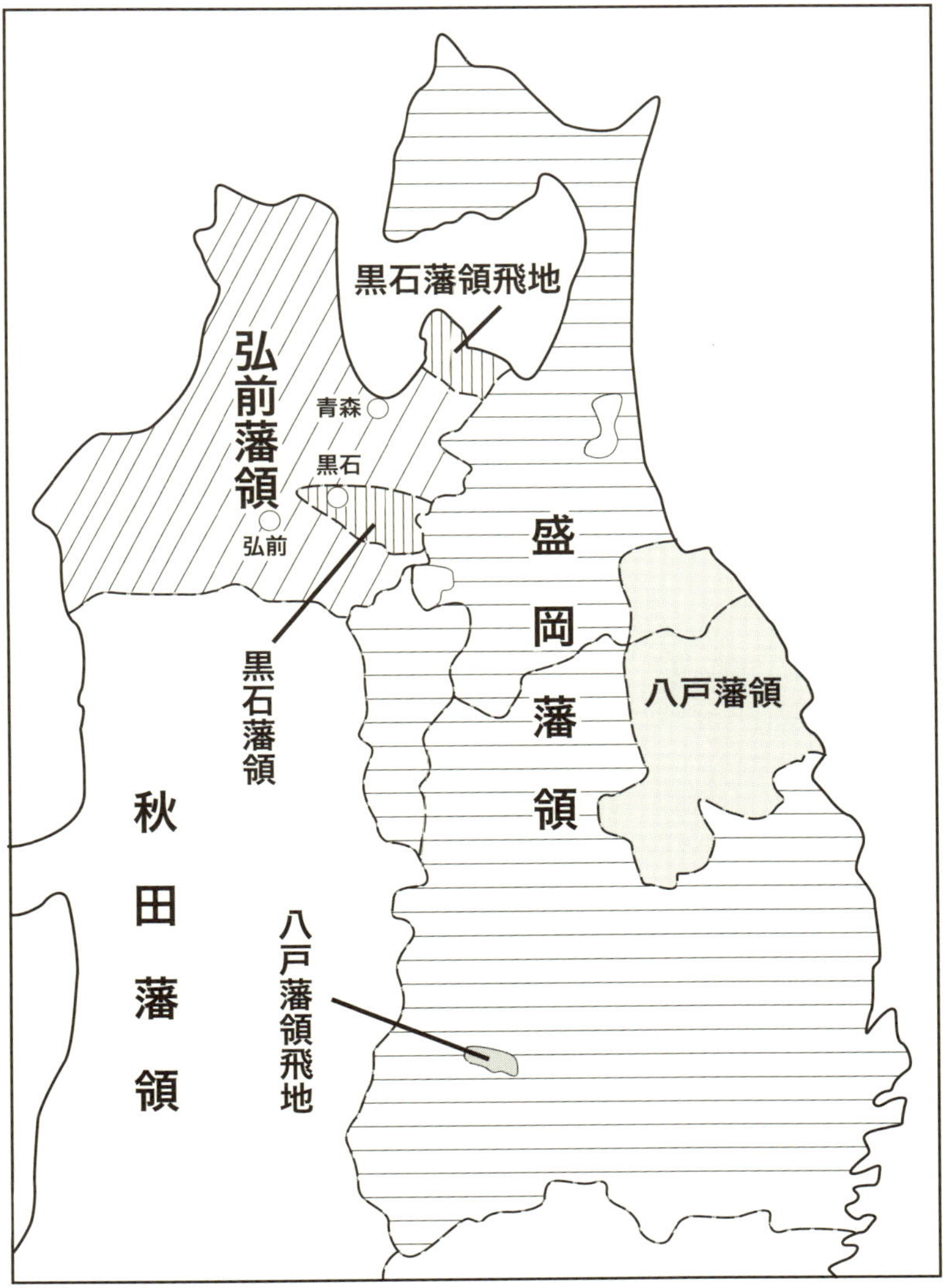

北奥の各藩領

対的な証拠がない以上、互いに譲り合うべきと主張した(「梅津政景日記」)。秋田藩の拠人《こにん》（古人＝境目の証人）は「このあたりの寄鯨《よりくじら》は秋田のほうで処理している」と述べたが、証拠としての意義に乏しく、交渉は決裂しかかった。

しかし、佐竹義宣が早期解決の意向を示したので、須郷岬から大鉢流山《だいはちながれやま》を結ぶ尾根筋を境とすることで秋田側が譲り、海岸部の争論は決着した。弘前藩二代藩主津軽信枚は義宣に鷹を贈り、慶賀の念を表した。

内陸部については、元和五年、津軽領碇《いかり》ヶ《が》関《せき》村（現平川市）と秋田領小坂村の間の矢立《やたて》峠を境とすることで話がついた。しかし慶安年間、峠の位置をめぐって再び争論となったので、新たに境界帯を設け、目印の杉を植えた(秋田県公文書館蔵「津軽御境矢立杉植継御用留記」)。なお、津軽領と秋田領との領地の交換をしたという話があるが、当時の史書には現れておらず、史実としては疑わしい。

元和六年、弘前城下を出て秋田に向かった宣教師ディエゴ・カルヴァリョは、碇ヶ関を「日本中のその関のうちで通るのに最も困難な一つとされ、世のことわざにも津軽の関といわれるほどのその関」と評した(「カルヴァリョの旅行記」)。寛永六年(一六二九)三月には、秋田領八森の山師越後久右衛門が津軽領の山中に迷いこみ、即座に成敗された(「梅津政景日記」)。秋田・津軽の藩境は、確実にその機能を発揮していた。

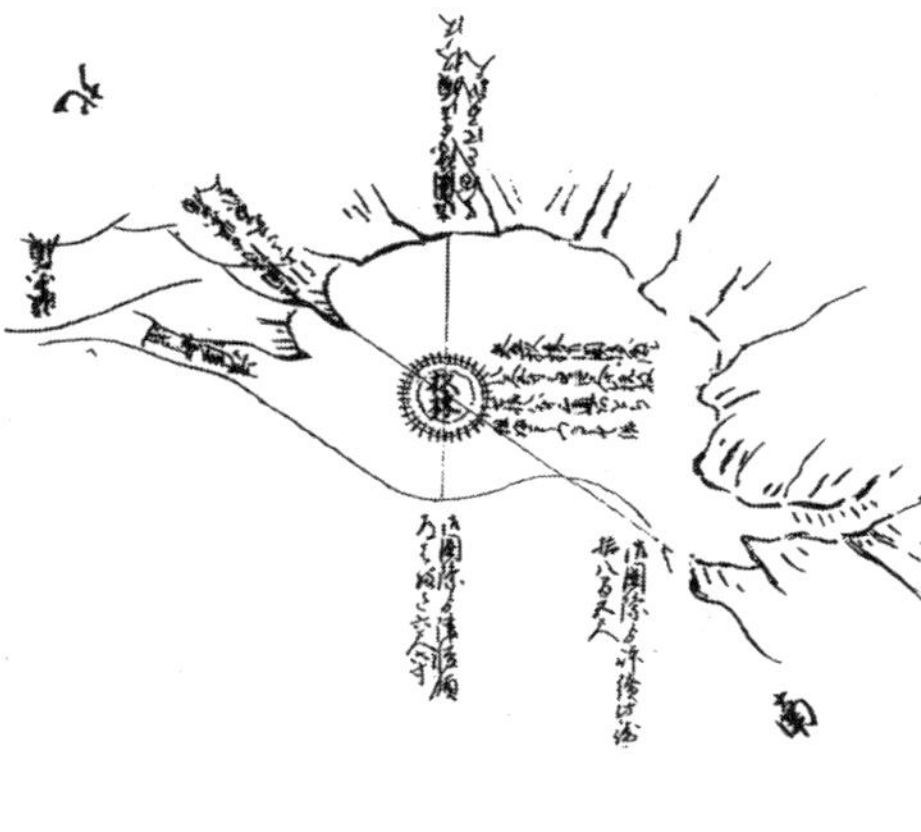

碇ヶ関・矢立の境杉

国替一件―福島正則の改易に揺れる弘前藩

元和五年(一六一九)六月、幕府は安芸国広島城主の福島正則に対し、所領没収のうえ津軽へ減転封《げんてんぽう》に処すとの裁断を下した(「東武実録」)。広島城の石垣を無断で修復したとして、武家諸法度違反に問うたのである。実際には届け出がなされていたが、幕府の中枢にいた本多《ほんだ》正純《まさずみ》が握りつぶしたともいう。これにより津軽信枚に、越後への国替えが発令された。

津軽氏の越後行きを聞いて最も慌てたのは、佐竹氏である。領境の問題がようやく決着し、互いに慶賀の進物を贈り合ったばかりで、同年四月には信枚の上洛費用として判金一〇〇枚を貸与するなど、良好な関係が築かれつつあった(「梅津政景日記」)。佐竹義宣は、津軽から越後への荷物が秋田領内を通る際は便宜を図るよう指示したが、そうした気遣いをする一方で、貸した金は返ってくるか、津軽領内に一揆が起こらないかとの懸念も見せている。

新たな領主を迎える場合、以前の対立関係が蒸し返されたり、人心が動揺したりするケースは、ままあることだ。あれこれ噂が飛びかう中、六月二十日には、幕府から津軽に向けて検使の島田《しまだ》直時《なおとき》らが派遣された。同二十一日、江戸にいる信枚は国元の重臣服部康成らに書状を遣わし、越後への国替えは正式決定であ

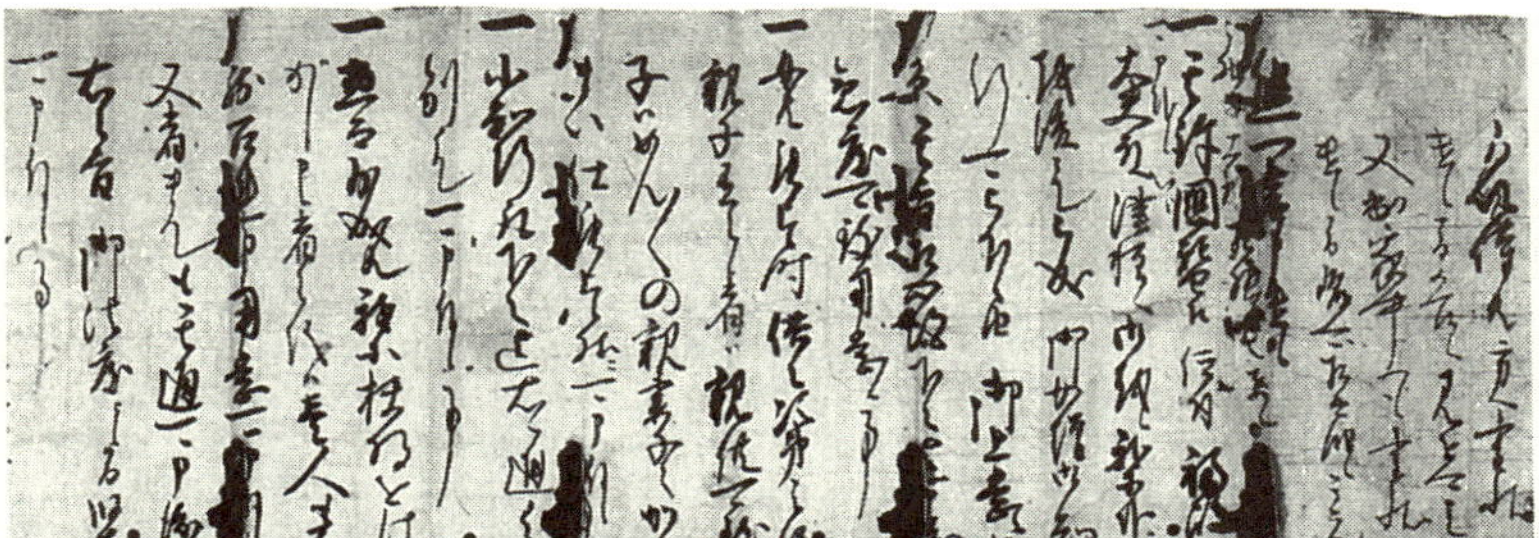

「国替決定」を伝える信枚の書状（冒頭）

ると書き送り、家臣はすべて連れて行くこと、荷物の受けわたしに留意すること、などと伝えた(津軽家文書)。

信枚にとって幸運だったのは、神妙な態度を貫いた福島正則が信濃国川中島《かわなかじま》に置かれることになり、七月二日、津軽氏の国替えは中止と発表されたことである。劇的な展開を喜んだ信枚は、秋田藩の重臣梅津政景に進物を贈ったり、藩主佐竹義宣を接待したりしている。何らかの周旋を依頼していたのでもあろうか。あるいは、満天姫や天海僧正などの縁故に頼った幕府工作が功を奏したのだろうか。国替一件の真相には、いまだ不明の点が多い。

黒石津軽家の成立──津軽信英、信政の後見となる

明暦二年(一六五六)、三代藩主津軽信義《のぶよし》が死去した。しかし世子平蔵《へいぞう》(四代藩主信政)はまだ一〇歳で、政治を見る能力はなかった。そこで幕府は、信義の弟津軽信英《のぶふさ》を後見役に任命した。信英は兄信義から千石の合力米《ごうりきまい》★を受け、江戸を生活の本拠としていた。身分は幕府の旗本で、寛永十九年(一六四二)六月に小姓組に召し出され、慶安三年(一六五〇)九月には西丸書院番、翌四年秋には駿府加番、明暦元年九月には再び西丸書院番を務めた(「津軽家系譜」)。

後見人となった信英には、弘前藩から五千石が新たに分知された。内訳は黒石

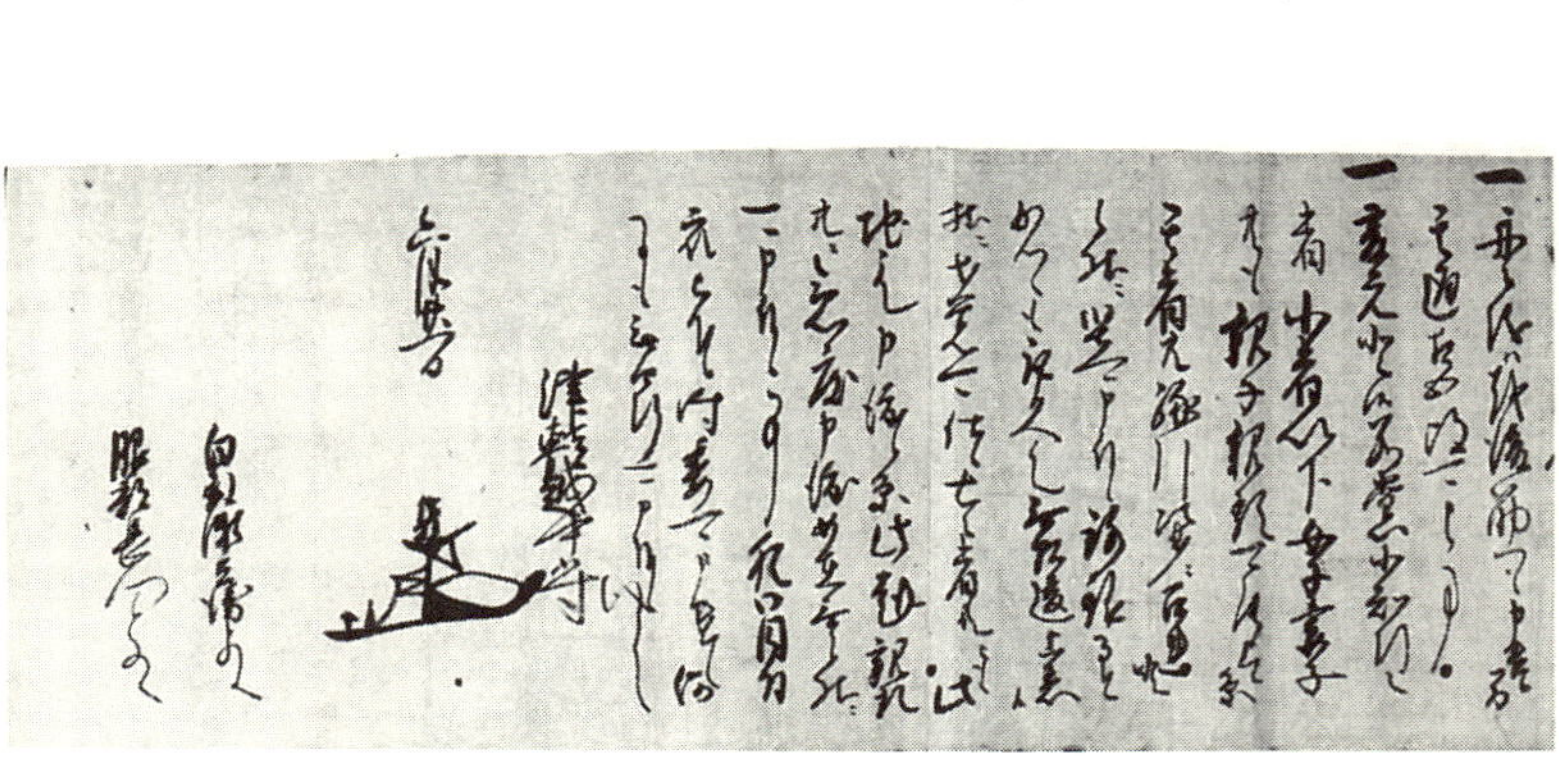

「国替決定」を伝える信枚の書状（末尾）

領二千石、平内《ひらない》の飛地領一千石、上野国大館《おおだち》領（旧群馬県新田郡尾島町／現太田市など）二千石である。しかし、これはいわゆる内分分知で、領地はあくまで弘前藩領の一部であり、幕府からの軍役も、信英単独では負担できなかった。

弘前藩は分知に先立ち、信英へ分け与える土地の検地を行い、検地帳を作成した。津軽家の検地帳としては、この「明暦の検地帳」（黒石市蔵）二二冊が最も古い。田は上・中・下の三等に分けられ、さらに「苗代」「稗田」の別が設けられた。畑は各一筆ごとに大豆・大根・小豆・藍・麻・蕎麦・荏胡麻《えごま》・なすび・たばこ・粟・稗・長命草（詳細は不明）など、作物の種別が書きあげられている。土地の石盛《こくもり》（課税基準）は一律に、一反あたり一石三斗と定められている。

寛文二年（一六六二）九月、信英が弘前城で死去すると、長子の左京信敏《のぶとし》が遺領を継いだ。この時、信敏の弟一学信純《のぶずみ》に黒石領飛内《とびない》村（現黒石市飛内）などで五百石、上野国赤堀村（旧群馬県新田郡新田町／現太田市）などで五百石の、計一千石が分知された。黒石津軽氏も、本家四千石・分家一千石の二家に分かれたのである。いずれも幕府の旗本で、信敏は小普請組に配され、書院番に列せられた（「寛政重修諸家譜」）。

元禄二年（一六八九）、信純の養子伊織信俗《のぶよ》が死に系統が絶えたため、知行一千石は幕府に召しあげられた。この時点で、津軽家としての領知高は四万七千石から四万六千石になったわけだ。弘前藩は元禄十一年、上野国勢多《せた》郡の一千五百石

▼合力米　手当米。

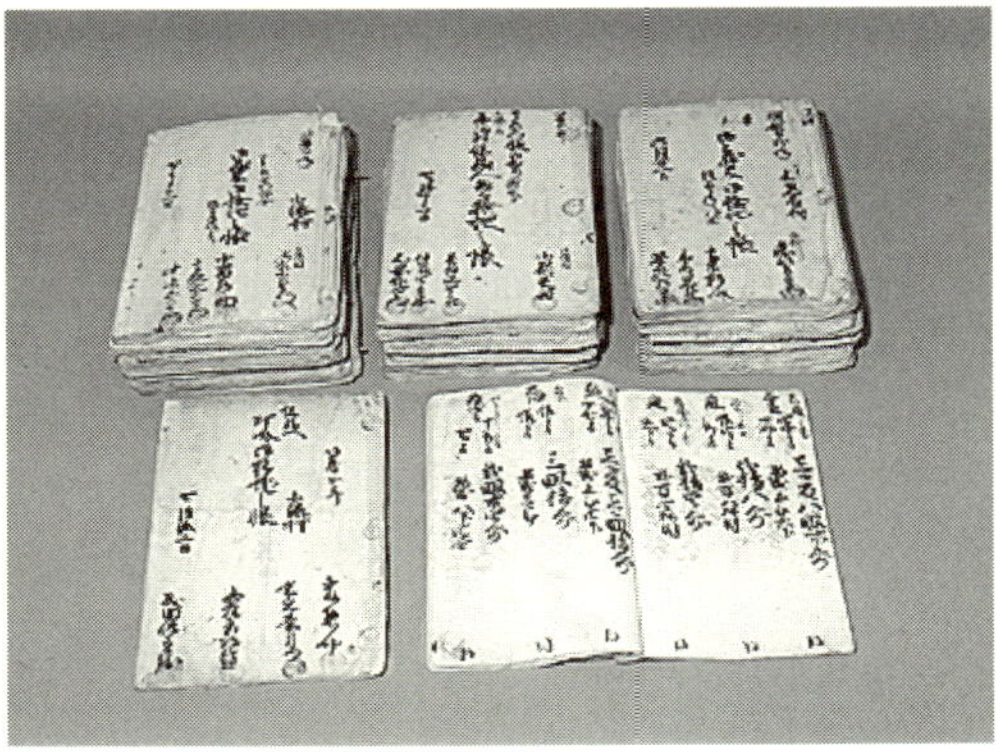

明暦の検地帳

余を幕府に返上し、代わりに北黒石の四カ村一千百二十石余と陸奥国伊達郡秋山村（現福島県伊達郡川俣町）三百七十石余を取得した。こうして津軽領から、天領（＝幕府領）は消滅した。

「弘前藩庁日記」の開始―藩政史研究の宝庫

「弘前藩庁日記」（弘前市立弘前図書館蔵）は、寛文元年（一六六一）から約二百年間にわたって営々と書きつがれた、弘前藩の公式記録である。

弘前城中で記された「御国日記」は寛文元年から元治元年（一八六四）までの三三〇一冊で、領内の政治に関わる各項目や、江戸藩邸からの御用状の控えなどを書き留めたものである。また、江戸の上屋敷で記された「江戸日記」は寛文八年（一六六八）から慶応四年（明治元年／一八六八）までの一二一四冊で、国元や幕府との連絡事項、藩主の交際などを記録している。

これらはいずれも、御日記方が御用留の類から抜き書きし、編集・清書したものである。法令の達書《たっしがき》や犯罪の判決文、殺傷事件・喧嘩・変死・出奔《しゅっぽん》・捨て子の届けなど、役所で取りあげられる事項は何でも入っているわけで、その豊かな内容に対する評価はきわめて高い。

興味深いのは御日記方の作業ぶりで、その勤め方として「各係から出された書

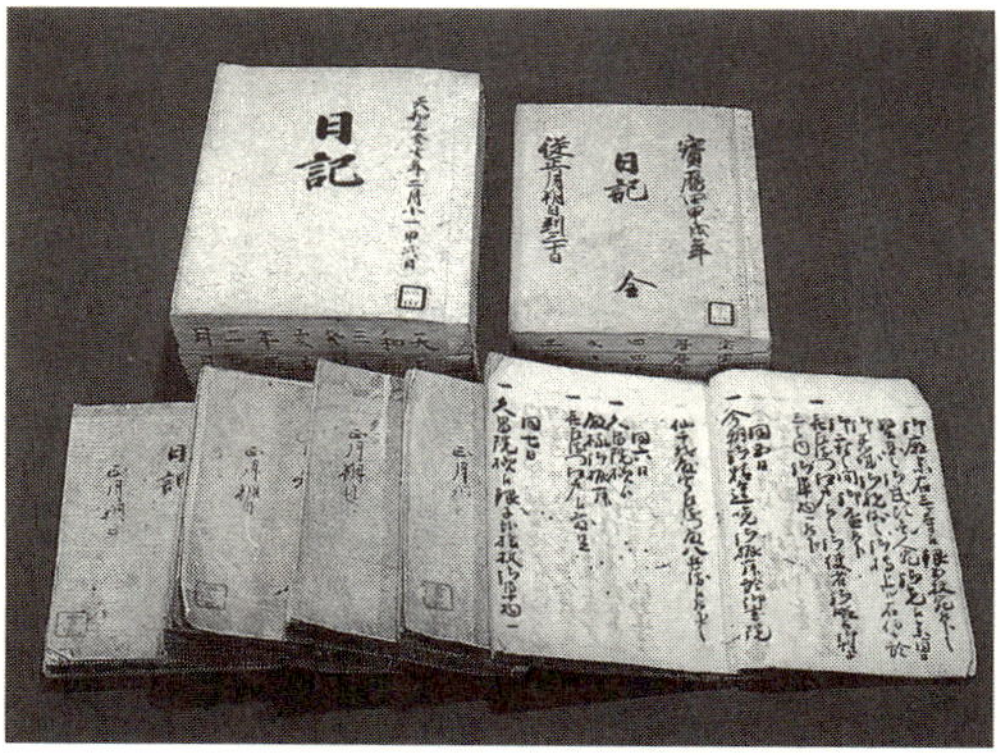

弘前藩庁日記

類の文言をチェックし、書き落としのないように念を入れて記録せよ」と定められていた(「御用格」)。裏を返せば記録ミスや作業の遅れが相当あったということになろう。文政九年(一八二六)には記録の遅れが四十年分にもおよんだため、担当者を叱ったうえで三、四人の清書加勢を申しつけているし、天保三年(一八三二)には、五年間で清書を完了するための計画書まで出させた。

こうした関係者の努力の末に成立した「弘前藩庁日記」は、弘前藩政を研究するための基本史料として、多くの研究者に活用されている。

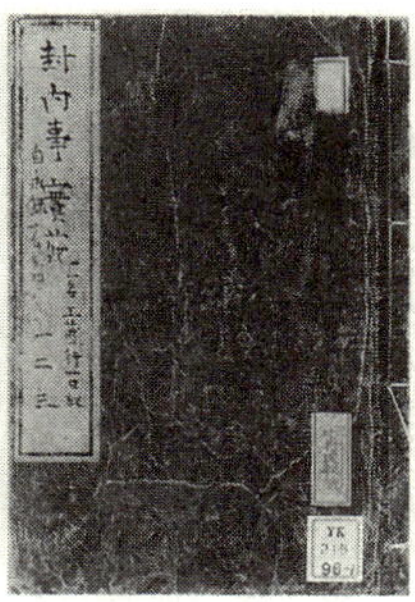
封内事実秘苑

津軽編覧日記

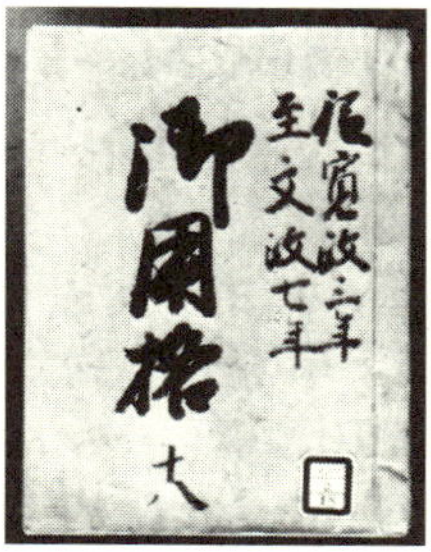
御用格

③

名君信政と中期藩政

四代藩主信政は名君の誉れも高く、産業振興・法令整備・新田開発・学問の興隆に力を尽くした。財政は安定し、南部領との境も定まった。蝦夷蜂起も鎮圧し、京都近衛家との結びつきも強まった。

寛文印知と領知朱印状――四代藩主津軽信政に

寛文四年(一六六四)四月、四代将軍徳川家綱は諸大名の領知を安堵《あんど》し、領知宛《あて》行《がい》状と領知目録を発給した。いわゆる「寛文印知」である。領知宛行状は二種類あり、十万石未満の大名には朱印状が、十万石以上の大名には判物《はんもつ》(将軍の花押を配したもの)が出される決まりだった。津軽家には朱印状が与えられた。

津軽家の領知高は、陸奥国津軽郡で四万五千石、上野国勢多《せた》郡で二千石の、計四万七千石である。ただし三代藩主信義が死去した際、四代信政の後見人である叔父信英《のぶふさ》(黒石津軽氏)に分知された五千石については、信英の息子左京に四千石、一学に一千石と、さらなる分知が認められている。

将軍から大名への領知の宛行は主従関係のよりどころで、その領知高が、奉仕すべき軍役《ぐんやく》の負担量を決める。これらの文書は徳川将軍と津軽氏の主従関係を示

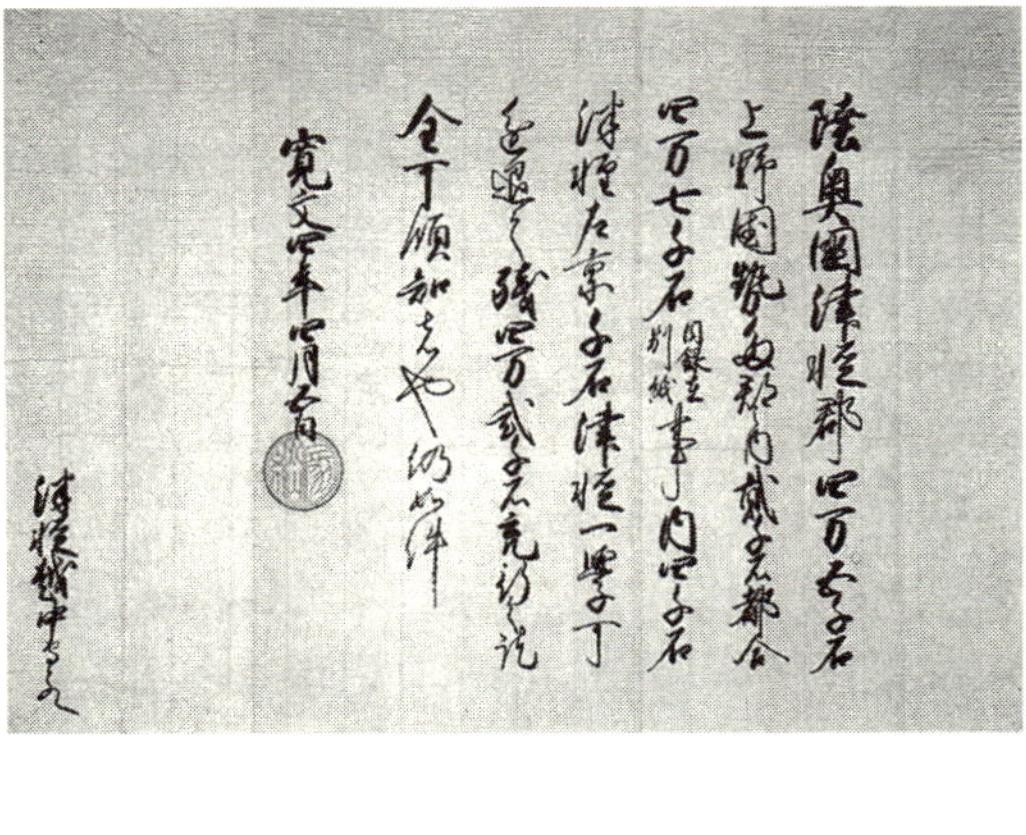
陸奥國津軽郡四万五千石
上野國勢多郡内弐千石都合
四万七千石 目録在別紙 事 内四千石
津軽左京 千石 津軽一學
差退之 殘四万弐千石充行之訖
全可領知者也 仍如件
寛文四年四月五日
津軽越中守とのへ

津軽信政への領知宛行状

しており、鎌倉時代から続く武家の「御恩と奉公」の伝統を受けつぐ貴重な史料なのである。

領知宛行状は明治期の版籍奉還《はんせきほうかん》の際、政府に提出するよう命じられた。しかし津軽家の場合は、四代藩主津軽信政に出された寛文の朱印状から、万延元年（一八六〇）三月、十四代将軍徳川家茂《いえもち》が十二代藩主津軽承昭《つぐあきら》に発給した十万石の判物までの計一一九通が、正本・写本とも揃いで残っている（すべて国文学研究資料館蔵）。いずれも竪紙《たてがみ》★ないし継紙《つぎがみ》★の形態で、領知宛行状の書式を知るうえで格好の研究材料となっている。領知宛行状の原本が伝来している大名家は非常に少なく、津軽家のような例は全国的にもきわめて珍しい。

▼竪紙
公文書の形式のひとつで、横長の全紙をそのまま用いるもの。

▼継紙
二枚の紙を、継ぎ目で貼り合わせて用いるもの。

寛文蝦夷蜂起と「北狄の押さえ」——蝦夷地出兵命令

青森県立郷土館が所蔵する「陸奥国津軽郡之絵図」の中にアイヌ集落が表現されていることは、よく知られている。津軽半島に二カ所、夏泊《なつどまり》半島に三カ所の計五カ所に、「犾《えぞ》村」「狄《えぞ》村」の表記がある。

江戸時代、蝦夷地から北東北にかけて広くアイヌが居住していた事実は、さまざまな記録で確認できる。例えば盛岡藩「雑書」の寛文五年（一六六五）七月十五日条には、田名部（現在の下北半島全体のこと）から三人のアイヌが盛岡へ来

アイヌ衣服「アットゥシ」

て藩主に謁見したとあり、「弘前藩庁日記」（御国日記）にも、アイヌが熊撃ちをして褒美《ほうび》をもらったという記事が見える。天明八年（一七八八）に津軽を訪れた比《ひ》良《ら》野《の》貞彦《さだひこ》が「奥民図彙《おうみんずい》」に描いたように、津軽の農民の生活にはアットウシ（厚司）などのアイヌ衣服や漁具が入りこんでいた。現代人が考える以上に、和人とアイヌは身近な隣人として共存していたと言えよう。

しかし、このような関係は、一朝一夕につくられたものではない。時には厳しく対立し、衝突する場面もあった。交易・漁業・労役をめぐって、和人がアイヌから搾取《さくしゅ》するケースもあり、そうした和人への不満が一気に噴き出したのが、寛文九年（一六六九）六月、蝦夷地南部で起きたシャクシャインによる和人襲撃事件、いわゆる「寛文《かんぶん》蝦夷《えぞ》蜂起《ほうき》」である。

事の発端は、シベチャリ（静内）の首長カモクタインと、ハエ（門別）の首長オニビシとの対立にある。両者は日頃から漁場・狩猟場をめぐって争っていたが、オニビシがカモクタインを殺害したことで、緊張が高まった。カモクタインの姉に「弟の仇をとって」と頼まれたシャクシャインは、オニビシを追い詰めるが（「津軽編覧日記」）、松前藩の仲介により和談を強いられ、いったん退いた。

しかしシャクシャインは、けっきょくオニビシを討ち果たしたので、松前藩の面目はつぶれ、事態はアイヌどうしの対立から、アイヌと和人の対立へと変化していった。和人と比較的近い関係にあったオニビシ側は、松前藩に武器や食料の

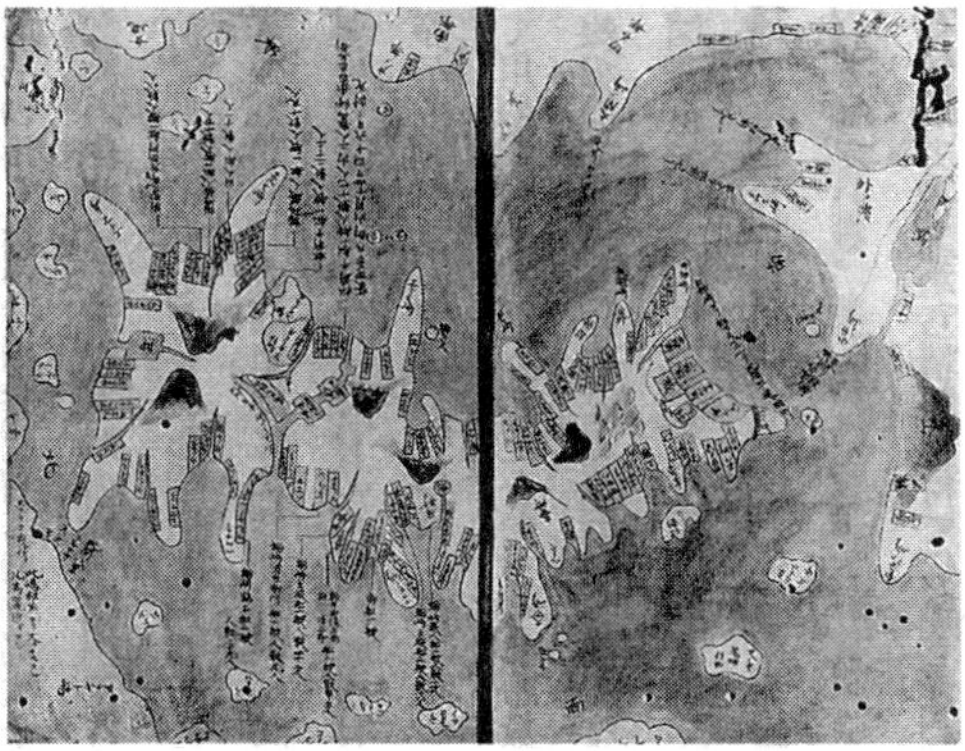

「津軽一統志」エゾ地図

支援を要請した。しかし、穏やかな事態収拾を望む松前藩はこれを断り、曖昧な態度を取り続けた。

そうした中、オニビシ側が松前藩に送った使者ウトウが不審死を遂げ、「松前藩に毒殺された」との風聞が広まった。「いくら頼んでも味方してくれないし、そのうえウトウを毒殺されて、もはや松前殿はあてにできない。敵も同然だ」と息巻くオニビシ側のようすを見て、シャクシャインは和人襲撃を持ちかける。この時、シャクシャインは六四歳。「アイヌとしての戦い方をよく知る者」と、弘前藩の正史「津軽一統志」は記している。

近隣の弘前・盛岡・秋田藩では事件の直後からいち早く警戒を強め、松前藩の要請がありしだい派兵できる態勢を整えていた。弘前藩四代藩主津軽信政が松前藩五代藩主松前矩広《のりひろ》に宛てた寛文九年(一六六九)九月二十日の書状には「そちら様もご無事で何よりです。当家の杉山八兵衛(吉成)はまだ松前に到着していないようですが、先に蝦夷地に遣わされた八左衛門(松前泰広)殿のご意向のまま、何用にもお役立て下さい。当家の者に対する心遣い、ありがたく存じます」とある(青森県立郷土館蔵・山田家文書)。

弘前藩は二〇〇〇人規模(三〇〇〇人とも)の動員を計画し、九月七日、杉山八兵衛が第一陣七〇〇人を率いて、鰺ヶ沢湊を出帆した。杉山は八日朝には現地に到着していたが、江戸に居る信政はまだ、そのことを把握していない。それがかえって、江戸〜弘前〜蝦夷地の距離を実感させてくれる。

越後騒動と高田検地──幕命により人数派遣

天和二年(一六八二)三月、弘前藩は幕府から、「越後騒動」で改易された松平光長の越後国高田領の検地を命じられた。

光長はいわゆる家門大名★で、徳川家の一族である。延宝二年(一六七四)、光長の嫡子綱賢《つなかた》が病死し、直系の跡継ぎを立てることができなくなった。そこで重臣らは光長の異母弟である永見長頼《ながみながより》の子万徳丸を立てることにした。四代将軍徳川家綱はこれを認め、綱の一字を与えて綱国とし、三河守に叙した。

しかしこの相続の陰で、同藩首席家老小栗美作《おぐりみまさか》が縁続きにあたる次男大六を藩主にしようと企てているとの誹謗《ひぼう》中傷が起こった。以前からあった小栗への反発の念が増幅したのだ。やがて事態は小栗美作ら「逆意方」と永見大蔵ら「お為方」の対立へと発展し、藩全体を巻きこんで、あわや武力衝突という危機を招いた。延宝九年(一六八一)六月、五代将軍綱吉は双方を江戸城に呼び出し、自ら事情を聴き取ったうえで、高田藩改易という厳しい処断を下した。

検地を実施するにあたっては、弘前藩家老津軽玄蕃《げんば》・津軽大学が陣頭に立ち、検地総奉行の大道寺繁清《だいどうじしげきよ》(隼人)、元締めの間宮求馬《まみやきゅうま》らと語らって慎重に事を進

▼家門大名
御三家・御三卿以外の徳川家一族の大名。

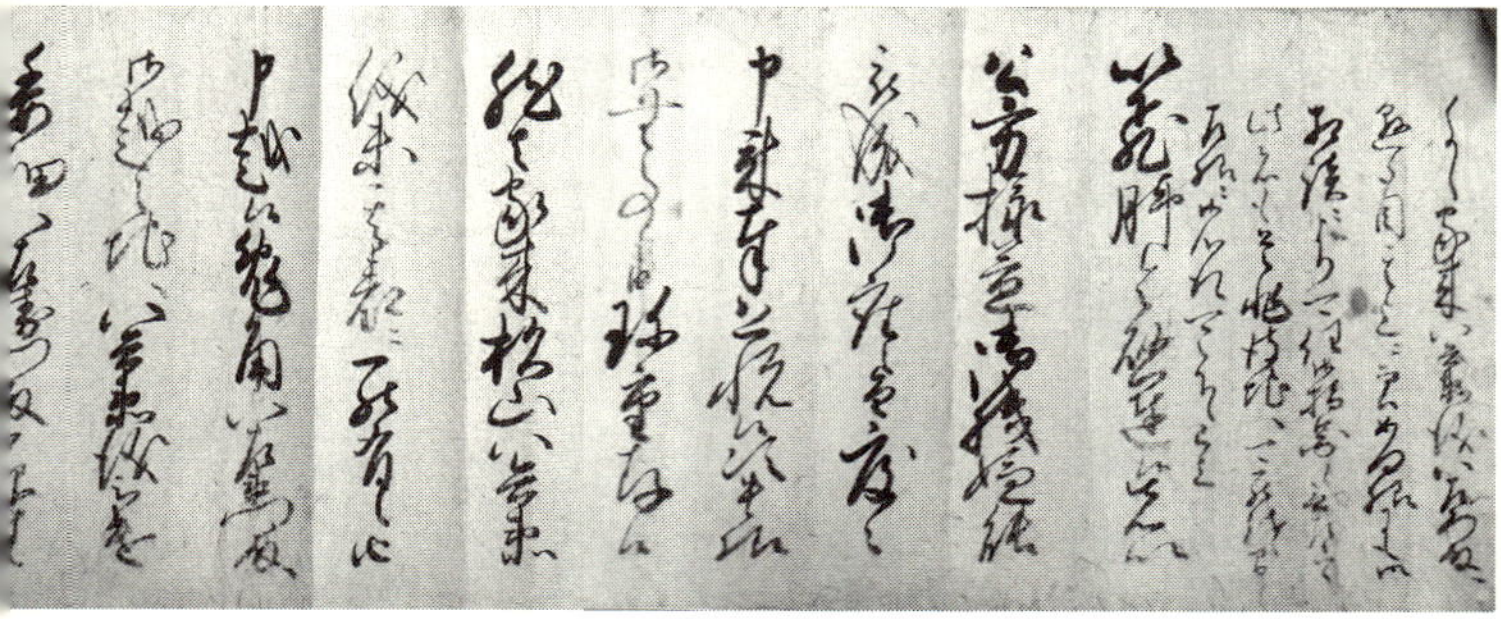

めた。検地の実務上の問題や、同じく検地を命じられた信濃国松代藩などの動き、幕府の役人との応答などについて、玄蕃・大学が対処方法を細かく指示している（「京都并越後御用状留帳」）。こうした経験は、天和・貞享期の領内総検地にも活かされていった。

天和・貞享の統一検地—書上絵図と財政安定

四代藩主津軽信政《つがるのぶまさ》は弘前藩中興の英主と称えられ、法令の整備、領内総検地、新田開発、産業の奨励、学問の興隆、治山治水など各方面に多大な業績を残した。元禄期の傑出した七人の大名にも名前があげられるなど（角田九華「近世人鏡録」）、深い教養と実行力を兼ね備えた理想的藩主として語られることが多い。

天和期（一六八一〜八四）に入ると信政は、領内の村々に対し、田畑の面積や所有者・耕作者を書き留めた書上《かきあげ》帳と、田畑の区別や等級が一目でわかるような村絵図（書上絵図）を提出させた。この「天和の書上」を通じて領内の生産力を大づかみに把握し、どれだけの年貢を確保できるか試算しようとしたのである。

そうした準備を済ませたうえで、貞享元年（一六八四）三月、信政は領内総検地を断行した。いわゆる貞享検地である。総奉行に任じられたのは手廻組頭大道寺繁清と用人間宮求馬である。二人は天和二年（一六八二）の越後高田検地で現地担

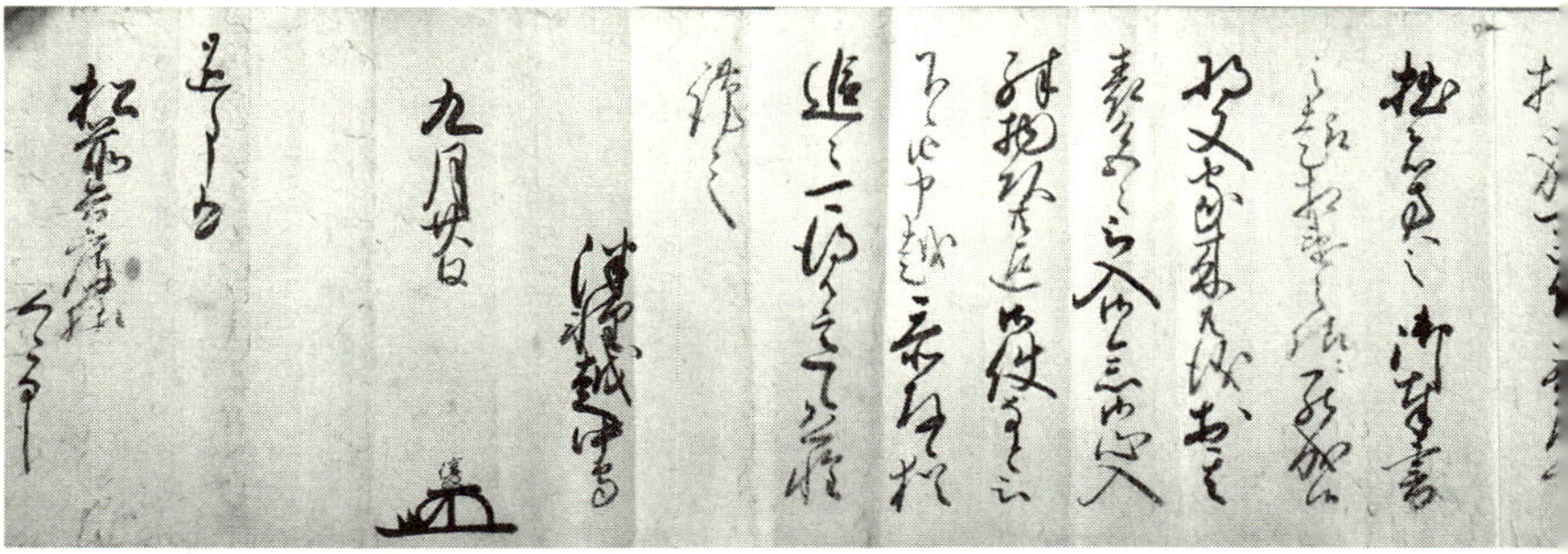

「八兵衛派遣」を伝える津軽信政の書状

当者を務めた人物で、これを田口十兵衛・武田源左衛門らが補佐した。

検地は沢内遣《けん》（のちの平賀庄大鰐組）、広須遣（のちの田舎庄広須組）、高杉遣（のちの鼻和庄高杉組）から青森遣へと進み、同三年四月に終了した。同四年五月付で検地帳が作成され、同年十月には、検地の総仕上げともいうべき「御郡中御検地高目録」がまとめられた。領内の総生産高は二六万八三一石、田畑の面積は三万四〇二〇町余と報告され、この数字は幕末に至るまで、弘前藩が年貢を徴収する際の基準となった。

こうして年貢は増え、藩の財政は安定したが、検地はきわめて厳密に実行されたため農民には不評で、「新竿を打ち詰めたりて田口迄隼人が求馬罪ハ源左衛門」（「平山日記」）と、検地を揶揄《やゆ》する落書が出回った。

産業振興と技術導入――野本道元、金沢勘右衛門

天和・貞享・元禄・宝永と続く三十年間は、四代藩主津軽信政の治世下で人材が広く登用され、学問・産業・技術が積極的に移植された時期である。

信政が招いた技能者のひとりに、野本道元（一六五五～一七一四、号は道玄）がいる。もとは洛北の鷹峰《たかがみね》に住んで漢学や仏学を修め、成人後は赤穂藩浅野家に仕えていた野本道玄（三世）の跡を継いだ。野本家は千利休以前の茶風である「古儀茶

四代藩主・津軽信政

信政を祀る高照神社

道」を継承する家柄で、道元自身は一樹庵四世と称した。「茶教一源」「濃茶全書」「茶道一源」「数寄道大意」など、多くの茶書を著している。

信政の茶道指南となった道元は百五十石を給された。茶人としてだけでなく、さまざまな技術に通じていたようで、機織《はたおり》・製糸の改良を督励し、上方から「きんこ繭《まゆ》」の種を取りよせ、機織職人を呼びよせるなど、質の良い蚕糸の生産に努めた。

日本最古の養蚕書「蚕飼養法記《こがいようほうき》」は、道元が弘前藩の養蚕指導のために書いたものである。さらに楮《こうぞ》を植えさせ、弘前城南の富田村・土手町の裏手に紙漉《かみすき》町を開いて種々の紙を漉かせるなど、国産の振興に力を尽くした。

天和二年(一六八二)、信政は加賀国出身の測量家金沢勘右衛門を招き、領内の測量と絵図の作成にあたらせた(「津軽藩旧記伝類」)。この時期には多くの優れた絵図が作成されており、その陰には勘右衛門の技術指導があったと思われる。弘前城と周辺農村の位置関係を克明に描いた貞享二年(一六八五)「弘前并近郷之御絵図」(青森県立郷土館蔵)や、黒石津軽家の飛地《とびち》領平内と南部領境の尾根筋を描いた元禄四年(一六九一)「従三角山御茶屋場山崎迄岑筋見分之図」(弘前市立弘前図書館蔵)などは、その成果である。

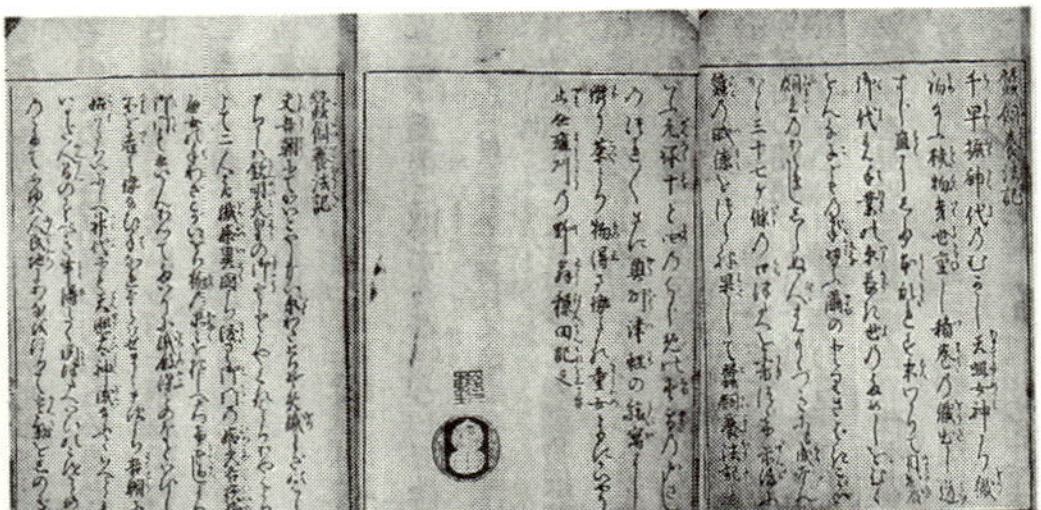

蚕飼養法記

系図道中——近衛家との関係と幕府の疑念

津軽氏にとって、自家の由来をどう語るかは、頭の痛い問題だったにちがいない。為信が南部姓を名のった時期があることはすでに触れたが、天正十九年（一五九一）初頭に津軽姓に改め南部氏と絶縁した以上、南部氏と同じ系譜上にあることを認めるわけにはいかなくなった。近世大名として存立するためには、独自の論理で正統性を主張する必要に迫られたのである。

弘前藩の正史「津軽一統志」によれば、文禄二年（一五九三）、為信は上洛して近衛家を訪問し、近衛家の紋である杏葉牡丹《ぎょうようぼたん》の使用を認められたという。「津軽一統志」は享保年間に編さんされたものでその内容を鵜呑《う》みにはできないが、戦国末期を生きた近衛信尹《のぶただ》（一五六五〜一六一四）の日記「三藐院記《さんみゃくいんき》」に、慶長六年（一六〇一）、津軽為信が鴨《かも》・煎海鼠《いりこ》・干しワラビを献上したと記されているので、為信が近衛家に接近したのはその前後と見てよいだろう。

幕府が「寛永諸家系図伝」を編集した際、津軽氏は藩祖為信から二代前の大浦政信を津軽氏初代とする系図を提出した。その中で政信は関白近衛尚通《ひさみち》の猶子《ゆうし》★とされ、津軽氏の本姓も藤原となっていたので、幕府に疑問を持たれた。そこで寛永十八年（一六四一）三月、三代藩主津軽信義は近衛家に書状を送り、津軽氏が藤

▼猶子
養育の有無にかかわらず、子として認めること。契約的な親子関係をいう。

三代藩主・津軽信義

原姓であることの保証を求めた(「津軽家文書」)。同年四月、近衛信尹の甥でその養子になっていた近衛信尋《のぶひろ》(一五九九〜一六四九)は、津軽氏の系図が近衛前久《さきひさ》(一五三六〜一六一二)の筆になるもので、政信が尚通の猶子であることはまちがいないと、自身の花押を据えた返書を出した。前久は信尹の父である。為信は慶長十二年(一六〇七)に京都で没したが、おそらくはその前に、前久から系図を申し受けていたのだろう。その後も、津軽氏の藤原姓については何度か疑問が投げかけられたが、「寛政重修諸家譜」の編集の際、九代藩主津軽寧親が「尚通公猶子」を「尚通公庶子★」に改めると申し出たことで、幕府はようやく納得した。

津軽氏は江戸時代を通じて、五摂家《ごせっけ》・七清華《しちせいが》★の筆頭である近衛家を宗家《そうけ》とあおいだ。とくに、津軽家の使者が京都へ系図を持参し、近衛家の当主がその系図に弘前藩主の名前を書きこむ「系図道中」とよばれる儀式は、両者の関係を確認するものとして重視された(「近衛家雑事日記」)。儀式に際して津軽家は多くの金子《きんす》を献上し(合力金《ごうりききん》)、近衛家も津軽家に融資先を紹介したりして、持ちつ持たれつの関係を作りあげていた。

南部領境の画定―烏帽子山争論に勝訴

天正十八年(一五九〇)正月、豊臣秀吉は津軽為信に鷹献上の礼状を送った。そ

▼庶子
嫡子以外の実子。

▼五摂家・七精華
公家の格式を表す。摂家は藤原氏嫡流の近衛・九条・一条・二条・鷹司の五家。精華は摂家に次ぐ格式で、西園寺・徳大寺・菊亭(閑院流)、転法輪三条・花山院・大炊御門(花山院流)、久我(村上源氏)の七家。

野辺地町馬門の藩境塚

の中で秀吉は「境目はしっかりと固めておくように」と述べている。

津軽氏の記録によると、津軽領と南部領の境は、文禄四年(一五九五)、津軽領狩場沢《かりばさわ》村（現東津軽郡平内町）と南部領馬門《まかど》村（現上北郡野辺地町）の間を流れる二本股川《にほんまたがわ》に定まったという(「封内事実秘苑」)。しかしこの時期は、為信が南部信直から津軽地方を切り取った直後であり、領境について両氏が話し合いを持ったというような場面は考えにくい。もっとも、天正十九年から文禄二年にかけて秀吉は諸大名から郡絵図と御前帳《ごぜんちょう》★を徴集しており(川村博忠『国絵図』)、慶長年間には徳川家康も国絵図を徴集するなど(川村博忠編『幕府撰慶長国絵図集成』解題)、統一政権の側も諸大名の領地については常に気にかけていたから、上からの決定をそのまま受け入れたということはありえよう。いずれにせよ、津軽氏には「文禄四年」という年でなくてはならない理由があったのだろうか。

平内町には現在でも、「勝った勝った狩場沢、負けた負けた馬門」という言い回しが残っている。境界地帯では入会《いりあい》権をめぐる争論が発生しやすく、二本股川の延長線上の尾根筋でもそれは起きた。村どうしの対立はやがて狩場沢村を支配する黒石津軽氏と南部氏との争いとなり、ついには弘前藩と盛岡藩の双方が幕府に訴えを起こす事態に発展した。これが寛文～正徳の約五十年間続いた「烏帽子《えぼし》山争論」である。

正徳二年(一七一二)四月、弘前藩から盛岡藩に対し、烏帽子山の峰の一つであ

▼御前帳
国家的帳簿の一つ。秀吉が出させたのは石高を記載した検地帳の類とみられる。

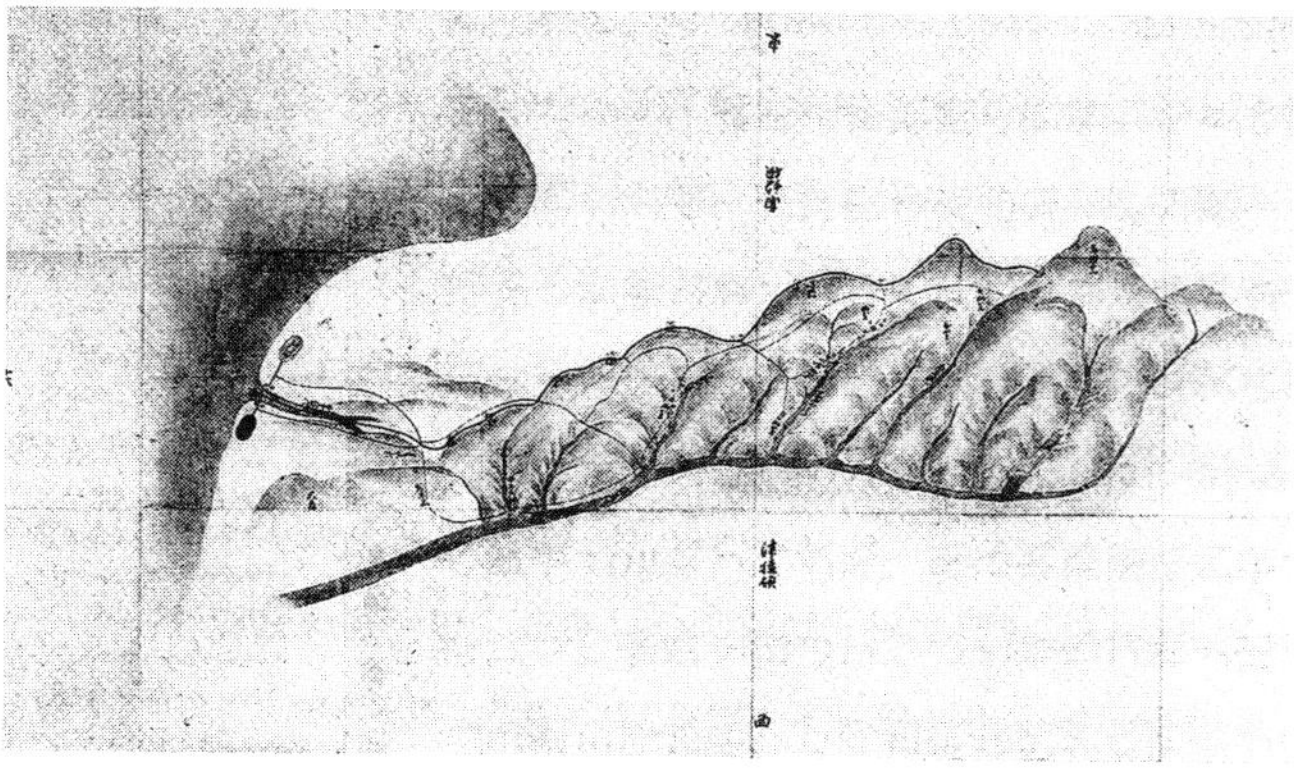
「津軽方勝訴」を伝える烏帽子山裁許絵図

る堀指山《ほりさしやま》に南部領民が入りこんでいるとの抗議があった。かつてはこの一帯に金鉱があったし、山中の樹木を伐り出して海岸での塩炊きに用いる（＝塩木）ことも日常的に行われていた。翌三年六月、狩場沢村農民の訴えが取りあげられ、十一月には双方の関係者が江戸に上った。寺社奉行森川重興《もりかわしげおき》は検使を派遣して現地を検分させ、その結果を踏まえて、翌四年九月に津軽方勝訴の裁定を下した。しかし一方では馬門村の農民にも配慮し、年三貫文を納めれば山中立ち入りは認めるとの指示を与えて、混乱を収拾した。

津軽兵庫一件―絶えない家中の問題

元禄二年（一六八九）六月二十八日、津軽信政の異母弟津軽信章《のぶあき》（兵庫）は、湯治を名目に弘前城を出て、大鰐《おおわに》温泉（南津軽郡大鰐町）へ向かった。夫人をはじめ、長男造酒之丞《みきのじょう》・長女ゆう・次女ひゃく・次男左内ら家族の全部に、家来・人夫を合わせて、総勢は六〇名余にのぼった。ところが七月一日の朝、信章は供回りの一部を残し、秋田領の石ノ塔薬師に参詣すると称して藩境を越えた。津軽領からの逃亡を図ったのである（「弘前藩庁日記」御国日記）。藩主の弟が、藩を捨てた。前代未聞の事態に、弘前藩は一時騒然となった。越境の目的は、（一）本人自身が秋田藩に仕官を希望していた

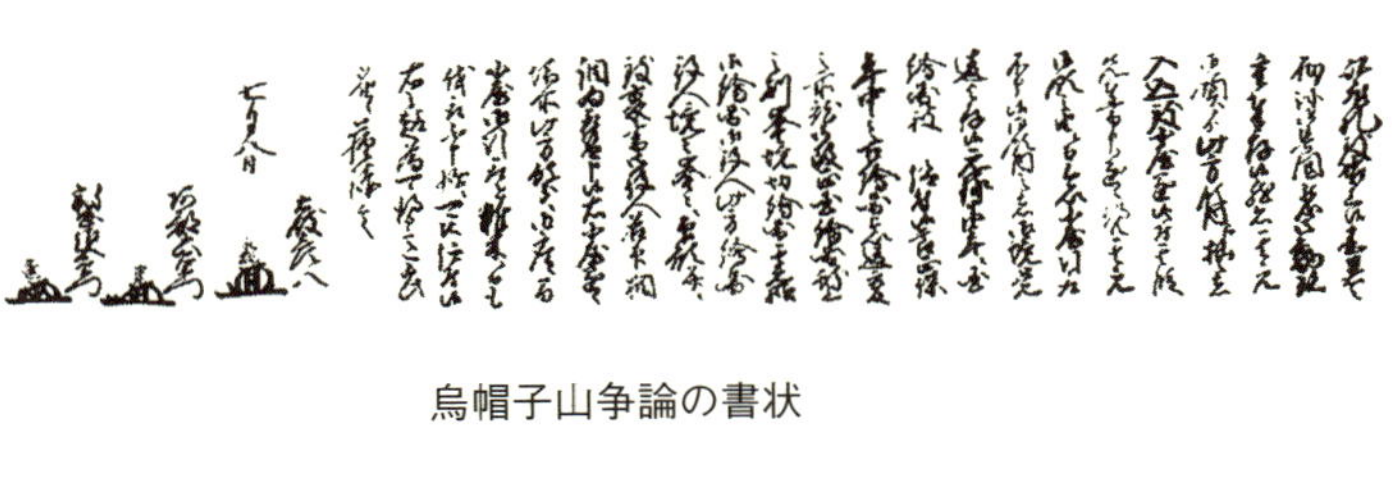

烏帽子山争論の書状

（二）息子の造酒之丞を徳川御三家に出仕させるため、秋田藩主佐竹義処《よしずみ》に斡旋を頼もうとした

のいずれかという。

信章は幼い時から江戸で暮らし、明暦三年（一六五七）には蔵米三〇〇俵を支給されて幕府の旗本となり、書院番を勤めた。しかし延宝元年（一六七三）、唐突に江戸城勤務を辞し、弘前に帰った。その理由は、武士の身分を捨て京都に住もうと、幕府に無断で出奔したためという。慌てた信政が書院番を辞めさせ、国元に置いたというのが真相だったようだ。

好学で経書に通じ、十文字槍の使い手だったというが（「奥富士物語」）、そうした才気にあふれた信章としては、二〇〇両の捨扶持を支給されるだけの不自由さに、嫌気が差したということだったのか。ほかに、兄信政が重用する「素行派」（信政の師である山鹿素行の関係者）への反発があったのではないかとの説もある（羽賀与七郎「津軽兵庫の越境」）。

けっきょく信章は秋田領から連れ戻され、弘前城二の丸で籠居《ろうきょ》（監視人つきの謹慎）生活に入った。取り調べの結果は幕府に報告され、信章のわがままということで決着し、弘前藩にとがめは一切なかったという。信章自身は生涯許されることなく、やがて一家は断絶した。

これも弘前

津軽信政の評判

弘前藩の政治史・経済史を考える上で、四代藩主信政が果たした役割の大きさを否定することはできない。しかし、史料で見る限り、手放しで賞賛されるだけではなかったことも確かである。例えば、元禄期の人物月旦（＝批評）書として有名な「土芥寇讎記《どかいこうしゅう》」（東京大学史料編纂所蔵）にみる信政像は、彼の治世の後半をとらえたものと思われるが、世に言う「名君」「英主」の姿とはかなりかけ離れている。

・家の風俗はよくなく、遠国である上に、家老にも悪人がいるので、少しは名のある浪人なら仕官は望まない

・信政は知力も才能もあるけれど、奸智にたけ、利欲を求めがちだ

・文武を好むが、一身の修行というより外面を飾るためで、信がない

・武道においては計略を先にし、それにより老中に取り入ろうとする

・家来の用い方も計略しだいで、仁義を学んだというだけの偽物だ

「家老に悪人」の例には津軽玄蕃（政朝）・津軽将監（政実）が挙げられていて、「奸曲邪智の小人で、主君に欲を勧め、自分の権威をひけらかすばかりだ」と指弾されている。

二人は信政に重用された儒学者山鹿素行と関係が深く、当の素行が「大佞人《ねいじん》」「信政を誑《たぶら》かし、まるで自分が主君のようだ」と本書で厳しく批判されている点を考えると、弘前藩でいわゆる「素行派」が台頭した延宝～貞享年間（一六七三～八八）の状況が、本書の作者の念頭にあるようだ。

信政は三男の政直（のち与一資徳《すけのり》）を名門那須資弥《なすすけみつ》（烏山《からすやま》藩二万石）の養子としたが、貞享四年（一六八七）十月、実は資弥に妾腹の子資寛《すけひろ》があったことが発覚し、那須家は改易（＝取り潰し）となった。幕府は、信政が以前から事情を知っていたのではないかと疑い、閉門の処分とした（半年後に赦免）。いわゆる烏山騒動である。これについても、

・なまじ知恵が働くから、那須家を断絶させ、自身も閉門させられる羽目になるのだ

と、歯に衣《きぬ》着せぬ言い回しである。

本書は全体に幕府よりの立場で書かれているが、それだけに、騒動の渦中にいた信政を危険視する人々の思惑が反映されていると見ることができよう。

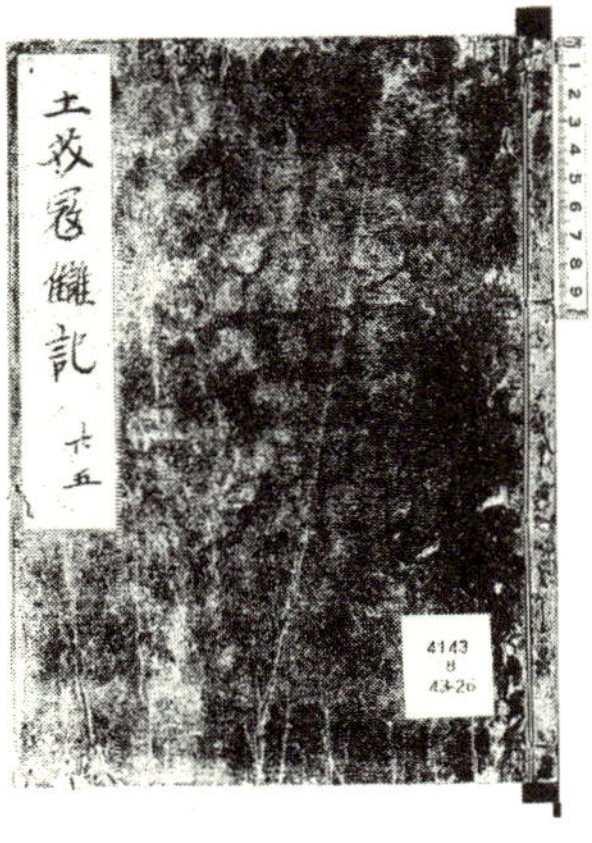

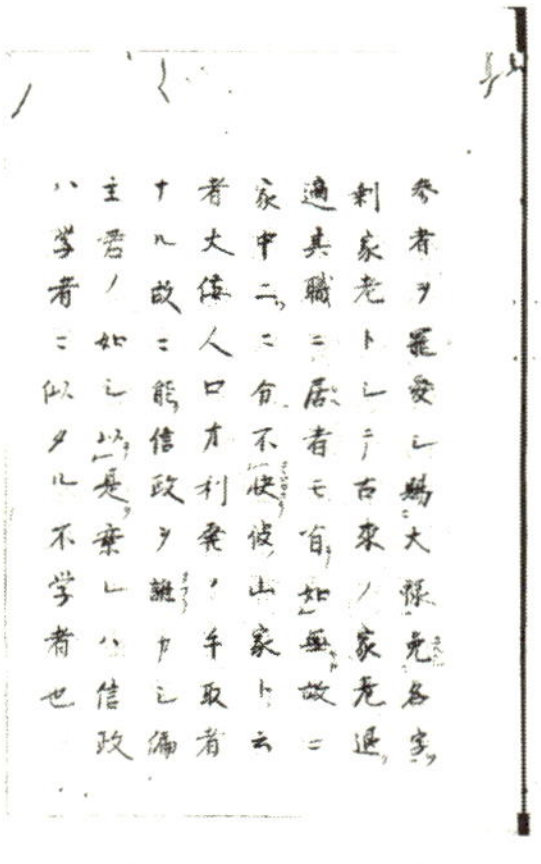
参者ヲ寵愛シ勝ニ大禄充各宛
剰家老トシテ古来ノ家老退
適其職ニ居者モ有如無故ニ
家中ニモ不快彼山家ト云
者大佞人口才利発ノ手取者
ナル故ニ能信政ヲ離カシ偏
主君ノ如シ以是棄シハ信政
ハ学者ニ似タル不学者也

津軽家系図

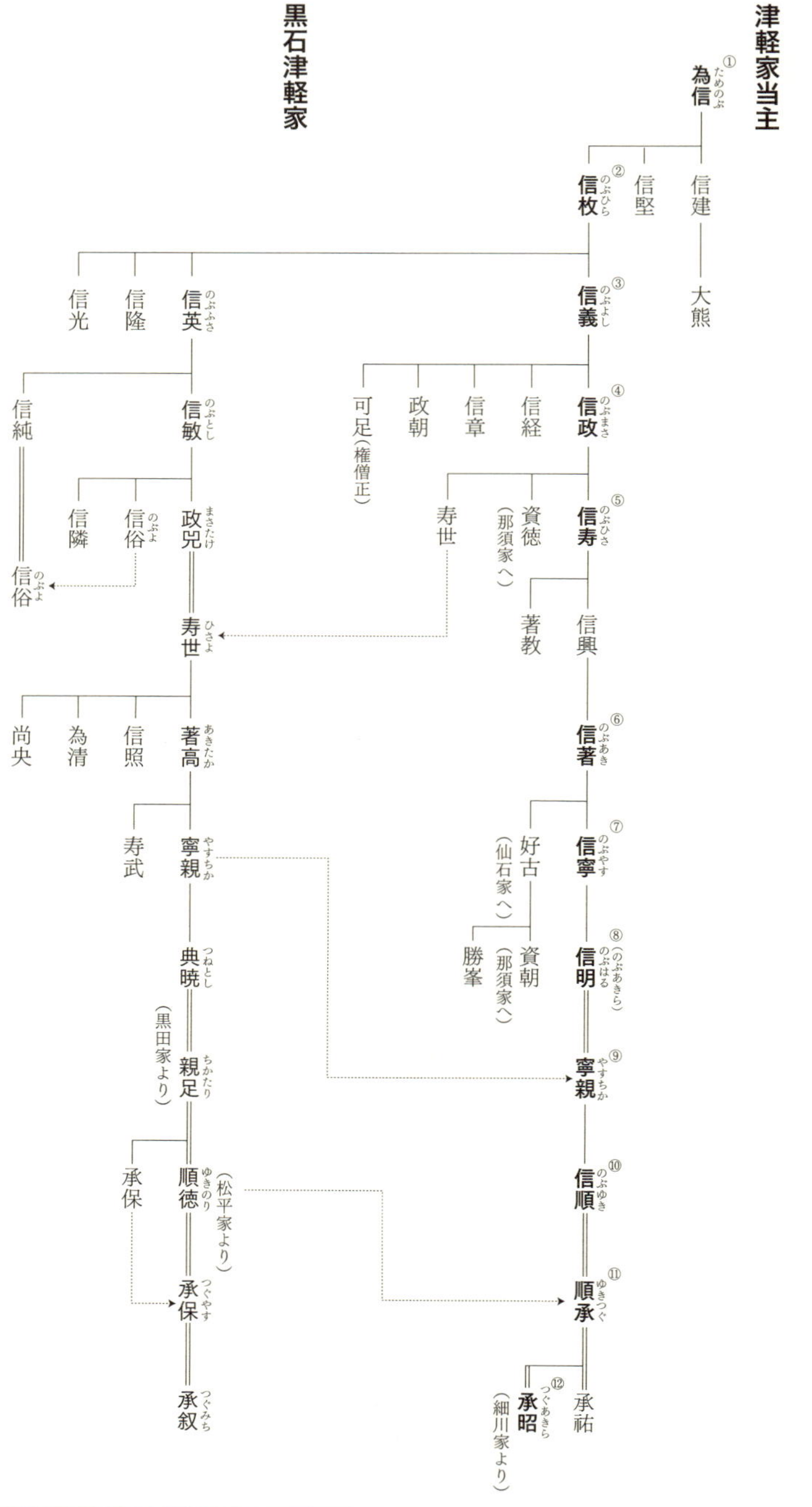

津軽家当主
①為信《ためのぶ》
信建
大熊
信堅
②信枚《のぶひら》
③信義《のぶよし》
④信政《のぶまさ》
信経
信章
政朝
可足（権僧正）
⑤信寿《のぶひさ》
資徳（那須家へ）
寿世
信興
著教
⑥信著《のぶあき》
⑦信寧《のぶやす》
好古（仙石家へ）
資朝（那須家へ）
勝峯
⑧信明《のぶはる》（のぶあきら）
⑨寧親《やすちか》
⑩信順《のぶゆき》
⑪順承《ゆきつぐ》
承祐
⑫承昭《つぐあきら》（細川家より）
黒石津軽家
信英《のぶふさ》
信隆
信光
信敏《のぶとし》
信純
政兕《まさたけ》
信俗《のぶよ》
信隣
信俗《のぶよ》
寿世《ひさよ》
著高《あきたか》
信照
為清
尚央
寧親《やすちか》
寿武
典暁《つねとし》
親足《ちかたり》（黒田家より）
順徳《ゆきのり》（松平家より）
承保
承保《つぐやす》
承叙《つぐみち》

第二章 弘前藩の領内支配

弘前城は東北有数の名城。城下には華やかな文化が育った。

① 家臣団構成と藩士

新田開発で実質三十万石の収入を得たが、相つぐ飢饉で次第に疲弊し、家臣を農村に住まわせて、経済的自立を促さねばならなかった。倫理観を高めるため、「武教日用職書」や「士心得之雑記」が編まれた。

家臣団の形成—知行宛行状にみる藩主と家臣

藩士について調べようと思えば、人名簿ともいうべき分限帳《ぶんげん》などを見るのが手っとり早いが、江戸時代初期にはまだ整備されていない藩も多く、弘前藩もそうした藩の一つと位置づけられる。

藩主と家臣の関係を確認する重要書類として、知行宛行状《ちぎょうあてがい》がある。弘前藩の場合、津軽為信が尾崎村（現平川市平賀字尾崎）の九郎兵衛に与えた慶長七年（一六〇二）十月十三日付のものが最古とされる。これは「弘前藩庁日記」（御国日記）に、富田村の者が拾った書付七通の内に含まれていたものを写したという記事があるだけだが、為信が出した知行宛行状の現物は、浄土宗の円明寺念西にあてた慶長九年十一月二十二日付のものしか確認されていないから、貴重な記録と言うことができる（『新編弘前市史』通史編2）。

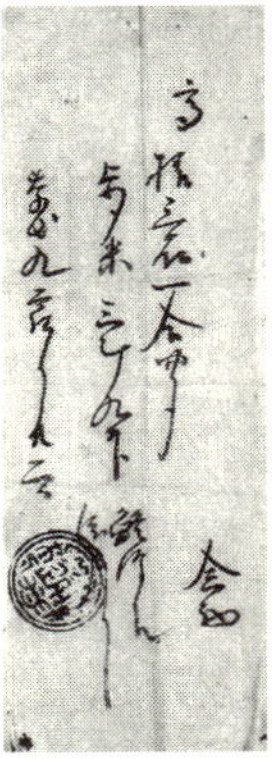

念西に出された寺領十三石余の知行状

対して二代藩主津軽信枚の知行宛行状は相当数残っており、古いものとしては、

(一)	慶長十四年五月二十四日付	前田屋敷村	高三十石	与左衛門
(二)	慶長十四年七月十八日付	藤城村ほか	高百石	革秀寺
(三)	慶長十四年八月六日付	町田村ほか	高三十石	町田勝右衛門
(四)	慶長十四年八月六日付	館田村	高十九石	神左馬丈
(五)	慶長十四年九月十四日付	黒石村ほか	高五十石	彦左衛門

などがあげられ、ほかにも「弘前藩庁日記」(御国日記)で確認できるものがある。信枚ははじめ信長と名のり「言長」(言は信の略字)の印を用いていたが、元和七年(一六二一)頃に「信枚」の印に改めた。この年、前田屋敷村の与左衛門、館田村の神左馬丈らは慶長十四年のものと同じ内容の知行宛行状を受けとったが、これは印文の改定を理由に発行し直されたものと思われる。

為信・信枚の時期の知行宛行状はおおむね石高が小さいが、これは津軽領へ入植してくる者を家臣団に取りこもうとしたためだろう。半農半兵の生活を送る彼らは武士の身分に引きあげられ、新たに「小知行《こちぎょう》」と呼ばれて、弘前藩を底辺で支える下級藩士に編成されていった。

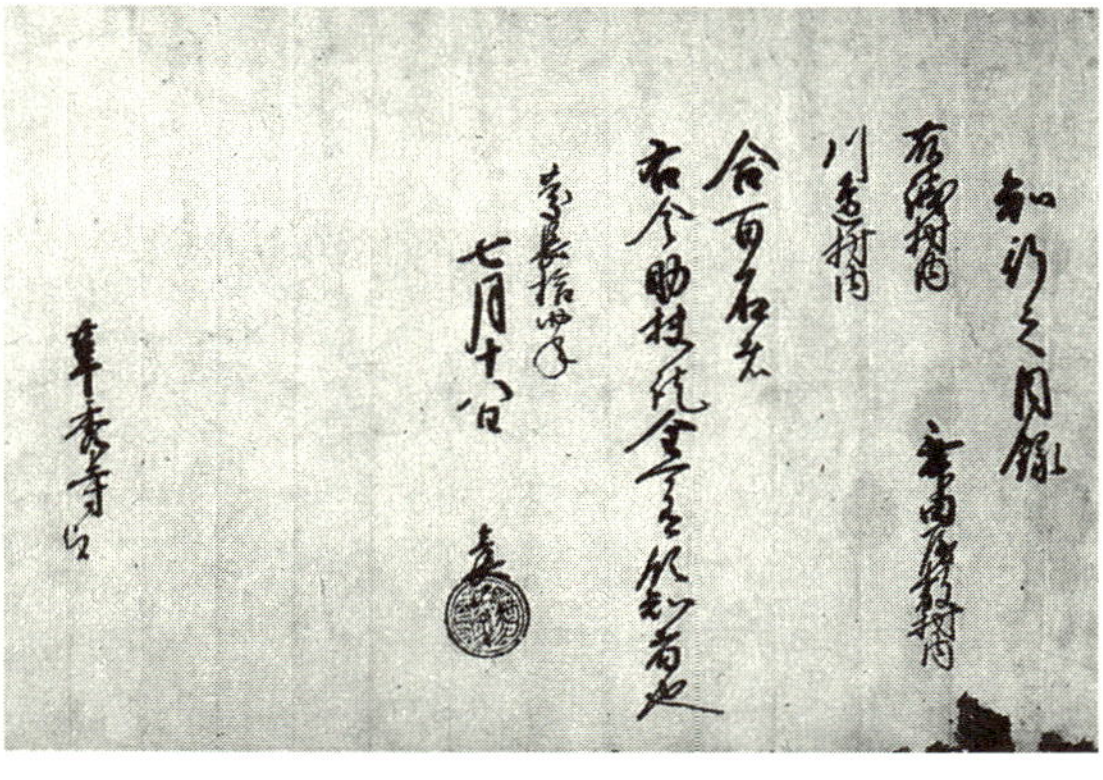

為信の菩提寺・革秀寺への知行状

特異な「八十三騎」――国替え騒動にみる上下関係

弘前藩は津軽平野を積極的に開発した。幕府から認められた表高（公式の領知高）はわずか四万七千石だったが、新田開発によって、江戸時代中期には、実質三十万石を超える収穫量があった。その成功を支えたのが「小知行派《こちぎょうはだち》」である。開発者には一定の期間に限って年貢を免除し、耕地の一部を知行地として所有することを認めた。こうした耕地を「派《はだち》」「派立《はだち》」といい、開発者を「小知行」と呼んで優遇したのである。彼らには藩主の名で知行宛行状が発給された。

元和五年（一六一九）、福島正則の改易事件のあおりで津軽氏が越後転封を命じられた際、越後へ一緒に移りたいと願い出た「小知行」が、八三名いた。転封が撤回された後の元和七年、彼らはそれぞれ加増されて知行百石となり、藩士に取りたてられた。忠節を示した褒美というわけだ。

この家系を「八十三騎」と呼ぶ。彼らは、一介の開発者から武士の身分にまで引きあげられた経歴を誇りにした。そのことは、文化三年（一八〇六）、初代藩主津軽為信の二〇〇回忌にあたって編さんされた「由緒書抜」（津軽家文書）を見ると、よくわかる。例えば、手廻組の斎藤弥太蔵の先祖掃部助は初め知行五十石だったが、中村（現西津軽郡鯵ヶ沢町）の開発に成功して百石を与えられ、さらに西浜

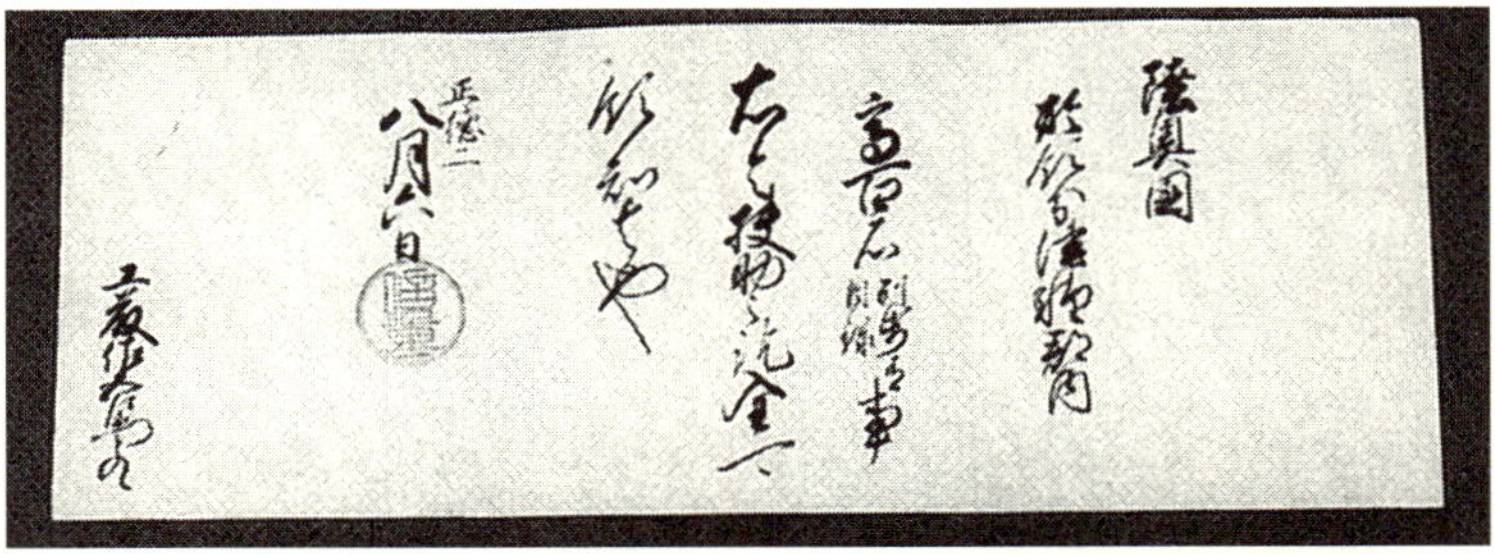

知行目録の一例

（津軽領の日本海沿岸地域）の代官を務めたという。

自家の立身出世が耕地の開発に関わっていると認識していた家は、「由緒書抜」全体のおよそ三割にものぼる。弘前藩において、開発と藩士取りたては密接な関わりを持っていたのである。

武家の集住―岩田家住宅と伝建地区

弘前城ができた当初は、多くの武士が城郭の中に住んでいた。しかし世の中が落ち着き大名間の戦闘が起きる可能性が薄まると、日常的に軍事力を確保しておく必要性もしだいになくなっていった。

武家の屋敷を城郭の外に移転させる動きは、四代藩主津軽信政の治世下で起こった。一つには城内を藩主の御用地にすることと、もう一つは財政難対策として家臣の数を減らすことが、その目的だった。弘前藩では元禄飢饉の窮状に対応するため、元禄九年から家臣の「減少」（＝召し放ち）を行い、最終的には一〇六〇名の家臣が弘前城下を退去した。町には大量の空き屋敷が生じ、それまで城内に居住していた家臣団がそこに移った（長谷川成一編『弘前城下史料』上）。

元禄十年には、大浦町・鷹匠《たかじょう》町・亀甲《かめのこう》町への屋敷替えが行われ、同十二年には、用人・家老クラスは大浦町・白銀町へ、手廻・馬廻らは百石《ひゃっこく》町・代官町な

岩田家住宅

どへ、それぞれ移転した。宝永二年（一七〇五）には、三の丸に屋敷を構えていた森岡民部や杉山八兵衛などの重臣らも、城郭の外へ移された。これに伴い、白銀町・黒石町・蔵主《くらぬし》町・東長根町・親方町などに住む武士・御扶持《ごふち》町人・一般町人ら一九八軒が、他町に移転した（「弘前藩庁日記」御国日記）。移転は宝永四年、同六年にも行われ、城下の様相は一変した。

弘前城北側の仲町（小人《こびと》町・馬喰《ばくろう》町・若党《わかとう》町の一帯）には、かつての武家屋敷が残っている。昭和五十三年（一九七八）、重要伝統的建造物群保存地区（伝建地区）に指定された。若党町の岩田家住宅は寛政十年（一七九八）～文化五年（一八〇八）にかけて建てられたもので、ほぼ建築当時のまま保存されている。茅葺《かやぶ》き屋根・主門・玄関のほか、広間・座敷・奥座敷・居間・台所を備え、三方に縁側がある。中級武士の質素な生活ぶりがうかがわれる。伝建地区の建物は何度か建てかえられているが、基本的には敷地を生垣《いけがき》や板塀《いたべい》で区切り、門を構え、地内には多くの木を植えるなど、かつての武家屋敷のありようがよく保存されている。

寛政改革と在宅政策―徂徠学の実践

寛政四年（一七九二）、弘前藩は財政再建の切り札として在宅《ざいたく》（藩士土着）政策を断行した。武士を農村部に移住させ、農業を行わせて経済的に自立させようと

薬医門

冠木門

したのである。

　この政策は、郡奉行赤石行建《ゆきたけ》（安右衛門）と勘定奉行菊池正礼《まさのり》（寛司）の意見書により実施された。武士が農村に土着することで荒廃した田畑が再開発され、遊民は減少する。奢侈《しゃし》の風俗が止み、武士は剛毅朴訥《ごうきぼくとつ》の風を取り戻す。馬や奉公人が確保でき、軍役が充足する等々、効果に対する期待のほどを述べている。赤石らは在宅政策を「国家御永久」の仕法と強調したが、そこには、荻生徂徠《おぎゅうそらい》が説いた実践主義の影響が見てとれる。

　同年八月、藩主の側近や勤務繁忙な者を除く二百石以下の知行取藩士に、農村への移住が命じられた。藩士の知行地はあちこちに分散していたが、彼らは藩の指示に従って、知行地のうち最も石高《こくだか》の多い村に住んだ。移住地は弘前城下から三里未満の村が選定されたが、四奉行★はより城下に近い村に在宅した。知行地があまりにも遠くなる場合は土地の交換も行われた。最終的には二百五十石以下の知行取藩士一二〇〇名余と、御目見以下の小給藩士一六九五名が対象となった。

　転居した藩士の屋敷はこわされ、弘前城下の規模は大幅に縮小された。屋敷の跡地には漆木や楮《こうぞ》が植えられ、畑が作られた。しかし、武士が不在となった町々では商家も無用となり、大通りへの移転が行われた。

　寛政十年、在宅政策は撤回され、藩士は城下に帰って来た。禄高に応じて町の位が定められ、元町・蔵主町・元長町以下の一一町には、百石から三百石の藩士

▼四奉行
弘前藩では町奉行（弘前）・勘定奉行・寺社奉行・郡奉行。

武家屋敷の塀

武家屋敷の門

が移転した(「町割方御用留」)。そのほかの町々では、五十石未満の家臣が混在する場合もみられた。弘前城下に入る三街道の入口には、足軽らの長屋が設営された。春日町や川端町のように潰《つぶ》れ町のままの所もあったが、寛政末年には家臣団の城下移住が終わり、侍町が復活した。

武家の精神生活―「士心得之雑記」の世界

弘前藩の兵学師範を務めた貴田親豊《きだちかとよ》(長太夫)が享保九年(一七二四)に著した「武教日用職書」(弘前市立弘前図書館蔵・岩見文庫)は、山鹿《やまが》流の教えを下敷きにして、武士の日常の心得を書き記したものである。倫理的・道徳的な戒めが中心だが、「武士道は学ぶもの」と定めている点は重要だ。

・武門に生まれても、その行いが武士らしくなければ、武士とは言えない。
・善い行いであっても、一つのことに偏って全体を学ばないのはいけない。
・武士は、学ぶことが多い。朝に夕に励み、武士道を学ぶ利をよく考えよ。
・武士道を知らぬ人から誹られることもあるが、心を広く持って意志を貫け。

などとあるように、剣・馬・鉄砲・水練などの武芸はもちろん、書・算・医など学問の大切さも強調していて、心技体の一致を説いている。

成立年代は不明だが、川越次泰《かわごえつぎやす》(石太郎)が万延二年(文久元/一八六一)に筆写

武家屋敷の玄関

した「士心得之雑記」（岩見文庫）は、武芸・作法・慣習を書き記したもので、より具体的な内容となっている。

・夜中に忍び打ちする時は、刀に墨を塗っておけ。

・恨まれている相手に月代《さかやき》剃《そ》りを頼んだ時、相手がのどにカミソリを当ててきたような場合は、その手をつかんで前に引き倒せ。

・大雪、大風の時や夜中はこみせ（軒下）を通らず、道の真ん中を行け。

さらに、切腹の作法や武具のあつかい方、襲撃者・不審者への対処法、夜道の心得、緊急時の早着替えや戦い方などが、こと細かに記されている。ほかにも「道の角は大きく曲がると人にぶつからない」「お辞儀をするときは、前に扇子を置くと戸障子に首を挟まれない」「人と相対する時は斬りつけやすい右側で」「喧嘩せざるを得ないときは第三者を保証人に立ててから」など、その指摘にはいちいち納得させられる。

日常生活については現実的な記述が多いが、仕事上のふるまいについて「スタンドプレーは慎め」「上司が正式な場を与えてくれるのを待って力量を見せよ」「席を外す時は所在を明らかにせよ」「用もないのにほかの部署へ行くな」「同僚とは兄弟のように親しめ」と戒めているところなどは、いつの世も変わらぬものと、苦笑させられてしまう。

最も興味深いのは、妖怪変化への対処法に触れた部分だ。

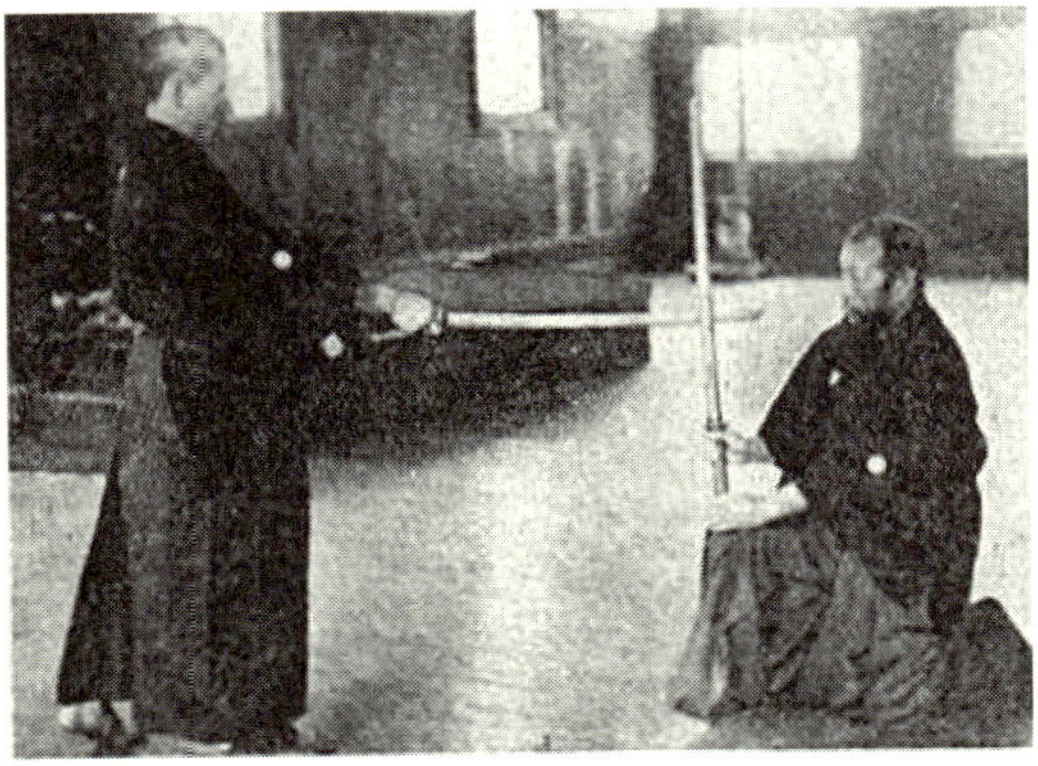
剣術の一流派・卜伝流

・化け物を見分けるには、刀の鍔《つば》の透《す》かしを通してみれば正体が分かる。
・うぶめ（＝妖怪の名）に「子を抱いてくれ」と言われたら、脇差しを抜いてその上に置き、口に小刀を咥《くわ》えれば、その子は大きくならない。小刀がない時は楊枝《ようじ》などでもいいし、それもなければ逆さまにして、膝で頭を挟《はさ》め。
・夜に変なものが見えたら、眉毛に唾《つば》を付けて見てみろ。

登場する化け物は、見越し入道・河童・猫又などバラエティに富んでいる。「天狗のつぶて」（どこからともなく飛んでくる石）に対しては「天狗殿、返報するぞ」と言いながら、雪・石・土を投げ返せともある。

実はこのような対処法は、庶民の伝承とかなりの部分で一致する。侍も庶民と同じく迷信にとらわれ、まじないを用いることがあったのだ。今でも霊柩車を見て親指を隠す人がいるが（常光徹『親指と霊柩車―まじないの民俗』）、「士心得之雑記」にも「ゾッとした時は親指を握れ」と書いてあり、その豊かな内容は現代に通ずるものがある。

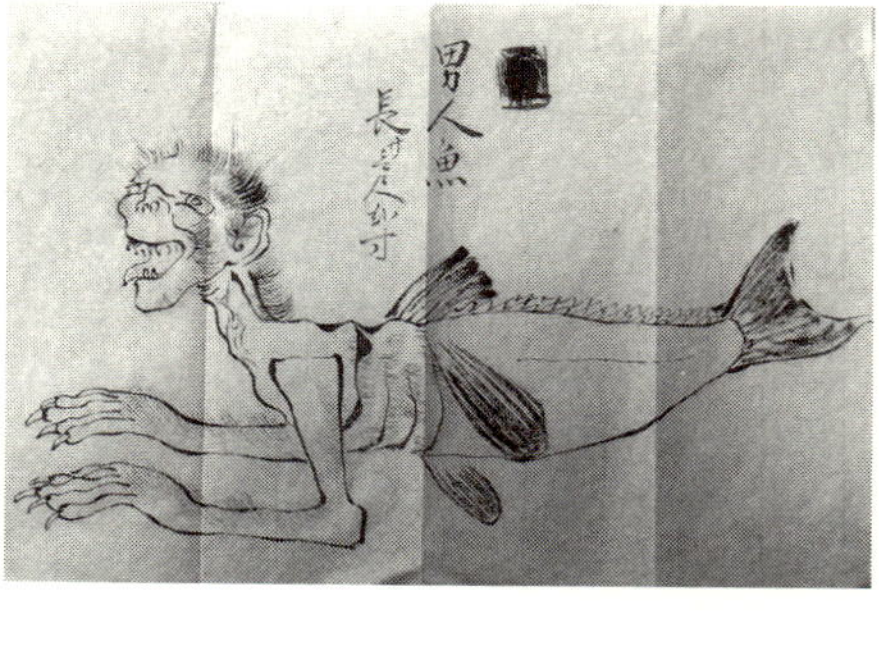

男人魚の図

②

弘前城と城下町の形成

大浦、堀越、高岡へと移った津軽家。新たに「弘前」と名づけられ、壮麗な天守が姿を現した。城下は城北・城郭・城南に区分され、度々の大火を乗り越えて、武士と町人が混在する町並みが整えられた。

弘前城の築造—大浦城、堀越城、そして高岡へ

戦国期の津軽氏ははじめ岩木川西岸の大浦城（現弘前市岩木字賀田《よしだ》）を拠点としたが、南部氏からの独立を果たした後の、文禄三年（一五九四）に、東岸の堀越城（現弘前市堀越）へ移った。しかしこの地は洪水が多かったため、慶長八年（一六〇三）に岩木川沿いの丘陵地である高岡へ新たに町割りを行い、移住者には米穀を支給するなど、本格的な城下町づくりに着手した。

城郭の建設は、二代藩主津軽信枚の慶長十五年（一六一〇）頃に始まった。三月を斧始《おのはじめ》とし、江戸から大工数百人を呼んだという（「封内事実秘苑」）。翌年五月にはほぼ完成し、寺社や家臣・町人の屋敷を建設した。高岡を「弘前」と改めたのは、寛永五年（一六二八）八月のことである（「信枚君一代之自記」）。寛永末年の「津軽弘前城之絵図」（弘前市立博物館蔵）を見ると、弘前城内は堀で区切られ、本丸・二

堀越城の跡

の丸・三の丸・四の丸・小丸・西の丸からなる輪郭式の構造をしていた。

弘前城には、二の丸に南内門・東内門、三の丸に追手門（大手門）、四の丸（北の郭）に北門（亀甲《かめのこう》門）の、計五つの門がある。いずれも築城当時のもので、すべて重要文化財に指定されている。城門の周辺に土塁を築き、内と外に枡形を設けた二層の櫓門である。北門は大光寺城（現平川市平賀）から移築されたと言われ、他の門より規模も大きく、形も特異で、矢弾《やだま》の跡や刀痕も見られる。西浜街道にすぐ出られる出口として重視された。なお、北門の中にはかつて、大浦城（現弘前市岩木）から移築されたという北内門（賀田門）があったが、現存していない。

二の丸には当初五層の天守閣があったが、寛永四年（一六二七）の落雷で焼け落ちてしまった。煙硝蔵《えんしょうぐら》に火が入り大爆発を起こしたという（「封内事実秘苑」）。その後は南東の隅櫓《すみやぐら》を天守の代用としていたが、文化七年（一八一〇）、九代藩主津軽寧親は幕府に本丸の櫓三棟の修築願いを出した。蝦夷地警備の功績で七万石、十万石と高直りを果たしていった時期だけに、チャンスと見たのである。幕府からは許可が下りたが、弘前藩は修築の名目に隠れ、極秘に天守を新築した。これが現在の弘前城天守（重要文化財）である。様式は古風で、濠《ほり》に面した東面・南面は矢狭間《はざま》だけで、防御のための鉄窓はついていない。一層目と二層目には切妻《きりづま》屋根が張り出し、破風《はふ》がつけられている。東北地方で三層三階の天守が現存する

弘前城・亀甲門

弘前城・天守

のは、弘前城だけである。

二の丸には天守のほかに三層土蔵造りの隅櫓が残っている。北東は丑寅《うしとら》櫓、南東は辰巳《たつみ》櫓、南西は未申《ひつじさる》櫓と呼ばれ、天守および五カ所の城門とともに重要文化財に指定されている。二の丸にあった宝蔵《ほうぞう》には藩政関係の道具や公文書類が保管されていたが（「寛政三年二ノ丸御宝蔵御書物并御道具目録」）、その後、江戸の藩邸に移された。藩政文書を中心とした「津軽家文書」が弘前市立弘前図書館と国文学研究資料館とに分かれているのは、そのためである。

絵図に見る弘前城下──長勝寺構の形成と岩木川

弘前城の南側では、南溜池《みなみためいけ》とその背後の段丘が、城の防衛線の役割を果たした。段丘上の茂森《しげもり》山は城よりも高い位置にあるので削ることとし、元和元年（一六一五）正月に工事が始まった。並行して、二代藩主津軽信枚が建てさせた長勝《ちょうしょう》寺《じ》の門前と茂森山の間に溝を掘り、土居《どい》を築く工事も進められた（「津軽一統志」）。一種の空堀《からぼり》である。侵入してくる敵を食いとめる意図があったことから「長勝《ちょうしょう》寺構《じかまえ》」と呼ばれた。やがて禅宗三三か寺がここに集められて禅林街《ぜんりんがい》を形成した。

長勝寺には藩祖津軽為信の肖像彫刻が安置され、尊崇を受けた。

弘前城下を描いた絵図は、正保三年（一六四六）の「津軽弘前城之絵図」（国立公

弘前城・追手門

正保三年「津軽弘前城之絵図」

文書館蔵)や、慶安二年(一六四九)頃と推定される「弘前古御絵図」(弘前市立弘前図書館蔵)など数多くあり、往時の姿を復元することが可能だ。

現在でこそ岩木川は一筋になっているが、元々は竜ノ口(現弘前市悪戸《あくど》)で駒《こま》越《ごし》川(本流)と樋《ひ》ノ口川(分流)に分かれた後、城の北側(現在の富士見橋より少し下流のあたり)で再合流していた。そのため城の西側は、流れに沿って城北・城郭・城南と明確に区分されていた。

樋ノ口川は先達《せんだち》ヶ《が》淵《ふち》(現弘前市新町)の曲流部でしばしば洪水を起こし、弘前城下は数十回もの水害にさらされたという。そのため、天和二年(一六八二)からの工事で川を留め切り、城の西堀として代用した。貞享二年(一六八五)の「弘前并近郷之御絵図」(青森県立郷土館蔵)には、竜ノ口の堤跡や先達ヶ淵の仮橋が、しっかりと描かれている。

「弘前并近郷之御絵図」は三八六センチ×三六五センチの大型絵図で、平成十年、青森県立郷土館の特別展「描かれた青森」ではじめて公開された。絵図表の貼り紙に貞享二年三月の年記があり、詳細な注記がなされている。この注記に見える「千年《ちとせ》山」という地名は貞享元年から使われるようになったもので、それ以前は「松山」と称していた(「奥富士物語」)。また、図中の「とちない川」のあたりに見える「下湯口村」は、正保年間前後の一時期に限って用いられ、享保期以降の郷帳で復活するまでは悪戸《あくど》村に含まれてしまった村名であることから、この絵

樋ノ口川の留切

図はその間の状況を描いていると見てまちがいない。弘前藩が元禄十六年（一七〇三）から宝永七年（一七一〇）にかけて行った絵図改めの際に作成した「御絵図目録」（弘前市立博物館蔵）にもこの絵図の名が出ており、四代藩主津軽信政の時に作成されたものであることは、確実である。

絵図の中央には「御」の一字が書きこまれ、その部分が弘前城であることを示している。東は松崎村、西は兼平《かねひら》天神、南は大和沢《おおわさわ》村、北は三世寺《さんぜじ》村となっており、城を中心に一〇キロ四方の範囲が描かれている。城の西側には樋ノ口川の留切堤の跡（二筋に分かれる岩木川の一方の流れを引きこんで堀に代用したもの）が見える。周辺の村・家並み・街道筋・山野・河川や、石川城・青柳《あおやぎ》城など多くの中世城館の跡も立体的に描かれている。

「弘前藩庁日記」（御国日記）などに「弘前廻り」「弘前近郷」という文言がしばしば登場するが、この絵図の発見により「近郷」の範囲を視覚的にとらえることが可能になった。

町割りの変遷と町政―町年寄・町名主・月行事

慶安二年（一六四九）五月三日、横町（現東長《なが》町）の算盤《そろばん》屋大坂屋久兵衛宅から火が出て、寺町では五つの寺院が焼失した（「平山日記」）。これをきっかけに南溜《みなみため》

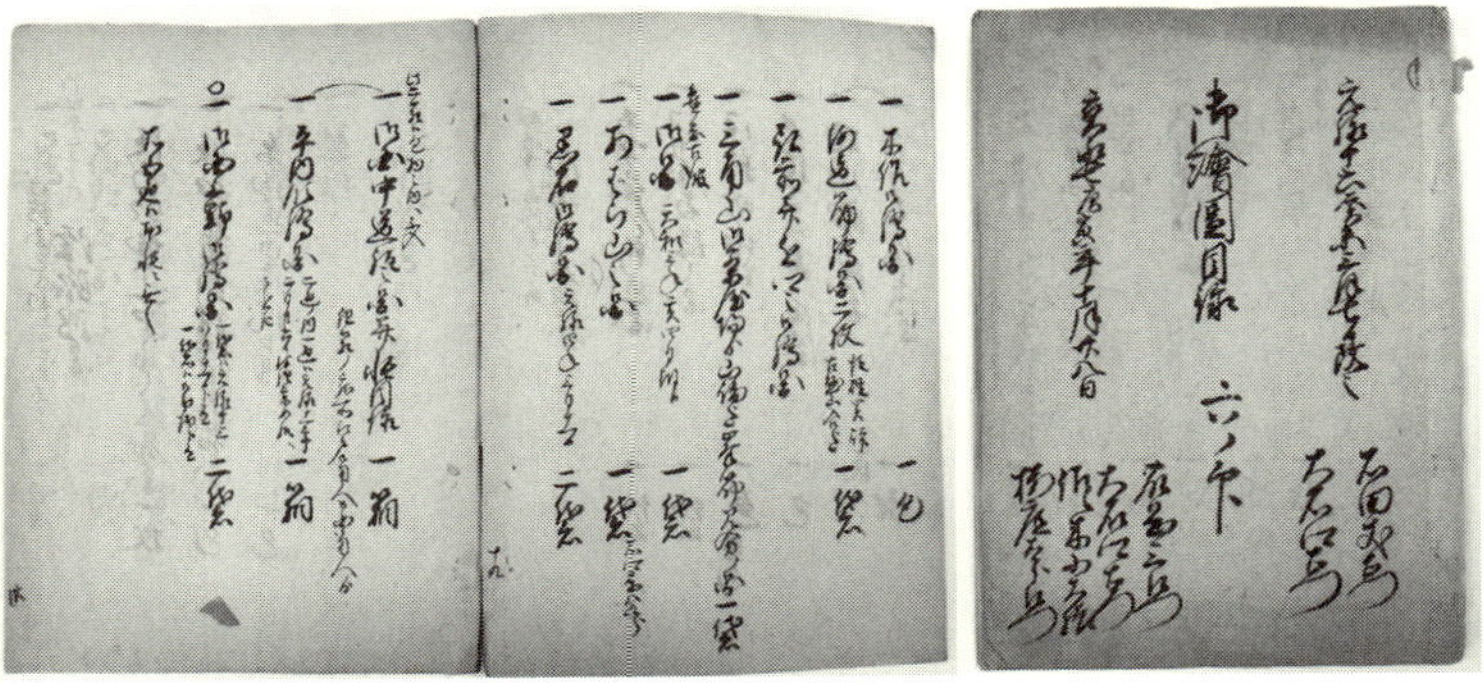

弘前藩「御絵図目録」

池《いけ》の南側に新寺町《しんてら》が町割りされ、それまで堀のそばにあった白銀町の藩士宅が寺町に移された。これが元寺町の始まりである。現在の弘前城下の町名の多くが、この大火の前後に作られたとみられる「弘前古御絵図」（弘前市立弘前図書館蔵）に記されている。

城下の町政を担当したのは町奉行（定員二名）だが、その下には町人が務める町年寄・町名主・月行事があった。町年寄は弘前城下の町々を管轄し、松井家や松山家が明治期の廃藩置県まで世襲した。各町から提出される帳簿や願書の類を町奉行に取りつぐのも町年寄だった。

町名主と月行事は、時代によって人数が変わる。弘前城下ではいくつかの町が集まって組を構成し、町名を冠して「新町支配」などと呼ばれた。これを管轄するのが大組頭で、やがて町名主と呼ばれるようになった。延宝七年（一六七九）の段階では七組だったが、正徳三年（一七一三）には一三組に増え、町名主も一二名になった（「正徳期町方屋敷割裏書記録」）。

組の下にはさらに五七の小組が置かれ、これを差配する小組頭が、のちに月行事となった（正徳三年では八六名）。町名主や月行事は、宗門《しゅうもん》改めに立ち合うなど城下支配の一端を担った。一方では町民の訴えを吸いあげ、町年寄や町奉行に伝える役割を期待された。支配する側とされる側、双方の板ばさみになる立場でもあった。

南溜池——景観の形成と庶民の生活

現在、弘前大学医学部のグラウンドになっているあたりには、かつて南溜池があった。文字どおり弘前城下の南の端に位置し、町と在《ざい》（城下町と村方）を分ける境目だった。慶長十五年（一六一〇）に弘前城の建設が始まり、これに伴う城下町の整備と並行して、人工的に築造されたものである。

四代藩主津軽信政は「このため池は保水池でも憩いの場所でもなく、高源院様（二代藩主津軽信枚）が特別の思し召しにより造らせたのだ」と述べた（「弘前藩庁日記」御国日記）。おそらく当初は水堀としての役割を期待され、近接する「長勝《ちょうしょう》寺構《じがまえ》」とともに弘前城の防衛線の一角をになっていたのだろう。しかし、慶安二年（一六四九）の大火後に元町の寺院を移動させた「新寺構《しんてらがまえ》」が建設されたため、防衛線としての意味合いはしだいに失われたと思われる。溜池の役割は時代とともに変化していたわけで、信政はそこを指摘したのだ。

南溜池では、さまざまなことがあった。藩主の御用池として鯉が放流されたが、それを釣ろうとする町人が多くて困ったという。溺れ死ぬ子どもがあり、身投げがあり、果ては塵芥《じんかい》を捨てる者が出たりした。藩はしばしば禁令を発したが、さほど効果はなかったようだ。

長勝寺

最勝院五重塔

弘前城下の用水は水道ではなく井戸に頼っていたが、井戸が涸《か》れると、あちこちで雨乞いが行われた。祈禱は長勝寺・大円寺など主だった寺院が担当したが、効果のない場合は、大行院《だいぎょういん》（最勝院の支配）の修験者が岩木山の赤倉沢に登って柴を焚いたりすることもあった（「平山日記」）。南溜池に雨乞壇《あまごいだん》がつくられると、町々では灯籠を出し、町中総出で南溜池に向かった。太鼓・囃子《はやし》・神明獅子舞が繰り出され、大勢の見物客でにぎわったという。庶民にとっては諸々の鬱憤を吐き出す機会にもなっていたのだろう。

菅江真澄が訪れた寛政年間、南溜池は水が涸れていた。しかし真澄は、水が涸れてはいても大変な景勝地だと絶賛した（「つがろのおく」）。かつての景観はすでに失われたが、百川学庵《ももかわがくあん》「鏡池春景之図」に往時の姿が描かれている。

津波を恐れる人々――天変地異からみた弘前藩

天変地異は、人心を左右する。そこからさまざまな風聞が生まれるが、そのすべてを荒唐無稽《こうとうむけい》と斬りすてることは正しくない。迷信・妄信と決められないものもあり、むしろ当時の人々の精神生活を知るうえで、格好の教材と言うべきだろう。

明和三年（一七六六）正月二十八日（新暦では三月八日）の大地震《おおじしん》は津軽一円に

百川学庵「鏡池春景之図」

大きな被害をもたらしたが、その折、弘前城下の住民に奇妙な行動が見られた。余震が続いた正月晦日の夕方、「津波が来る」と聞いた下《した》町（現在の鷹匠町）の住民が大騒ぎし、女の子が数人、泣きながら、素足で上《うわ》町（城郭方面）に逃げてきたというのだ（「津軽編覧日記」）。弘前城下は海岸から遠く隔たった内陸に位置しており、津波の被害にあうとはおよそ考えられないが、当時の人々は恐怖を覚えたのである。その後の詮索《せんさく》でこの情報はデマだとわかり、犯人らしき二人が捕らえられたが、証人もいないので、藩はお咎めなしに済ませるしかなかった。この時期、弘前藩の領内統制が緩みつつあったことを実感させるエピソードである。

天保四年（一八三三）、弘化元年（一八四四）、同二年、安政三年（一八五六）と立て続けに噴火した岩木山（「津軽地方災害年表」）一帯では、地震が頻発した。安政二年三月十五日の昼近く、岩木山で地震による落石があり、後日、現地を見に行った葛《くず》原《はら》村（現弘前市岩木）の庄屋半四郎は、その様子を絵図に残した（葛原町会所蔵資料）。そこには高さ一丈（約三メートル）周囲一四間（約二五メートル）の大石が描かれているが、おもしろいのはその脇に「ころび参上り」と記されている点で、つまり、下から転び上がってきたというのだ。この石は「去ル戌年二月」（嘉永三年か）に山頂近くの「後ろ倉」方面から、葛原村の上方六百間の「石倉」付近に転げ落ち、さらにこの地震で一六間（約三〇メートル）ほど転び上がった、とも書かれている。物理的には信じがたく、半四郎の記憶違いとも考えられるが、

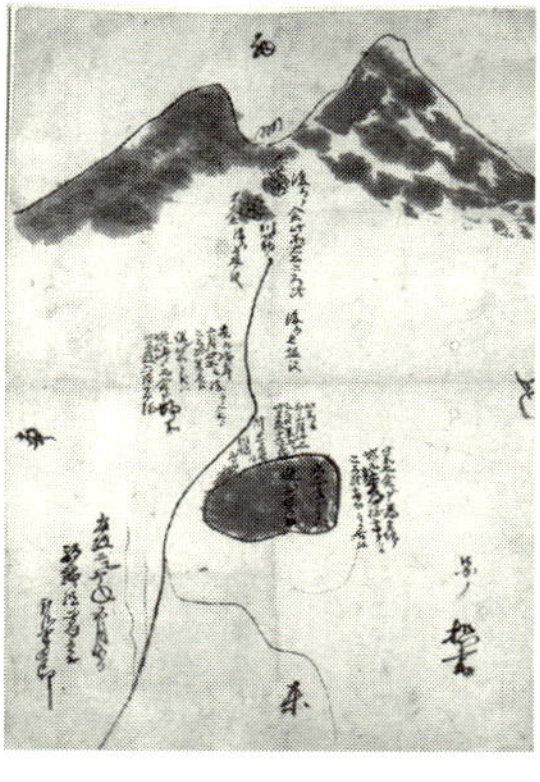

大石ころびの図（葛原町会）

可能性そのものを否定することはできない。

古記録には天文現象に関する記事が多くみられるが、弘前藩も例外ではない。特に、不吉なものとされる彗星《すいせい》は「稲星《いなぼし》」「五光星」などと呼ばれ、しばしば絵入りで描かれる。延宝八年(一六八〇)十一月のキルヒ彗星(「津軽編覧日記」)、延享元年(一七四四)正月のクリンケンベルグ彗星(同)、明和六年(一七六九)七月のメシエ彗星(「封内事実秘苑」)、安政五年(一八五八)九月のドナチ彗星(「金木屋日記」編)など、特定可能なものもある(小田桐茂良「青森県内の古文献にみられる天象」)。

幕末の弘前で津軽国学グループの指導的役割を果たした平尾魯僊《ろせん》は、自著「幽府新論」の刊行を計画して、江戸・平田家の気吹舎《いぶきのや》(伊吹乃屋)に原稿を送り、論評を頼んだ。慶応三年(一八六七)九月、平田延胤《のぶたね》(鉄胤《かねたね》の子)は魯僊に書簡を送ったが、その中で「日食・月食は凶事があるという天の戒めと言われるが、そうではないので、この部分は再考したほうがいい」とアドバイスしている。科学的・合理的精神を取り入れることの重要性を説く延胤のことばは、保守的な学問と見られがちな国学のイメージとは正反対のもので、新しい時代の到来を感じさせてくれる。

「津軽編覧日記」クリンケンベルク彗星

「金木屋日記」ドナチ彗星

③ 弘前藩を支えた人々

石田三成の子孫が重用され、山鹿素行の一族・門人も登用された。五代藩主信寿は正史「津軽一統志」で、支配の正当性を示した。歴代の藩主たちは名門の子女を妻に迎え、中央との繋がりを誇示した。

石田三成の系譜――三代藩主信義と杉山八兵衛

西軍の旗頭《はたがしら》を務めた石田三成《いしだみつなり》が津軽家と密接な関係にあることは、一部の研究者を除いては、案外知られていないのではなかろうか。

関ヶ原から敗走した三成は近江国伊香《いか》郡古橋《ふるはし》の山中で捕らえられ、京四条河原《しじょうがわら》で処刑された。しかし、本多正信《ほんだまさのぶ》が「石田の謀反《むほん》のお蔭で徳川の天下になったのだから、息子の一人や二人助けてやってもよい」（『東照宮御実紀』）と述べたように徳川方が寛容を示し、子どもたちは助命された。

三成には二男三女（男子は三人ともいう）があった。辰子《たつこ》（曾野《その》）は太閤秀吉の養女となっていたが、関ヶ原戦後は弘前藩二代藩主津軽信枚《つがるのぶひら》の側室となり、上野《こうずけ》国大館《おおだち》に移った。「大館御前」と呼ばれ、三代藩主信義《のぶよし》（はじめ信吉）を産んだが、元和九年（一六二三）に三二歳で亡くなったので（謚号《おくりな》は荘厳院）、信義と

大館御前の墓（貞昌寺）

はわずか五年ほどしか過ごさなかったことになる。

豊臣家に出仕していた次男源吾《げんご》（隼人正）は辰子の縁を頼って津軽に入り、津軽家の客分となった。やがて杉山姓に改めたが、慶長十五年（一六一〇）に二五歳で病死した。寛永十年（一六三三）、津軽信義は深味《ふかみ》村（現板柳町）に隠棲《いんせい》していた源吾の子吉成《よしなり》（八兵衛）を召し出し正式に家臣としたが、同じ三成の孫、従兄弟としての気やすさが働いたのであろうか。

この吉成は寛文九年（一六六九）、四代藩主信政《のぶまさ》の時に起きた寛文蝦夷蜂起《かんぶんえぞほうき》（シャクシャインの乱）の際に一番大将を命じられ、松前《まつまえ》に渡った。その功により千三百石・家老職へと進んだ。のちに吉成は褒賞のため江戸城に招かれており、みごとに祖父の汚名を雪《すす》いだのであった。杉山家の名望は高まり、以後は津軽家の重臣として、藩政を内から支える存在となる。

世間的な憚《はばか》りがあったのか、杉山家が家系について語ることはほとんどなかったようだ。天保四年（一八三三）に藩へ提出した系譜書上《けいふかきあげ》の冒頭にも「先祖、豊臣姓杉山源吾、実名不伝承候」と記しており（「杉山貞五郎由緒書」）、秘密主義の一端がうかがえる。「杉山の家、凡《すべ》て秘せる事多き故」（「津軽藩旧記伝類」）という評も、このあたりを指してのことだろう。

弘前市革秀寺《かくしゅうじ》の津軽為信御霊屋《つがるためのぶおたまや》に安置されている豊太閤坐像《ほうたいこうざぞう》（弘前市指定文化財）は、三成ゆかりの品と言われる。像高わずか六・八センチの小像だが、全

豊太閤坐像（革秀寺）

体のバランスの良さに加え、金・朱・緑など彩色をふんだんに施した豪奢《ごうしゃ》な造りに、仏師の確かな腕前を見ることができる。杉山家が奉納したとされるこの像は、かつて弘前城の北郭《きたのくるわ》に館神として祀《まつ》られ、さらに城内の東照宮《とうしょうぐう》に秘匿《ひとく》された。明治期に東京本所《ほんじょ》の津軽邸内に移されたという(吉川弘文館『日本歴史』二二五)。

杉山家が所有する三成の肖像画は、その実像を伝える数少ない貴重資料である。大名の肖像は通常、武士の正装である衣冠《いかん》を着用した姿で描かれるが、この三成は裃《かみしも》を着け、脇指《わきざし》と扇子を一本ずつ携えただけの、ごく質素な身なりで端座している。そのことがかえって、彼の実直と勤勉を強調しているように思われる。穏やかな表情で見つめるものは主家の隆盛と永続であり、天下一統をもくろむ野心家たり得ない人柄がのぞいている。

華麗な人間関係—山鹿素行、赤穂義士、那須与一

津軽信政は叔父信英の勧めにしたがい、山鹿素行に入門した。江戸時代前期の兵学者・儒学者として有名な素行に門人は多く、信英・信政もまた熱心な素行支持者となった。

素行がはじめて津軽家の江戸藩邸を訪ねたのは万治三年(一六六〇)十月で(「山鹿素行先生日記」)、信英は翌寛文元年(一六六一)、本気で素行を津軽家に召し抱えよ

石田三成

山鹿素行

うとした(「配所残筆」)。寛文六年、素行が罪を得て赤穂藩にお預けとなってもなお、交流は続いた。延宝三年(一六七五)に素行が赦免《しゃめん》されると、信政はその一族や門人らを積極的に登用し、側近とした。いわゆる「素行派」である。

同八年正月に家老となった喜多村宗則は山鹿素行の次女鶴を妻とし、翌年二月には津軽姓を許され、信政から「政」の一字を賜って津軽監物政弘と改名した。享保十二年(一七二七)に五代藩主津軽信寿の命で「津軽一統志」を編集した喜多村校尉政方は、宗則の長男である。また、素行の長女亀を娶った山鹿興信も、安芸国三次《みよし》藩を辞した後、素行ともども津軽家に出入りするようになり、宗則とともに家老に進んで津軽政実の名を賜った。

延宝九年には素行の著作「中朝事実」が弘前藩から刊行されており、この時期の津軽家に対する素行学の影響ぶりを見ることができる。

元禄六年(一六九三)に江戸定府の藩士として召し抱えられた大石良麿《よしまろ》(郷右衛門)は、赤穂義士の討ち入りで有名な大石良雄《よしお》(内蔵助)を本家とし、良雄とは従兄弟の関係にある。浅野家や大石良雄は山鹿素行の門人で、学問上のつながりからできた縁であろう。なお、良麿の父良総《よしふさ》(五左衛門)が大石無人《むじん》で、良麿の弟良穀《よしかた》(三平)とともに赤穂義士を援助したことで知られる。

ちなみに、黒石津軽家の第三代当主津軽政兕《まさたけ》の妻あぐりは、吉良義央(上野介)の次女である。信政はこの時期、三男津軽政直(のち与一資徳《すけのり》)を屋島の合

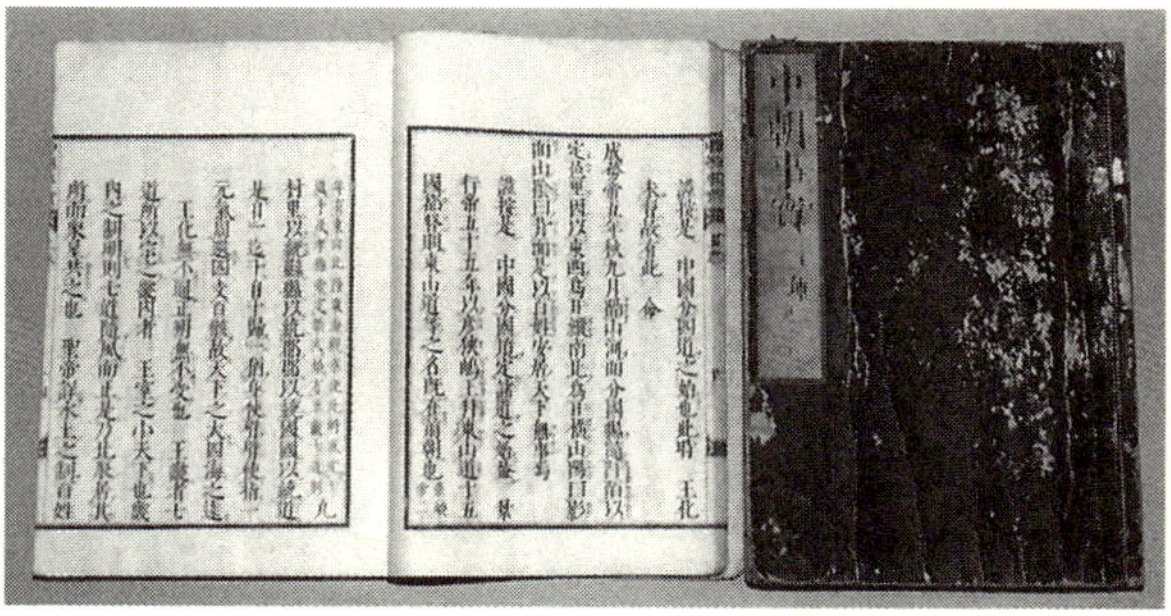

山鹿素行「中朝事実」

▼高家肝煎
殿中の儀礼を司る奥高家のうち、特に有職故実や礼儀作法に精通する者。吉良義央は天和三年(一六八三)、大沢基恒・畠山義里とともにこれに選ばれた。

戦で有名な那須家（烏山藩《からすやま》）の養子とするなど、名門・名家との縁組を積極的に進めていた。高家肝煎《こうけきもいり》★を務める吉良家との関係もその延長線上に築かれたのだ。それにしても赤穂事件と津軽家とは、よくよく因縁があると言わねばなるまい。

津軽一統志の編さん―山鹿素行ゆかりの喜多村家

素行の次女鶴を母親に持つ喜多村政方(校尉、一六八二～一七二九、間雲堂耕道)は、「雨窓客論」「四書句読諺解《ししょくとうげんかい》」「聖学入門鈔」「聖教入門抄」「輔佐要論」など多くの著書を残した。五代藩主津軽信寿に素行哲学の最高峰と称される「原源発機」を伝授するなど(「喜多村由緒書」)、素行の兵学と儒学を継承しつつ家老の地位にまで進んだ。ちなみに、画人・俳人・国学者として有名な建部綾足《たけべあやたり》は政方の二男久《ひさ》域《むら》である。兄嫁との艶聞が原因で弘前を出奔し、上方・江戸・長崎に遊歴して多彩な才能を発揮した。

五代藩主津軽信寿は、享保十二年(一七二七)、政方に命じて「津軽一統志」を編さんさせた。この年十二月には、藩祖為信の事績、為信以前のこと、南部氏との抗争、寛文蝦夷蜂起など、津軽家の来歴と弘前藩が成立するまでの歴史を明確にするための史料をどのように収集するか、その方針が七カ条にわたって示された(「御用格」寛政本)。為信以来、約一世紀を経過し、津軽家の歩みを振り返ってみ

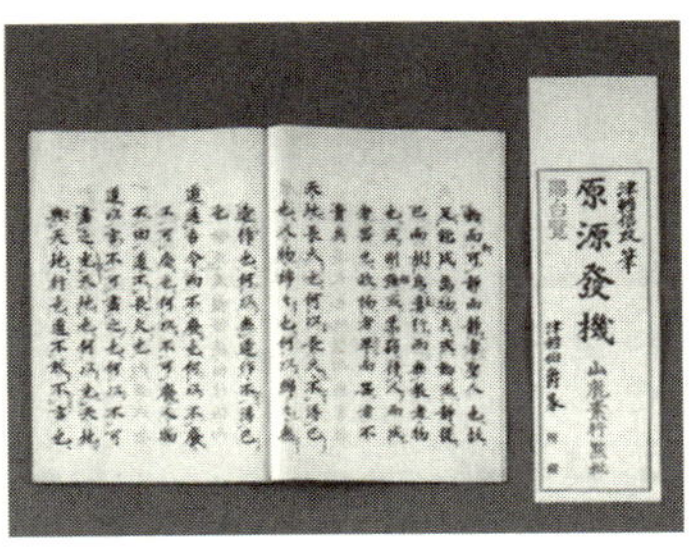

山鹿素行「原源発機」

弘前藩の正史「津軽一統志」

ることに新たな意義が見出されたのだ。

　四年後の享保十六年に完成した「津軽一統志」全一〇巻は、津軽家の支配の正当性・正統性に関わる正史として重要な意味を持つ。原本は伝わっていないが、明和三年（一七六六）の写本（弘前市立弘前図書館蔵）が、現時点では最も筋の良いものと思われる。

用人笠原八郎兵衛―毀誉褒貶を超えて

　笠原家は、三代藩主信義のときに「船橋騒動★」の当事者となった船橋長真《ながまさ》の嫡孫勝之助の家筋である。勝之助は四代藩主津軽信政に二百石を給わって留守居組頭となり、本姓に復して笠原皆定《ともさだ》と名のった。以後は代々八郎兵衛と称した。

　九代藩主津軽寧親のもとで用人を務めた笠原皆当《ともまさ》は、若くして藩校稽古館の学頭にのぼるなど、才気あふれた人物だった。通常「笠原八郎兵衛」と言えば、皆当のことを指す。文化四年（一八〇七）には松前御用懸となり、幕府役人との交渉に当たった。在職中に津軽領内で大規模な犬狩りを行い、集めた毛皮八〇〇枚を防寒用に蝦夷地へ送ったという（「津軽藩旧記伝類」）。文化七年には江戸詰めの聞役見習に抜擢《ばってき》され、寧親の手足となって津軽家の家格昇進運動に奔走《ほんそう》した。とくに、御三卿（八代将軍徳川吉宗が立てさせた田安・一橋・清水の三家）の一つ田安家

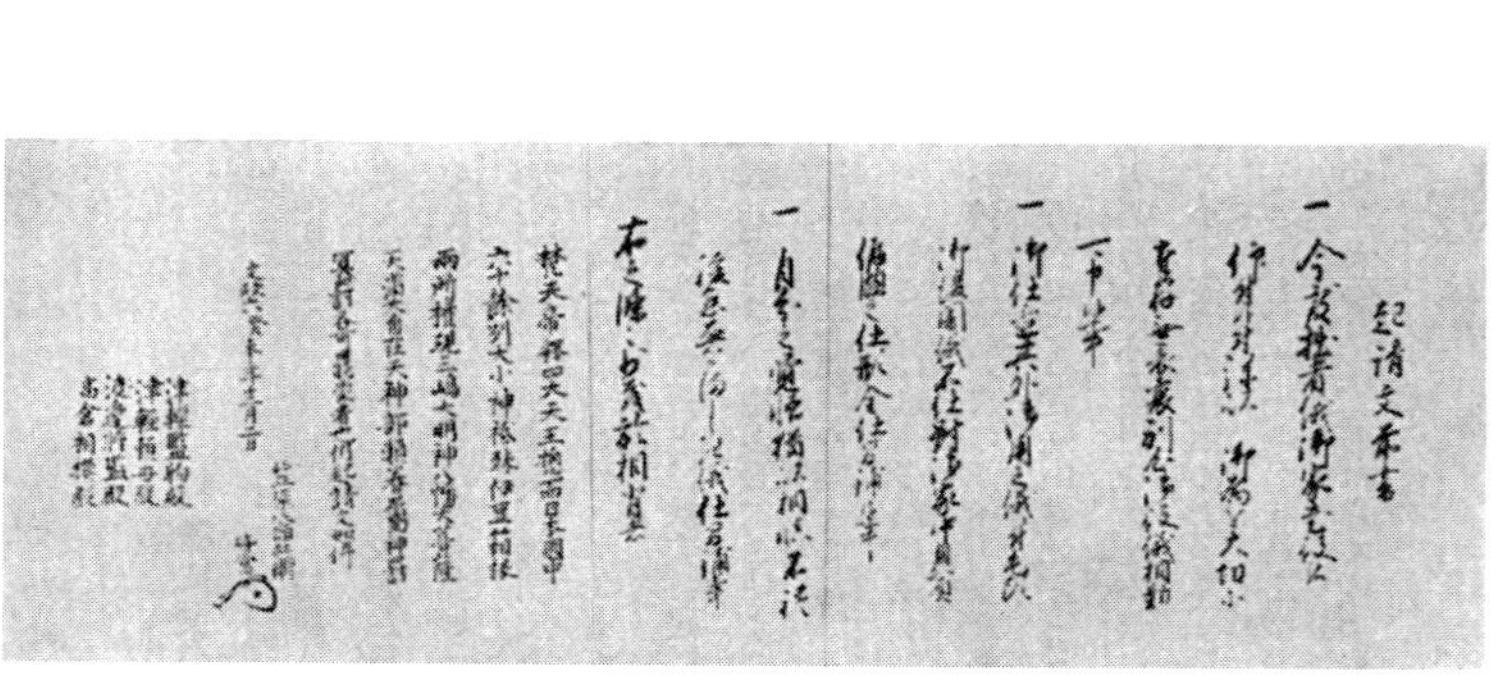

笠原八郎兵衛（皆当）の起請文

に縁談を持ちかけ、田安斉匡《たやすなりまさ》の九女欽姫と寧親の世嗣津軽信順《のぶゆき》の婚約を整えたのは最大の功績とされた。

八郎兵衛は、文政四年（一八二一）の相馬大作事件で襲撃計画を事前に察知し、寧親暗殺を防いだことでも知られている。盛岡藩の下斗米秀之進《しもとまいひでのしん》が、秋田領と津軽領の境に近い白沢（現秋田県大館市）で寧親の襲撃を企てているとの情報を得た八郎兵衛は、帰国ルートを急きょ西浜街道に変更させ、難を逃れさせた。八郎兵衛はその後秀之進の行方を執拗《しつよう》に追及し、「相馬大作」の偽名で江戸に潜伏していたところを幕府に通報して逮捕・処刑させた。当事者の一人として八郎兵衛はその顛末《てんまつ》を書き記し、のちに幕府に提出された寧親の隠居願いなどとともに鍵つきの木箱に入れ、「御内密調」と表書きして秘匿《ひとく》させた（弘前市立弘前図書館蔵）。

八郎兵衛が寧親・信順の浪費に寛容だったこともあり、寧親は八郎兵衛を深く信頼して一千石・家老職に引きあげた。しかし財政逼迫《ひっぱく》に拍車をかけた罪は免れず、文政十三年、八郎兵衛は津軽多膳に退けられ、知行半減・蟄居《ちっきょ》の処分に付された。

歴代藩主と津軽家の女性たち（1）――初代為信から四代信政まで

津軽家は家としての歴史が浅く、有力者との婚姻や養子縁組を通じて勢力基盤

▼**船橋騒動**
寛永十一年（一六三四）、三代藩主津軽信義が信任した新参者船橋長英の追放を求め、旧臣の兼平信秋らが幕府に提訴した事件。二年後、喧嘩両成敗の裁定が下り、船橋らは伊予国松山へ、兼平らは長門国萩へ流された。

笠原八郎兵衛「御内密調」

を固めざるを得なかった。人の出入りは華やかだったが、そのために金品を費やし、しばしば強引な手法に訴えた。

津軽為信の正室戌《いぬ》姫は、慶長十二年（一六〇七）に為信が京都で没した後、仙洞院（仙桃院とも）と号し、弘前城北の丸で過ごした。二代藩主津軽信枚《のぶひら》の実母は側室の栄源院（実名不詳）だが、仙洞院と信枚の折り合いは良く、書簡もやりとりしている。

信枚は、関宿《せきやど》城主松平康元の娘で、徳川家康の養女となっていた満天《まで》姫（葉縦院）を正室とした。満天姫には連れ子の男子（のち大道寺直秀）があったが、三代藩主の座は側室曾野《その》（荘厳院）の子信義《のぶよし》が襲った。曾野はもと辰子《たつこ》といい、実は石田三成の娘である。関ヶ原戦後に信枚の側室となり、長く上野国大館《おおだち》に居住した。

信義の正室富宇《ふう》姫（慶林院）は小諸城主松平康久の娘で、満天姫の姪にあたる。子はなかったが、信義の側室与曾《よそ》（久祥院）の子平蔵《へいぞう》を引きとって藩主に育てあげた（「渡辺利容筆記」）。のちの津軽信政《のぶまさ》である。数多い側室の中でも、与曾の器量は群を抜き、諸芸に見るべきものがあったという。衣服や調度類に好んで菊をあしらっていたことから「菊御前」と呼ばれた（「棟方貞敬抄録」）。気性の激しい信義を抑えることのできる唯一の存在として、家中から頼られたという。

四代藩主となった信政の正室不卯《ふう》姫（涼松院）は伊勢長島城主増山正利の長女

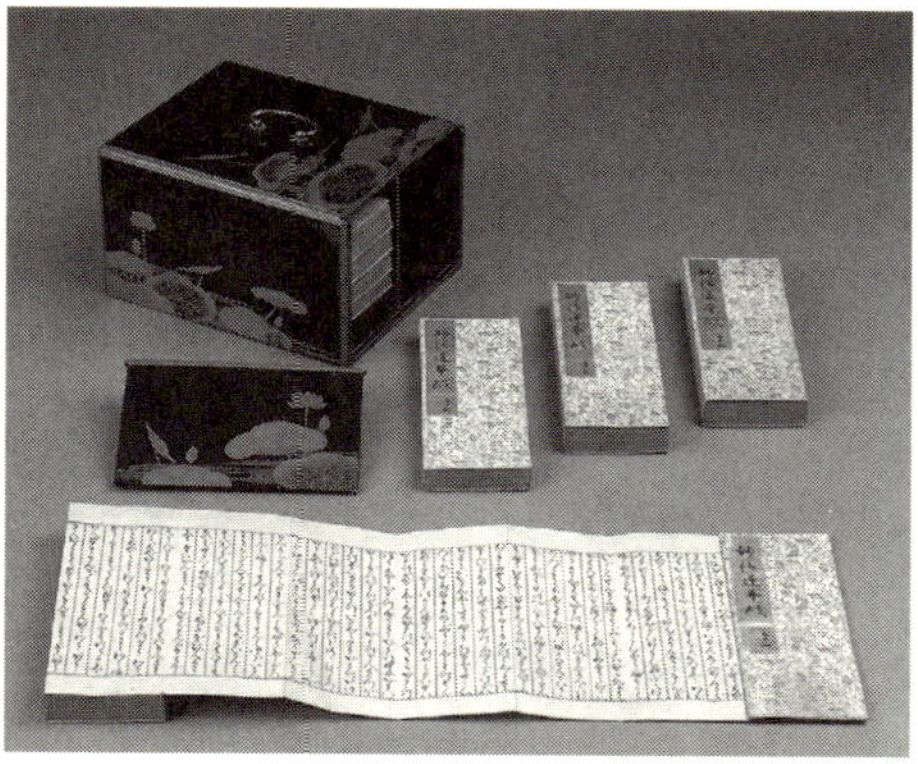

久祥院殿写経（隣松寺）

で、四代将軍徳川家綱のいとこである。信政は、弘前藩中興の英主と讃えられる。二人の間には五代藩主となる信寿《のぶひさ》と名門那須家の養子となる資徳《すけのり》が生まれたが、不卯姫が二三歳の若さで亡くなると、信政は正室を置こうとしなかった。

歴代藩主と津軽家の女性たち(2)——五代信寿から八代信明まで

父信政の治世が五十五年間にも渡ったため、信寿は四二歳まで世嗣のまま過ごした。弘前藩の正史「津軽一統志」を編さんし、詩文集「独楽徒然集」を公刊するなど、文化人・風流人としての声望は高かったが、浪費癖と好色が災いし、政治面では見るべき施策がなかった。幕府に対し十万石格昇進を働きかけるなど、津軽家の権威引き上げのために金品を費やし藩財政をいたずらに圧迫した。正室曾野《その》(法雲院)は桑名城主松平忠弘の娘で、小幡《おばた》城主松平忠尚の養女となった後、信寿に嫁いだ。生まれた磐麻呂《いわまろ》(信興《のぶおき》)は利発で、この優秀な息子にふさわしい縁談をと、信寿は近衛家凞《このえいえひろ》の養女綱《つな》姫(梅応院)の輿入れを画策した。しかし、信興は享保十五年(一七三〇)に世嗣のまま亡くなったため、信寿は信興と綱姫の間に生まれた勝千代(信著《のぶあき》)を六代藩主と定め、自らは引退して後見役に回った。時に信著は一三歳。正室は久留米《くるめ》城主有馬則維の三女美知姫(浄心院)だが、この信著も二六歳で急逝し、結婚生活はわずか五年で終わった。

五代藩主・津軽信寿

信寿・信興・信著三代の間は元禄バブルから享保改革への移行期にあたり、財政上の諸問題が噴出した。その原因を作った信寿が長命を保ち、解決を託された息子・孫がともに短命に終わったのは、歴史の大きな皮肉と言わざるを得ない。

七代藩主津軽信寧《のぶやす》は、信著が町家から側室に迎えた縫《ぬい》（円寿院）の子岩松である。六歳の幼君に政治はできず、家臣団のサポートが必要だったが、その中には、宝暦の藩政改革で活躍した毛内茂巧《もうないしげよし》や乳井建福《にゅういのりとみ》（乳井貢《みつぎ》）らがいる。幼少期を江戸で過ごした岩松は太宰春台《だざいしゅんだい》から「信寧」の名のりを付けてもらい、宝暦三年（一七五三）、一五歳で将軍にはじめて目見得《めみえ》したのを機に川越城主松平明矩《あきのり》の娘章《あき》姫（貞寿院）と縁組し、八年後に婚礼の儀をあげた。章《あき》姫には詠歌集一冊があり「あかす見ん今をさかりと夕露も花に色そふ庭の秋萩」などの歌が伝わっている。

天明四年（一七八四）、信寧は前年の凶作に端を発した天明飢饉の進行中に亡くなり、側室歌木《うたぎ》（妙詮院）が産んだ熊五郎（信明《のぶはる》）が八代藩主の座に就いた。父信寧の無策を見た信明は、救済米を買いつけて民心を安定させ、備荒米の貯蓄用に郷蔵《ごうぐら》を設置するなど、領民の保護を前面に打ち出した。その事績は「津軽孝公行実」「無超記」に書かれている。正室の喜佐《きさ》姫（瑶池院）は川越城主松平朝矩《とものり》の娘で、信明の養母貞寿院の姪にあたる。夫婦仲はきわめて良く、信明は側室を持たなかった。その理由を「妾など使ハん事安からぬ事」（「老譚」）、つまりは「経

六代藩主・津軽信著

費節減のため」と述べたところが彼らしさであろうか。寛政三年(一七九一)、信明が三〇歳の若さで急逝すると姫は落飾し、生涯を夫の鎮魂の中に終えた。

歴代藩主と津軽家の女性たち(3)——九代寧親から十二代承昭まで

信明には子がなかったので、分家の黒石津軽家から津軽寧親《やすちか》が迎えられ、九代藩主となった。寧親の時代は、蝦夷地警備の功による七万石格・十万石格への家格上昇(文化の高直り)、従四位下・侍従への位階昇進、盛岡藩士下斗米秀之進《しもとまいひでのしん》による寧親暗殺未遂(相馬大作事件)、領内農民の強訴一件(民次郎一揆)などさまざまなできごとがあった。

寧親自身は旗本杉浦正勝の娘稲《いね》姫(恵心院)を正室としていたが、大名に列せられたことで家柄にふさわしい縁故を求める必要が生じた。側室其衛《そのえ》(光円院)が産んだ信順《のぶゆき》(十代藩主)の正室に田安斉匡《たやすなりまさ》の娘欽《きん》姫(仙桜院)を迎えたのも、そこに理由がある。斉匡は十一代将軍家斉の実弟で、上昇志向の寧親にとってはこのうえない縁談だった。はじめは欽姫の姉英《えい》姫のほうが婚約者だったが、文政四年(一八二一)に急逝したため、妹を娶《めと》ったのである。婚礼は文政九年。将軍家の縁者となって津軽家の権威は高まったが、翌年、信順が不適切な乗物を使用した罪で逼塞《ひっそく》の処分を受けると(轅輿《えんよ》事件★)、津軽家に対し批判が集まった。

▼轅輿事件
一七六ページ参照。

八代藩主・津軽信明

九代藩主・津軽寧親

信順の側室増衛《ますえ》は江戸の商人油屋甚兵衛の娘で、才色兼備をうたわれ、信順が世嗣だった頃からのつきあいである。天保三年(一八三二)に親がかりで建てた新邸に、信順は足繁《しげ》く通ったという。この「増衛御殿」がぜいたくと見なされ、商人からの借金ができなくなったため、天保六年(一八三五)十二月、藩は取りこわしを命じた(「弘前藩庁日記」御国日記)。増衛は弘前に引きとられ(「駒水物語」)、のちに江戸へ帰ったが、墓所・法号は伝わっていない。

天保十年、信順は幕府から悪政をとがめられた。厳罰に処せられるところを、義父田安斉匡の尽力で隠居だけで済んだ。しかし子がなかったため、寧親の例に従って黒石津軽家から、自分と同い年(四〇歳)の順徳《ゆきのり》(のち順承《ゆきつぐ》と改名)を養子として迎え入れた。順徳はもと三河吉田城主松平信明の六男で、津軽家の血筋ではないが、その政治経験が重視されたのである。正室は有馬久保の娘泉姫《せん》(彰真院)で、内助の功宜しく、和歌にも長《た》けていた。「恋しさハますえの鏡おもかけにうつらぬ人のいかて見ゆらん」などの歌が遺されている(「下沢氏抄録」)。

この順徳にも男子がなかったので、側室清瀬《きよせ》(諦信院)との間に生まれた玉姫《たま》(のちに常《つね》、号は明光院)に養子を迎えることとし、血統復活のため、一門である津軽順朝《ゆきとも》の子武之助(承祜《つぐとみ》)を婚約者と定めた。

しかし、安政二年(一八五五)、承祜が突然死を遂げたため、一七歳の姫は早くも未亡人の立場に置かれた。新たに熊本藩から細川護明(承烈、のち承昭《つぐあきら》)を

十一代藩主・津軽順承

迎え、同五年に婚礼をあげたが、文久元年（一八六一）、二三歳で世を去ったのはあまりに儚《はかな》い。大地震の被害者を思い「初雪ハめつらしけれと皆人の寒さおもへハふらてやみなん」と詠んだほど、心優しい女性だったという（「喫茗雑話」）。常姫に先立たれた承昭は、慶應二年（一八六六）十二月近衛《このえ》忠熙《ただひろ》の娘尹子《ただこ》（信子とも、号は貞信院）を正室に迎え、幕末維新の激動の中を進んでゆくのである。

十二代藩主・津軽承昭

これも弘前

津軽承祜《つぐとみ》の悲運

昭和二十九年（一九五四）八月、報恩寺で墓所改装のための発掘が行われた際、津軽承祜《つぐとみ》（一八三八～五六）のミイラ化した遺体が発見された。生前に近い姿で、多くの副葬品もあり、話題を集めた。

承祜は津軽家の一門津軽順朝《ゆきとも》の長男である。幼名は武之助《たけのすけ》という。二代藩主津軽信枚《のぶひら》の三男信隆《のぶたか》（百助）の血筋だが臣下にくだって家老の家柄となって久しく、藩主家を継ぐ立場には遠かった。しかし、弘前藩十一代藩主順《ゆき》承《つぐ》は松平家（吉田藩）の出身であり、分家の黒石藩初代藩主親足《ちかたり》も黒田家（久留里藩）から入った人物であることから、藩祖為信《ためのぶ》の血統断絶の危機が迫った。そのため十二代藩主候補として、わずか六歳（幕府への届では八歳）の武之助に白羽の矢が立ったのである。

武之助は漢籍を兼松成言（石居）に、書を平井東堂に、絵画を新井勝峰に学び、早くから才能を表した。弘化三年（一八四六）五月に江戸へ登り、十一月には幕府から正式に世嗣と認められた。翌年四月には承祜と名を改め、そのまま江戸に滞在して勉学に励んだ。

嘉永六年（一八五三）三月に元服した承祜はやがて従五位下大隅守に任じられ、安政元年（一八五四）十二月には従四位下へと昇進した。翌年三月には弘前への帰国が許されたが、ほどなく健康を害し、七月二十八日に逝去した。わずか一八歳の旅立ちだった。

長い眠りを妨げられた承祜の遺体はその後荼毘《だび》に付され、現在は長勝寺に埋葬されている。

印文「藤原承祜之章」（上）、印文「大器晩成」（下）

右「習礼儀」 中「至亟」 左「臥石」

第三章　弘前藩の文化と人物

広く知識や人材を求めるのが弘前藩の伝統。

◆1 個性あふれる文化の諸相

上方・蝦夷地との交流によって華と開いた、北の文化。
多くの知識人が津軽を訪れ、仏像がもたらされ、俳額が奉納された。
諸国では特産の津軽塗が評判を呼び、秘薬「一粒金丹」が販売された。

花山院忠長伝説—弘前藩の流人受け入れ

慶長十二年から十四年(一六〇七〜〇九)にかけて、江戸時代初期の大醜聞《しゅうぶん》として知られる「猪熊事件★」が起きた。公家の淫行・乱行が発覚したのである。中心人物の猪熊教利《いのくまのりとし》は死罪となり、事件に関わった左近衛権《さこのえごん》少将花山院忠長《かざのいんただなが》(一五八八〜一六六二)は流罪《るざい》となった。

『大日本史料』によれば忠長は当初、蝦夷地に流された。現地での動向については松前藩の正史「福山秘府」に書かれている。関係記事を整理すると、

慶長十四年七月　蝦夷地配流が決定。
十一月十日　蝦夷地に出発。
慶長十五年三月一日　蝦夷地上ノ国に到着。花沢館に入る。
五月　松前慶広により満(万)福寺に移る。

▼猪熊事件
少将猪熊教利らと宮女らとの密通事件。猪熊の追放後に忠長らの別件も発覚。激怒した後陽成天皇の意向を受け、幕府が綱紀粛正に乗り出した。

花山院忠長を描いた額

慶長十七年四月　　梅見の宴で和歌二首を詠む。
慶長十九年五月二十八日　勅許により平安（京都）に帰る。

となる。しかし、実際にはすぐに京都に帰らず、いったん津軽に入り、そこでさらに二十年以上を過ごしたのだ。下沢保躬《しもざわやすみ》「津軽旧記類」によれば、忠長が津軽から京都に帰ったのは寛永十三年（一六三六）八月で、その根拠となった忠長赦免の老中奉書も現存する（津軽家文書）。したがって、忠長の津軽入りは流刑地替えと見るべきであろう。津軽に移った忠長は、はじめは黒石に、次は高屋村（現弘前市岩木）に、最後は弘前本町に居を構えたという（「津軽旧記類」）。名前を「静屋」と改め、一男一女を儲《もう》けたともある。

後年、『青森縣史』（青森県教育委員会編、大正十五年）の編さんに関わった森林助《りんすけ》（一八八〇～一九三五）は、忠長の動向についてあちこちに問い合わせた。これに対して、深浦町円覚寺の名僧海浦義観《うみうらぎかん》（一八五五～一九二二）が回答を寄せている。明治三十一年（一八九八）に刊行された義観の著書『深浦沿革誌』で、義観は忠長について、わずか二行しか触れていない。そのためか、義観は「せっかくのお尋ねだが確かな記録はない」と断りを入れた上で、

古俗説ニハ公卿・殿上人の物品・筆跡ハ火難除・疫病除と唱ひて秘蔵する迷信的あれバ、財産家の手ニ落つ、中々甚タ史学研究上遺憾之至ニ奉存候、

と述べている。世間には「高貴な身分の人の持ち物や書跡には厄除けの効能があ

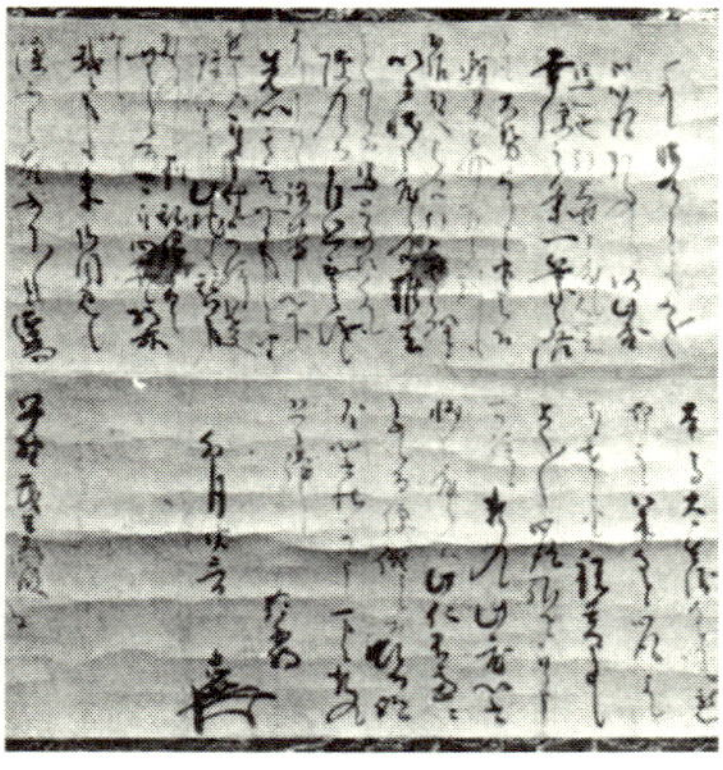
花山院忠長の書状

る」との迷信があり、それゆえに好事家《こうずか》が秘蔵する傾向が見られる。結果として史学研究の発展を妨げているのは残念だ、という指摘は実に興味深い。現在、忠長の手になる書画がどれだけあるかはつかめていないから、なおさらだ。

近世初期、北奥大名はかなりの数の流人《るにん》を受け入れている。例えば寛永十二年（一六三五）、国書改竄《かいざん》事件によって柳川調興《やながわしげおき》（対馬藩家老）は弘前藩へ、規伯玄《きはくげん》方《ぼう》（方長老、対馬藩の外交担当者）は盛岡藩へ流された。弘前藩はほかにも、紫《し》衣《え》事件の東源慧等《とうげんえとう》（妙心寺）を寛永六年に、相良《さがら》清兵衛騒動（お下事件）の相良頼兄《よりもり》（肥後国人吉藩）を寛永十七年に、それぞれ受け入れている。ほかにも、遠《おん》流《る》に処せられた近畿地方のキリシタンが津軽領内に村をつくっていた様子は、元和年間に津軽を旅した宣教師カルヴァリョの記録（「カルヴァリョの旅行記」）などに見えるところだ。流人の受け入れは、幕府への義務を果たす有効な手段と見られていた。

柳川調興の墓（長勝寺）

国絵図の時代──弘前藩と正保・元禄・天保の国絵図

徳川幕府はたびたび、諸国の国絵図《くにえず》を徴集した。正保・元禄・天保の国絵図で、提出用の清《きよ》絵図（正本）と、国元に置く控図（副本）とが作られたから、今でも各地に残っている場合が多い。

津軽領の正保国絵図としては、「陸奥国津軽郡之絵図」（青森県立郷土館蔵）がよく知られている。広大な陸奥国は分割で作成されることになっていたため、弘前藩は自領の分を担当した。この絵図は三九三×四八八センチと巨大で、「正保二年乙酉年十二月廿八日差上御公儀候控写也、貞享二乙丑年三月廿六日」の裏書きがあることから、国元にあった控図を、貞享二年（一六八五）三月に写したことがわかる。正保国絵図では通常、黒い太枠の四角形で城郭を表現するが、「陸奥国津軽郡之絵図」では黄色い下地を黒い太丸で囲み、「弘前」と書きこんである。津軽半島と夏泊半島に計五カ所、アイヌ集落を意味する「狄村《えぞ》」「犾村《えぞ》」を書いてあるのも、他領の国絵図にはない特徴である。

ところが、正保国絵図の約五十年後に徴集された元禄国絵図については、津軽領関係のものは全く残っていない。盛岡藩や秋田藩と取り交わした縁《へり》絵図（領境の絵図）があるぐらいで、津軽領全体を描いたものは見つかっていない。ただし、「弘前藩庁日記」や、元禄国絵図の関係資料である変地《かいち》帳・郷帳などの記録からいくつか興味深い点を拾うことはできる。例えば、正保国絵図に描かれていた渡《お》島《しま》半島（松前領）の表現を削るよう幕府から指示されたことや、盛岡藩との摺り合わせでずれが生じ、全体に少し縮めて修正したことなどである。

ちなみに享保十年（一七二五）、弘前藩は郷帳を改訂し、その際、元禄国絵図を参考にして新たな領内絵図を作成したことがわかっている（弘前市立弘前図書館蔵

岩木山と廻堰

「郷村帳并絵図改覚書」)。そこには作業の様子がかなり具体的に書かれていて、作業場として弘前城三の丸が充てられたこと、冬は寒気のため作業が中断されたこと、村々を色分けする際、従来の「せうゑんじ」(腥臙脂《しょうえんじ》)色ではなく「肉色」(ピンク色)を用いたこと、美濃紙で裏打ちをしてから彩色したことなど、これまで知られていなかった事実が書かれている(本田伸「消えた松前」)。

天保国絵図は諸藩が提出したものではなく、幕府が自ら作成した。すなわち、元禄国絵図の写しをとって配布し、現状との違いを書きこませたものを返還させて、新たな国絵図を作ったのだ。そのような手間の掛かることをしたのも、正保国絵図や元禄国絵図にかなり歪《ゆが》みがあり、日本全体の正しい姿をイメージさせるものではなかったからだろう。天保七年(一八三六)に幕府から渡された元禄国絵図の写しは、あらかじめ切り分けられていた。津軽領の場合は、南北方向に八等分され、彩色も簡略で、村高・郡高の表示がない絵図である。弘前藩ではさらにその写しをとり、作業を進めた。

天保国絵図では、海辺に描かれた大筒台場が従来のものよりも、視覚に訴えるように描かれている(尾﨑久美子「天保陸奥国津軽領絵図の表現内容と郷帳」)。当然、江戸時代後期の北方情勢が影響していよう。この時期にはすでに伊能忠敬の精密な測量絵図が完成しており、日本全体を把握するという国絵図の本来の目的は意義を失っていたが、幕府はあえて国絵図の作成を主導することで、権威づけをはかろうとしたのだろう。

西・北津軽のほとけたち—魅力あふれる仏像群

青森県には、古代～中世の仏像がきわめて少ない。とくに津軽地方では、制作時期が鎌倉時代まで遡《さかのぼ》る仏像はほとんどない。大半は近世の仏像である。津軽氏による支配の歴史の浅さや、江戸～明治にかけて多くの寺院が火災に遭った点などが、その理由であろう。

当地の仏像の多くは、日本海海運によって京・大坂・江戸から運ばれてきた。例えば妙光寺（板柳町）の日蓮上人坐像は、いわゆる西北五《せいほくご》地域（西津軽郡・北津軽郡・五所川原市・つがる市）における京都仏師の作として興味深い。

江戸時代には仏像の需要が飛躍的に増え、大量生産の必要が生じた。仏像の様式は均一化され、制作工程の効率化がはかられた。本格的仏師の工房で造られる仏像は、バランスのとれたプロポーション、過不足のない肉付け、自然で穏やかな衣紋《えもん》、理知的で整った表情を備えている。それらはいずれも、鎌倉時代以来の寄木造《よせぎづくり》の手法を高度に洗練させたものである。作風から言えば、上方・江戸のものも、当地のものも、ほとんど差がない。

一方、津軽で刻まれた仏像は、たとえ制作者が仏師を名のっていても、正式な

勢至菩薩坐像（加福不動寺）

日蓮上人坐像（妙光寺）

修行を積んだ本格的仏師とは技術面で大きな差がある。江戸時代後半には津軽でも仏像が造られ修理されていたから、一定の需要はあったと思われるが、そのことが必ずしも技術向上につながっていなかったのである。

それでも、個々の仏像のレベルでは、評価すべきものがいくつもある。松源寺《しょうげんじ》（鰺ヶ沢町）の千手《せんじゅ》観音菩薩立像《りゅうぞう》や、海満寺（中泊町）の菩薩坐像などで、これらはいずれも室町時代から江戸時代の初めにかけて、当地で造られたと推定できる。雅《みやび》やかな作風が見られることから、中央の仏師が当地に来て刻んだものとも考えられる。また、制作地こそ特定できないが、蓮華庵《れんげあん》（市浦村）の阿弥陀如来立像は、美しさの点では、当地屈指のものである。弘誓寺《ぐぜいじ》（中泊町）の如来坐像もすぐれた像で、制作年代は室町初期まで遡る可能性がある。西北五地域では最も古い仏像と目されている。

上方・北陸との交流の跡を留める円覚寺《えんがくじ》（深浦町）には、室町時代の建築物である薬師堂厨子（重要文化財）の中に、ほぼ同じ時期に造像されたと考えられる神像が収められている。著しく朽損《きゅうそん》してはいるが、全体にたっぷりとして豊かな造形に、中世仏の特徴がよく表れている。

ほかにも、仏師の手によらない個性的な仏像が数多くある。延寿院（鰺ヶ沢町）の観音菩薩坐像（青森県重宝）など、寛文年間に当地へ来た美濃の円空の作仏は、大いに注目されよう。また、無名の作者が、本格的技法によらずに作仏し

千手観音菩薩立像（松源寺）

如来坐像（弘誓寺）

観音菩薩坐像（延寿院）

た民間仏も、庶民の祈りのかたちを示すものとして忘れることはできない。護念院（鶴田町）の僧形《そうぎょう》立像は、仏像として制作されたかどうかもわからないが、その大づかみで素朴な表現は、強く印象に残る。

海がもたらした文化―津軽西浜の祭礼・絵馬・俳諧

海に開けた土地には、海から文化がやってくる。日本海海運で栄えた津軽の西浜も、それは例外ではない。

鰺ヶ沢湊は弘前藩の保護のもと、西廻り航路で上方へ藩米を積み出し、木綿《もめん》・古着・塩・荒物・雑貨などを移入して繁栄した。鰺ヶ沢湊を一望できる高台にある白《しろ》八幡宮神社の社殿には、近世後期から近代にかけて奉納された船絵馬《ふなえま》が、数多く掲げられている。

同社の祭礼は、この地域最大のものである。史料に初めて現れるのは延宝七年（一六七九）で、元禄十年（一六九七）頃には隔年《かくねん》で行われていた。多数の船が出入りしていた湊の繁栄ぶりを受け、天保年間（一八三〇～四四）頃が最もにぎやかな飾《かざり》山《やま》となっていたようだ。明治初期には一時的に中断するが、明治二十三年（一八九〇）に隔年行事として復活し、昭和十五年（一九四〇）まで続いた。太平洋戦争中の自粛期間を経て、昭和二十三年に復活し、今に至る。

僧形立像（護念院）

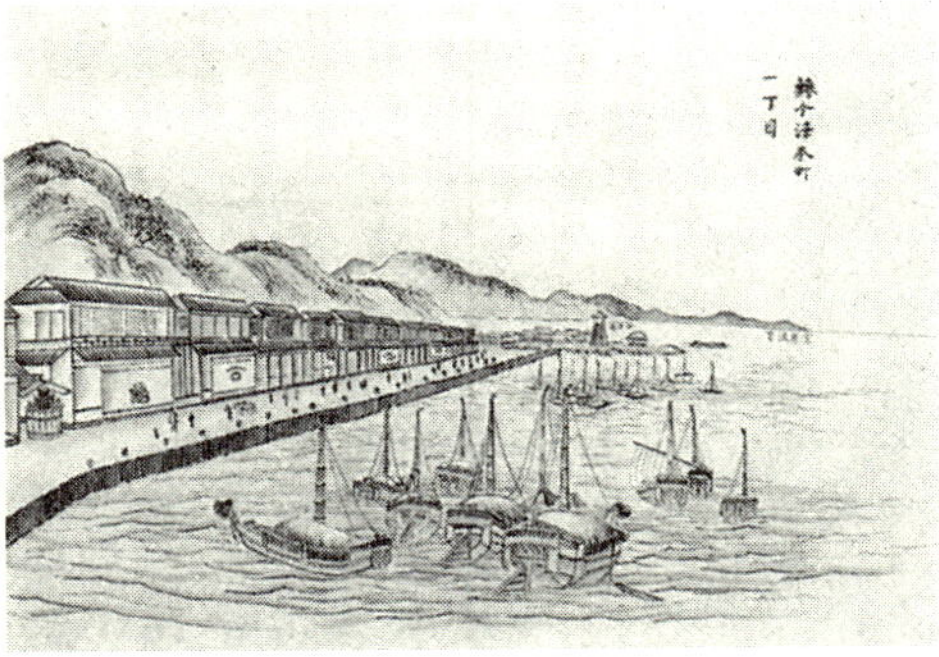

「合浦山水観・西浜」鰺ヶ沢本町

現在は四年に一度、八月十四日から十六日にかけて行われる。神社を出発した神輿《しんよ》渡御《とぎょ》の行列は、各町の山車《だし》一〇台を従えて町内を練り歩き、御仮殿を目指す。最終日には、再び御仮殿を出発した神輿が海上を渡り、白八幡宮へ戻る。各町の山車は四輪の台車に二階建てで、下には囃子方《はやしかた》が乗り込み、上には町ごとの人形が乗っている。田中町の神功皇后《じんぐうこうごう》の人形は、天保九年（一八三八）に京都祇園祭の山車用に制作されたものを購入したと伝えられる。新町《あらまち》の塩釜神社では、安永九年（一七八〇）に、当地の商人が仙台近辺の塩釜明神の祭礼から習い伝えたという「カシ禰宜《ねぎ》」が、少年たちによって舞われる。山車のデザインや神事芸能にも、海運が大きく影響している。

風待ち湊として栄えた深浦湊の円覚寺にも、多くの船絵馬がある。中でも、寛永十年（一六三三）の「北国船図絵馬」は、船の安全航行を祈願する宗教者「持衰《じさい》」の姿を描いた貴重なものである。有名な『魏志』倭人伝にも、倭人の風習として、船で往来するときは必ず「持衰」を乗せた、とある。頭髪にクシを入れず、ノミやシラミやアカだらけの衣服のままで、肉は食べず、女性も近づけず、喪に服したような姿で舳先《へさき》に乗る。もし海が荒れて危険になれば、海の神の怒りを鎮めるため、「持衰」は海に投げ込まれる。

円覚寺には「奉納　金比羅宮　前句」と題された、天保十一年の俳諧《はいかい》額も奉納されている。当地の俳諧文化の高まりを示すものである。

白八幡宮の山車

北国船図絵馬（円覚寺）

自身の作句を句集に収録してもらうためには、撰者にそれなりの金を払う必要があった時代である。裕福な商人でもなければ俳諧に没頭することはできなかったが、鰺ヶ沢や深浦にはその条件が備わっていた。享保七年(一七二二)に句集「そとの浜」を編み、西浜で初めて正風《しょうふう》俳諧を受け継ぐ意思を示した池田普安の実家は、鰺ヶ沢の船問屋菊屋《きくや》である。明和四年(一七六七)に津軽最古の芭蕉塚(深浦町宝泉寺)を建てた大高《おおたか》千〇《ちえん》は深浦の医家の出で、その弟子の竹越漁光・里桂父子は深浦の船問屋若狭屋《わかさや》の主人であった。

津軽出身の俳人建部《たけべ》綾足《あやたり》(本名は喜多村久域)が宝暦一二年(一七六二)の新年に江戸で配った句集の中に、次のような句がある。

美しい野馬の鼻やすみれ草　漁光

船待ちのあとを算へる雪間哉　里桂

里桂は京都に二度上り、句集の出版を行うなど、西浜俳諧の発展に尽くした。加賀の千代女とも面会を果たし(里桂「高砂子」)、菅江真澄とも親しく交流した(真澄「外浜奇勝」)。俳諧は、海を介した文化のネットワークでもあった。

津軽の馬鹿塗―弘前藩の漆器と漆木栽培

弘前藩の献上品でもあった津軽塗は、俗に「馬鹿塗」と称される。塗りを重ね

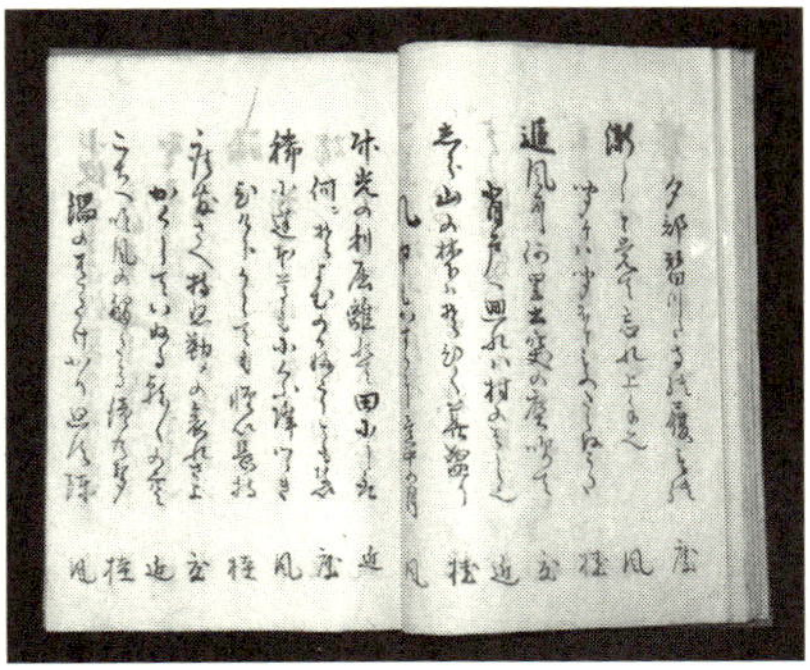

高砂子(円覚寺)

ては文様を研《と》ぎ出し、また塗っては研ぐというかたちで、数十回も塗りを繰り返すことから、「手を抜かない」「馬鹿丁寧」の意味が込められている。

津軽塗が有名になったのは、明治六年（一八七三）のウィーン万国博覧会に出品されてからである。数多い日本製の漆器を区別するために、産地名で呼んだのが始まりだった。それ以前にも「弘前塗」という名はあったが、市販はしていなかったので一般的ではなく、あくまでも技法や文様によって朱塗・黒塗・霜降塗・貫入《かんにゅう》塗などと呼ばれるに過ぎなかった（福井敏隆「弘前藩の献上品」）。

津軽塗の祖と言われる塗師《ぬし》池田源兵衛は、若狭国小浜から招かれた。小浜では変わり塗りの技法に属する霜降塗・虫喰塗・七子《ななこ》塗が主だったので、津軽塗もそれらを受けついでいる。

江戸時代、津軽塗は「唐塗《からぬり》」と呼ばれることが多かった。「弘前藩庁日記」（御国日記）によれば、正徳元年（一七一一）五月、弘前藩の江戸藩邸を訪れた鹿児島藩主島津吉貴《しまづよしたか》が唐塗の漆器を見ていたく気に入り、印籠《いんろう》と香箱《こうばこ》を注文したという（八月七日条）。ほかにも多様な技法があったことは、津軽家に伝わった五一四枚の「津軽漆塗手板」（弘前市立博物館蔵）によって知ることができる。

なお、源兵衛の子源太郎は江戸の蒔絵《まきえ》師青海《せいかい》家に入門し、秘伝の青海波《せいがいは》塗《ぬり》を伝授されたというが、この技法は現代に伝わっていない。

津軽塗は土産品や贈答品として評判になったが、安定生産のためには、材料で

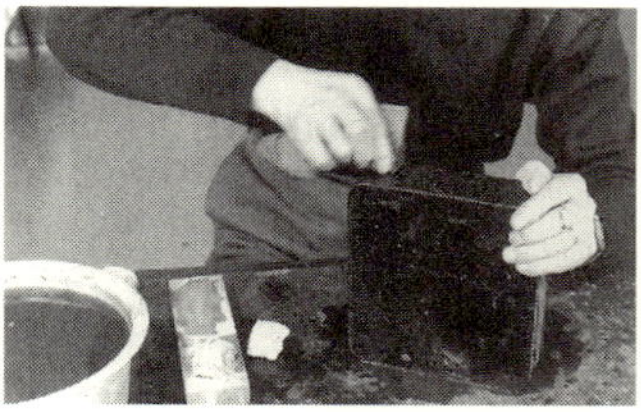
津軽塗の工程・仕上げ研ぎ

青海塗蒔絵長手箱

ある漆の樹液（生漆《きうるし》）を確保しなくてはならない。漆木は栽培が難しく、条件が整わないとうまく樹液が採れないし、維持管理の経費もかかる。漆木栽培を家業とした成田五右衛門が「自分の一生の間にその利益を手に入れることができなくても、子孫へその利益を譲ればよい」（寛政十三年「漆木家伝書」）と書いたように、忍耐と経験が要求される仕事なのである。

樹液を採る際は木の表面に筋を入れ（鉋《かんな》入れ）、傷口から滴《したた》る樹液をヘラで搔《か》き集める（青森県立郷土館「漆の美」展示図録）。現代は、搔きとれるだけの樹液を採り、最後は切り倒す「殺し搔き法」が主流だが、当時は、数年間採り続けられるよう、鉋入れの位置と範囲を限定する「養生搔き法」も併用された。

漆の実は油脂分を多く含み、ロウソクの材料となる。弘前藩ではむしろ、この漆ロウの利用から栽培が出発したようで、生漆の生産が重視されるようになるのは、津軽塗が発展する元禄年間（一六八八〜一七〇三）からと考えられる（日本農書全集四六「漆木家伝書」解説）。貞享検地の成果である「検地水帳」には、漆林面積約五六町五反余、漆畑面積約四三町三反余、漆木約三二万七千本と書き上げられているが、実際にどれだけの生漆が採れたのかはわからない。

江戸時代中期には生漆・漆実とも生産が落ち込み、生産者への手当支給や漆奉行の増員など、テコ入れが行われている。しかし、天明飢饉で領内人口の三分の一に当たる八万人が死亡し（「津軽歴代記類」）、田畑が荒廃して、漆木栽培は二の

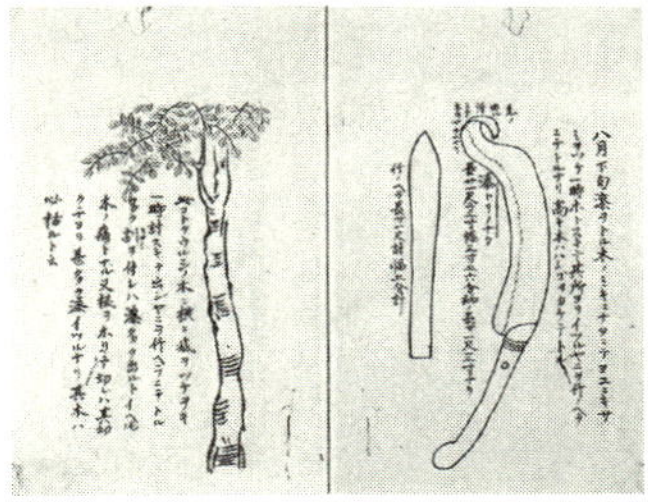

「奥民図彙」漆かき

いろいろ塗花見弁当箱

次となった。寛政四年(一七九二)に始まる在宅政策との関係で、空き家になった藩士の宅地に漆木が植えられたが、軌道に乗らなかった。成田五右衛門はこうした危機的状況の中で「漆木家伝書」を書き、これが格好の手引き書となって、漆木栽培は息を吹き返した。文化・文政年間には増産計画がスタートし、文政元年(一八一八)六月の「御郡内漆木実数調帳」(津軽家文書)には総数一四三万四九八本と書き上げられている。

評判取った一粒金丹—弘前藩の秘薬商売

弘前藩は、広く世間に知られた秘薬「一粒金丹《いちりゅうきんたん》」を製造していた。阿芙蓉《あふよう》、すなわちアヘン(阿片、鴉片)を主成分とする鎮痛・強壮剤である。藩医和田玄春の手になる寛政十一年(一七九九)七月の効能書には「五労七傷《ごろうしちしょう》、男女諸般《なんにょすべて》の労症《らうせう》、痰或《たんあるい》ハ血《ち》を吐《は》き、形瘦《かたちやせ》、色青《いろあを》く、手足倦怠《てあしくたびれ》、飲食味《しょくじあちはい》なく、上盛下虚《かみおもくしもかろく》、自汗《あせ》・盗汗出《ねあせいつ》るもの」に対して処方し、砂糖湯にショウガ汁を加えたものとともに服用する、とある。アヘンには強烈な苦みがあるからだ。

玄春の父玄良の申し立てによれば、一粒金丹は元々、備中国岡山新田藩(池田家)の秘法だったが、弘前藩四代藩主津軽信政のたっての願いにより、岡山新田藩の医官木村道磧(道石)から、弘前藩医和田玄良(申し立て人の曾祖父)に伝

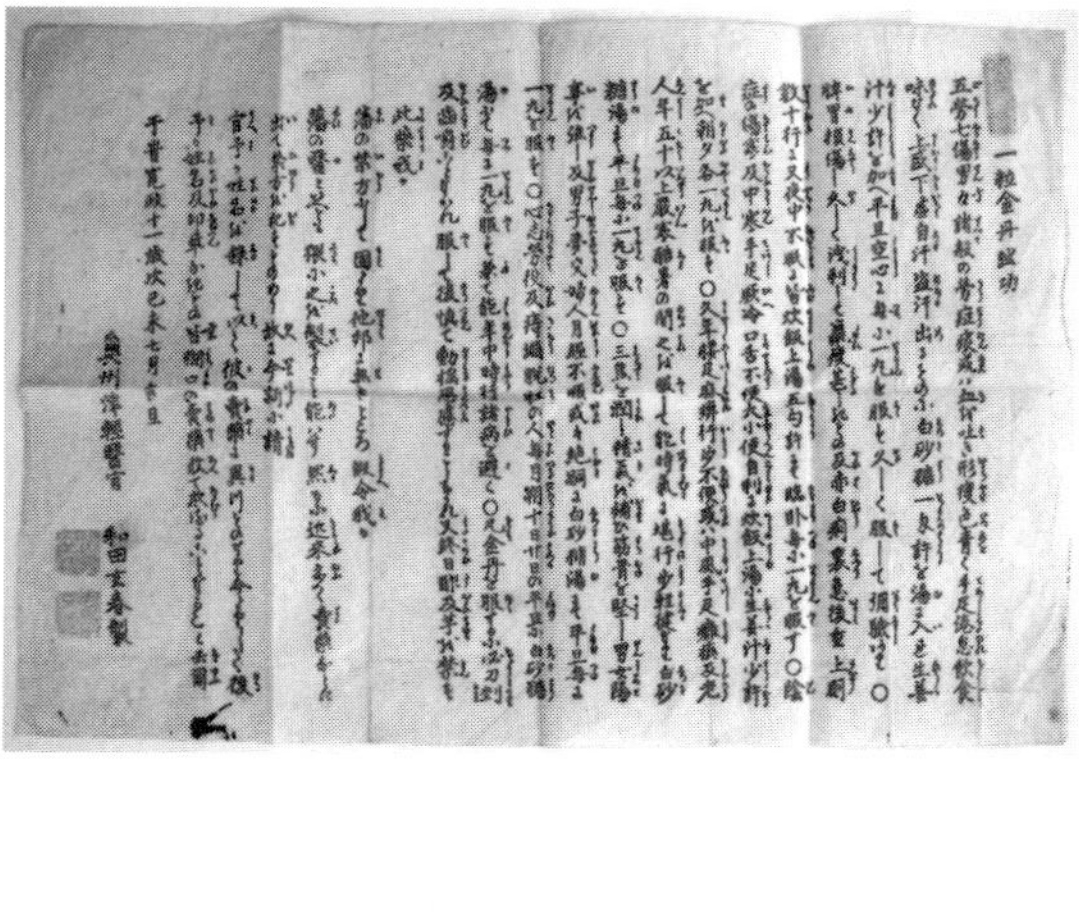

一粒金丹の効能書

授してもらったという（「弘前藩庁日記」御国日記・寛政三年十月二十七日条ほか）。
和田家は限られた関係者にしか製造法を明かさなかったが、しだいに類似の不良品が出回り、この時期には大きな問題になっていたようだ。玄春が効能書を板行したのは、品質と効能を保証して、純正品であることを強調しようとしたものである。もちろん藩の認可を得ていたため、この効能書がないものは一粒金丹と認められなかった。

アヘンの原料であるケシ（罌粟、芥子）を、弘前藩がいつ頃から栽培していたかは定かでない。「御国日記」には、貞享三年（一六八六）五月、中村道救・松山玄三が阿芙蓉採取を命じられ、数名の藩士がその手伝いを命じられたという記事があるが、「在々ニ而阿芙蓉取」とも記されているので、これは野生種のようだ。しかし、元禄十三年（一七〇〇）五月、南袋・千年山・上野の三カ所の薬園でケシの花が咲き終わったとの報告があり、いつアヘンを取るかの伺いが出されているので、藩公認で栽培されていたことがわかる。その少し前の元禄十一年八月には、藩医佐々木宗寿・辻道益・松山玄三らが千年山に出かけており、この時期に栽培が始まったとみてよいのではなかろうか。

一粒金丹は漢方薬の一つであり、中国の医書『医学入門』などにもその製法が出ている（宗田一『日本の名薬』）。成分はアヘンのほか、膃肭臍《おっとせい》・龍脳《りゅうのう》・麝香《じゃこう》・辰砂《しんしゃ》（硫化水銀）・原蚕蛾《げんさんが》・射干《やかん》（ヒオウギ）などである。今は動物名となっているオ

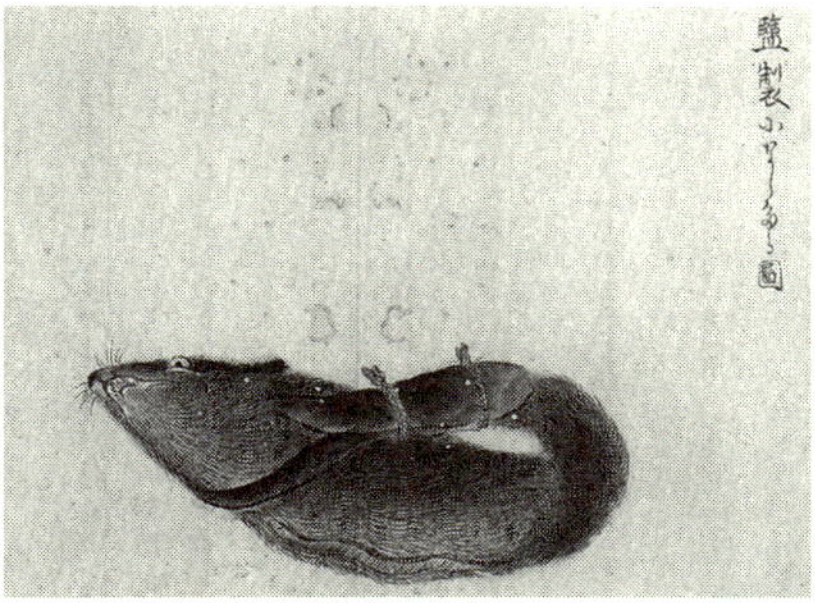

「蝦夷島奇観」オットセイ（秦檍丸筆）

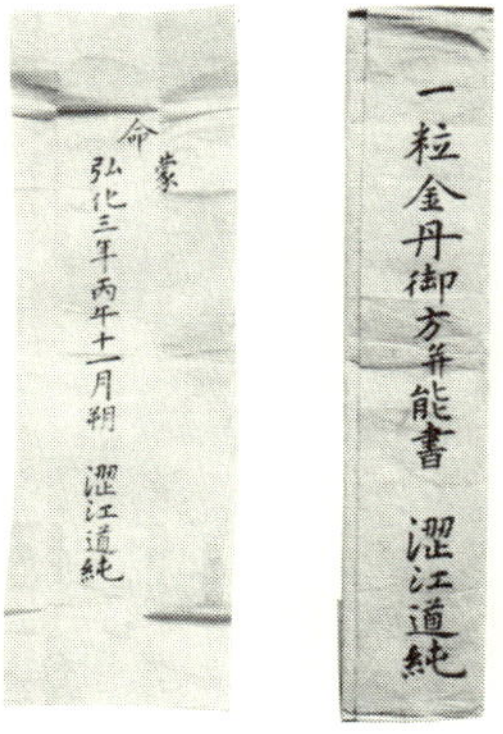

渋江抽斎自筆の効能書

ットセイは、本来は「膃肭獣」の臍《へそ》、つまり「猛《たけ》り」（陰茎）の部分を指す名称である。蝦夷地に近い弘前藩は、松前藩からオットセイを仕入れることができたし、領内のアイヌが狩猟した「膃肭獣」からオットセイを手に入れることもできた。耳慣れないのは原蚕蛾（晩蚕蛾とも）で、「御国日記」には、カイコの「夏子第二番目」とある（享保五年正月十八日条）。カイコは春・夏・秋の年三回（所により二回）マユを取るが、「二番目」とは成長が遅いもののことを指すのであろうか。いずれにしても、ケシ栽培の成功と、オットセイを確保できる地理的な優位性が、一粒金丹の盛名につながったのだろう。

かつて「津軽」は、アヘンを意味する隠語だったという（ただし出典は不詳）。しかし、天保年間には西日本でもケシ栽培が始まり、明治期には日本各地に広がって、アヘン産地としての津軽の地位は衰えた。それとともに、一粒金丹もその役割を終えていった。

渋江抽斎をめぐる人々――森鷗外の発見

明治の文豪森鷗外《もりおうがい》が世に広めた渋江抽斎《しぶえちゅうさい》（全善《かねよし》、道純、一八〇五～五八）は、江戸定府《じょうふ》の弘前藩医で、渋江家の六代目にあたる（弘前市立弘前図書館蔵「弘前御家中明細帳」）。父允成《ただしげ》（専之助、玄庵、道隆）は八代藩主信明・九代藩主寧親の侍医を務める

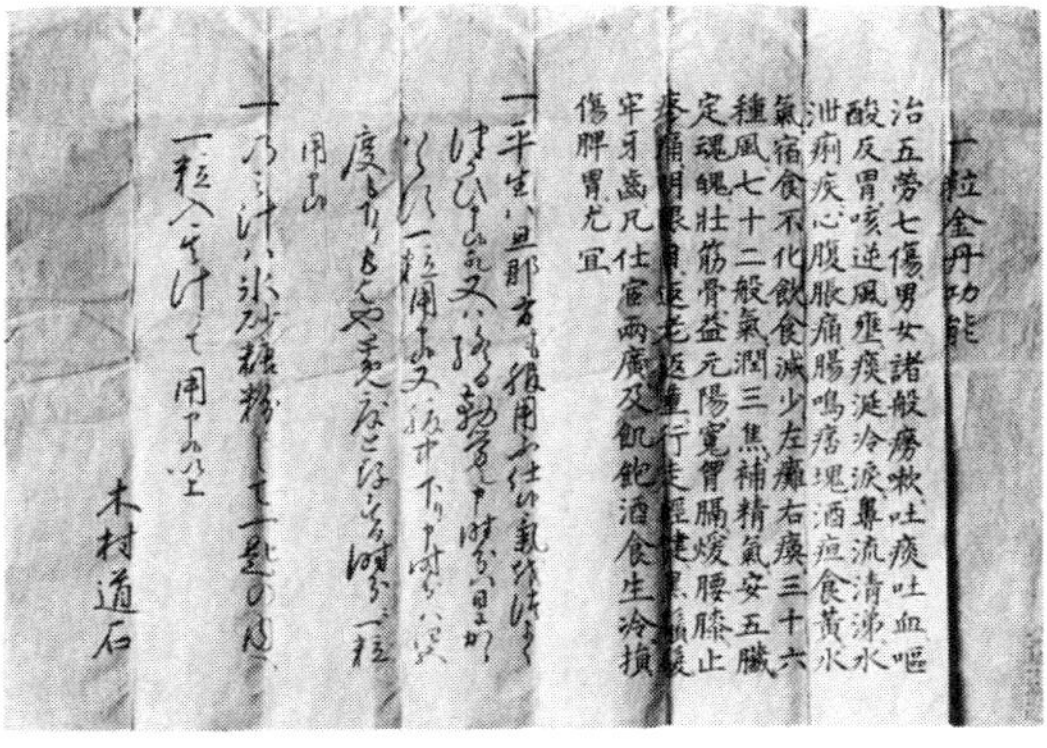

一粒金丹の伝授書

かたわら、月ごとに藩邸で行われる儒学講義も担当した。寧親に気に入られた允成は三百石二五人扶持まで引き上げられ、文化十一年(一八一四)には一粒金丹の製造を許された。これによって毎月一〇〇両以上の所得があったといい(森鷗外『渋江抽斎』)、人並み以上の生活はできたようだ。

鷗外は、趣味で武鑑《ぶかん》(大名や旗本の姓名・家紋・石高などをまとめた名鑑)の収集をしていた際に、「弘前医官渋江氏蔵書記」という抽斎の朱印を多く目にしたのだが、これが「経籍訪古志」の著者渋江道純と関係があるのか興味を持ったことから、すべては始まった。

同書は抽斎・森枳園《きえん》(立之)・海保《かいほ》漁村・伊沢蘭軒《らんけん》らの会合から生まれた貴重書の解題《かいだい》集で、数多い漢籍の中で何を善本とすべきかを書き出している。日本では出版されなかったが、明治期に清国《しんこく》大使館の資金援助で刊行され、高い評価を受けた。天保十五年(弘化元/一八四四)には、幕府の医学館に召されて医書講義を命じられるなど、抽斎はその道で、一目置かれる存在だったようだ。

鷗外は弘前出身の文部省史官外崎覚《とのさきかく》に会い、道純が抽斎であることを教えられるが、その学問の幅広さを認識し、同じ医学の道を歩む者として「抽斎はわたくしのためには畏敬すべき人である」と述べている。藩内では蔵書家として知られ、人の出入りも多かった抽斎の家のようすは、鷗外の達意の文章によって、生き生きと描き出されている。

抽斎は四度結婚したが、最初の妻定《さだ》とは離別、威能《いの》、徳《とく》とはいずれも死別し、抽斎の最後は四番目の妻五百《いおみ》が看取った。二番目の妻となった威能は江戸藩邸の留守居役比良野文蔵《ひらのぶんぞう》の娘で、比良野家と渋江家を固く結びつける役割を果たした。天明八年(一七八八)に津軽入りして人々の生活を巧みに描いた「奥民図彙」の作者比良野貞彦《さだひこ》は文蔵の父、威能の祖父に当たる。その縁で抽斎は同書を借り受け、謄写《とうしゃ》させたという(日本農書全集一「奥民図彙」解説)。

嘉永三年(一八五〇)、抽斎の門人中丸昌庵は用人兼松久通《かねまつひさみち》(伴太夫)に一粒金丹の伝授を願い出て許可されたが、この時に提出された抽斎自筆の伝授書によって、岡山新田藩から弘前藩への製造法伝授の時期は、元禄二年(一六八九)五月五日と確定した(松木明知ほか編『津軽医事文化史料集成 続』収録史料解題)。鷗外の文学に影響を与えた抽斎は、日本医学史においても大きな足跡を残した。

平尾魯僊がみた幕末―「箱館紀行」と「洋夷茗話」

平尾魯僊《ひらおろせん》(八三郎・亮致《すけむね》)は紺屋《こんや》町(現弘前市)の小浜屋という魚屋に生まれた。少年の頃から画才を発揮し、書道や俳諧にも秀でた面を見せた。学問芸術で身を立てたいとの思いは強く、天保八年(一八三七)、三〇歳の若さで家業を弟へ譲った。画業と文筆に専念する意味からである。当面の収入は激減したが、門人

平尾魯僊

は順調に増え、生活はしだいに安定した。

安政二年（一八五五）、魯僊は松前・箱館（現函館）に旅する機会を得た。ペリー来航で成立した和親条約で新たに開港した箱館には、多くの外国船が出入りしていた。そのにぎわいぶりは、海峡を越えて津軽の地にも届いたことだろう。

この旅の記録である「箱館紀行」（弘前市立弘前図書館蔵）を見ると、魯僊は六月十一日に弘前を出発し、十六日には十三湊（現つがる市市浦《しうら》町）から海を渡った。乗りこんだ来福丸は七〇石の小船で、津軽海峡の荒波を越えるのにまず、苦労させられた。「海難恐るべし」の嘆息には、実感がこもっている。

魯僊が最初に見たのは、活気あふれる松前城下（福山）だった。瓦ぶきの家並みが続き、漆喰《しっくい》の土蔵が建ち並び、夜は軒下に灯《とも》りが点る様子は、弘前にはない情景である。取り引きはもちろん、市井《しせい》の物売りや客引きの声が満ちる巷《ちまた》を「閑静なること更になし」と表現している。水利・開拓の計を練り、洋式警備を導入することができれば、蝦夷地も日本全体もより発展するだろうとも述べている。

松前には二日間滞在し、福島・尻内《しりうち》・茂辺地《もへじ》・亀田を経由して、馬で箱館に向かった。途中の村々の説明は簡略なものだが、魯僊の手になるみごとな写生画が、より多くを語っている。中でも、宮歌《みやうた》村の浜辺でアットウシ（アイヌ文様を施した衣服）を着た人たちがイカを干す風景は、本書の白眉と言えよう。

「箱館紀行」イカ干し

六月二十日に箱館へ入った魯僊は、蝦夷地警備の任務で箱館に詰めていた弘前藩兵に頼まれ、本陣である千代ヶ台《ちよがだい》陣屋の地図を描いているが（「洋夷茗話」）、あるいはこの仕事が、旅の本当の目的だったのかもしれない。

箱館を出たのは七月六日。栄通丸は五〇〇石積みの大船だったが、無風に悩まされ、船は下北半島まで流された。苦労の末に青森湊に入った時は、すでに十日の朝になっていた。

「箱館紀行」には、「松前紀行」（函館市立中央図書館蔵）という異本がある。較べてみると、七月十三日に帰宅してからまず「松前紀行」を作成し、さらに時間をかけて整理・改稿したのが「箱館紀行」と思われる（生活の古典双書「洋夷茗話・箱館紀行」解説）。また、松前・箱館滞在中に多くの異国船を目にしたことから、異人特集のかたちで別冊の「洋夷茗話」を書き上げた。衣服や道具の描写も精密だが、異人が酒を飲む姿、葬儀の様子、ボートを漕ぐ船員、洗濯した衣服を帆綱に結びつけて走る異国船など、どれをとっても秀逸なものばかりだ。これらに描かれた魯僊の驚きと感動は、幕末の日本人が等しく共有したものと言うことができよう。

楠美家の人々――平家琵琶相伝の家

幕末津軽の動向を詳細に記した「弘前藩記事」の筆者楠美《くすみ》太素《たいそ》（則敏、荘司、一八

「洋夷茗話」異国人の官者

「洋夷茗話」異国人の往来

「洋夷茗話」洗濯物を結んだ異国船

一七〜一八八二)には、前田流平曲の伝承者としての顔がある。

平家の興亡を琵琶の音にのせて語る平曲は、平物一六一句、伝授物三三句、小秘事二句、大秘事三句の計一九九句から構成されるが、そのすべてを語り切るには並はずれた技倆《ぎりょう》が要求される。藩校「稽古館」の総司（=校長）も務めた祖父則徳《のりよし》(一七五四〜一八一九)が伝えたのは古風な「平家吟譜」で、孫の太素が江戸で聴いた「平家正節《まぶし》」とは大きく異なっていたが、太素はよく努力してこれらを習得した。

平曲を愛好した十一代藩主津軽順承《ゆきつぐ》の配慮で、宗匠麻岡検校《あさおかけんぎょう》の直接指導を受ける機会も得た。動乱の中、各地の平曲は消滅していったが、弘前藩だけが相伝を守り続けることができたのは、道にかける太素の真摯《しんし》な態度のゆえと言えようか。

明治三年(一八七〇)、太素は弘前藩少参事の地位を下り、隠居した。「弘前藩記事」執筆のためだろう。同書は、明治元年から四年まで(一八六八〜七一)の事項について太素が旧記を整理・編さんして提出した「楠美氏明治日記」を、藩の修史局が改題したものである。混乱するこの時期の弘前藩政を研究するための基礎史料として、高く評価されている。

太素の誠実で粘り強い仕事ぶりは、全六六巻の大冊となって日の目を見た。もちろん、長男晩翠《ばんすい》(則貽、和民、一八三七〜八七)の助けがあってのことである。晩翠は

楠美太素

「琴譜序」と「琴曲抄」

江戸で西洋兵学を学び、軍備方を務めた。明治元年二月には京都留守居役となり、情報収集に奔走した。弘前藩が近衛《このえ》家の誘いで奥羽越列藩同盟を脱退した際には、盛岡藩から派遣された糾弾の使者と対峙《たいじ》して、藩の立場を堂々と説明している。そうした活躍が認められ、明治期には父の跡を継いで少参事となった。

一貫して軍政畑を歩いてきた晩翠だが、平曲相伝のことを忘れたわけではなかった。晩年には「平曲統伝記」「平曲温古記」「平曲古今譚」を著して、父から受け継いだ伝統を、後世に残そうとした。さらに明治十七年、門弟らと語らって「前田流平家詞曲相伝議定書」をつくり、楠美家を師家とする相伝態勢を固めた。そこには楠美家を師家として尊ぶことや、その子孫が力量不足でも高弟が保護教授して芸道を絶やさぬことが定められている。

晩翠自身は師家たるべきかどうかにはこだわらなかったが、周囲は家元的存在としての楠美家を必要としたのだろう。現実には、晩翠の実弟である館山漸之進《たてやまぜんのしん》（一八四二～一九一五、「平家音楽史」の著者）や、漸之進の子館山甲午《こうご》（一八九四～一九八九、国指定無形文化財技芸者）のような優秀な技芸者が出て、弘前藩の平曲は命脈を保つことができたのである。

平成四年（一九九二）四月、関係者の努力で「平家琵琶の碑」が弘前市誓願寺に建立された。

弘前藩記事

館山漸之進

これも弘前

津軽領のアイヌ集落

江戸時代の北東北は、本州で唯一、アイヌの人々が住んでいた地域である。津軽領の正保国絵図《しょうほうくにえず》である「陸奥国津軽郡之絵図」（青森県立郷土館蔵）には五つのアイヌ集落（狄《えぞ》村・狄《えぞ》村）が描かれている。しかし、種々の記録から見て、アイヌ集落はほかにもあったことが分かっている。「津軽一統志」には寛文九年（一六六九）における集落名が記されており、津軽半島だけで三〇カ村となっている（数字は家数）。

○外ヶ浜町平舘《たいらだて》
宇田村1、ほこ崎1

○今別町
五生塚《ごしょうづか》2、砂ヶ森6、袰月《ほろづき》1、小泊（大泊）4、山派《やまはだち》（大川平）1

○外ヶ浜町三厩《みんまや》
松ヶ崎3、六条間《ろくじょうま》2、藤島1、釜野沢3、宇鉄4、竜飛《たっぴ》1

こうしたアイヌ集落の中でも、津軽半島の北端に近い宇鉄・竜飛周辺のものはかなり後の記録にも名が見られるが、津軽半島のほかの地域や夏泊半島のアイヌ集落は、比較的早い段階で衰退したようだ。

狩猟や漁労を生業とする蝦夷地のアイヌとは違い、津軽領のアイヌはさまざまな仕事に従事させられた。「弘前藩庁日記」（御国日記）には、アイヌが飛脚の「舁《か》き送り」（＝貨客の運送）を行うという記事が、しばしば出てくる。また、寛延二年（一七四九）九月、松前藩の参勤交代の際、宇鉄村の「へきりは」が勤めてきた烽火《のろし》役を藤島村の「うてりき」に変更するよう指名した記事が見られる。和人なみに商売や荷運びに関わった者がいたのだろう。

十八世紀に入ると、和人がアイヌの居住地に入りこむケースが増えた。弘前藩はアイヌの同化政策を進め、宝暦二年（一七五二）・文化六年（一八〇九）の二度にわたり、アイヌを農民として人別帳に載せるよう命じた。以後、津軽領のアイヌに関する記事は弘前藩の記録から急速に減っていくが、国絵図に描かれたアイヌ集落の表現は、天保九年（一八三八）に成立した天保《てんぽう》国絵図（国立公文書館蔵）に引き継がれている。

正保二年（一六四五）「陸奥国津軽郡之絵図」の「えぞ村」
右：夏泊半島　左上：全体　左下：津軽半島

お国自慢 これぞ弘前の酒

弘前自慢の酒をちょっとだけ紹介

本醸造 津軽じょっぱり

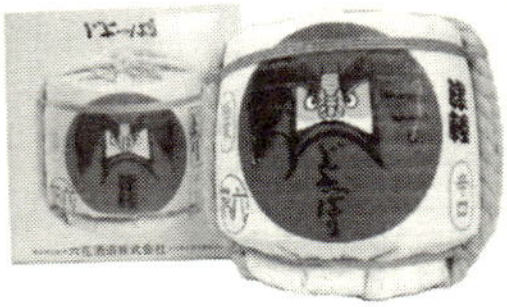

六花酒造（株）
TEL0172-35-4141

純米吟醸 白神のしずく

尾崎酒造（株）
TEL0173-72-2029

豊盃 純米大吟醸

三浦酒造（株）
TEL0172-32-1577

赤鬼大笑い 純米吟醸

（有）竹浪酒造店
TEL0172-73-2161

純米大吟醸 稲村屋文四郎

（株）鳴海醸造店
TEL0172-52-3321

白神

白神酒造（株）
TEL0172-86-2106

大吟醸 じょんから

（株）玉田酒造店
TEL0172-34-7506

大吟醸 白神ロマンの宴

（株）丸竹酒造店
TEL0172-86-2002

松緑

（株）斎藤酒造店
TEL0172-34-2233

明ヶ烏 大宰の里

（有）長内酒造店
TEL0173-46-2005

亀吉

（株）中村亀吉
TEL0172-52-3361

第四章 津軽に生きる人々

個性あふれる北国の生活。多くの人がその魅力にひきつけられた。

① 領内の統制

岩木川が改修され、津軽平野には用水路がはりめぐらされた。新田開発は成功し、津軽米を積み出す九浦や街道筋は賑わった。江戸廻米のため、青森が開港。物資の一大集散地に成長していく。

津軽平野の開拓──岩木川の利用と土淵堰

津軽平野の中でもとくに用水開発が早かったのは、岩木川の上流部である。河川はもちろん、山麓部に溜池や小規模な用水堰を開き、灌漑に用いていた。江戸時代、岩木川上流で取水する用水堰は一一あり、その最上流部に、杭止堰《くいとぜき》の留《とめ》（＝取水口）が設けられていた。

杭止堰（杭戸・杭人とも）は流域で最古の用水堰とされる。川崎権太夫の人柱伝説で知られ、文明年間（一四六九〜八七）、権太夫が水中に身を投じて岩木川の奔流を鎮めたと伝えられている（成田末五郎『義人川崎権太夫』）。藤崎神社に伝わる堰八安高の入水伝説と似たような話で、工事技術が未熟な時代、人々が用水堰の維持管理にいかに苦労したかを物語る貴重なエピソードである。

上流一一堰の取水口はごく狭い地域に集中しており、最上流の杭止堰留から

土淵堰の現況

最下流の清野《せいの》袋堰《ふくろぜき》留の間は、一〇キロメートルほどしか離れていない。しかも、四代藩主津軽信政の時代に新田開発が進み、藩営の土淵堰《どえんぜき》が開かれ、岩木川にその留が設けられたこともあって、あちこちで用水が不足した。弘前藩は、これに由来する水論（＝水争い）への対処に苦労した。

明和六年（一七六九）、野木（現鶴田町）にある土淵堰の分水定盤《じょうばん》をめぐって、一騒動あった。定盤の破却を求める農民らが実力でこれを打ちこわし、人数を仕立てて弘前城下に押しかけたのである（「平山日記」）。このようなデモンストレーションは一揆徒党の類に当たる重罪だが、藩は農民らを処分せず、むしろ定盤の存続にこだわった郡奉行の鳴海此右衛門を罷免し、穏やかな収拾をはかった。

安永二年（一七七三）、浅瀬石《あせいし》川流域で水論が発生した。当事者と担当奉行の間では解決できず、郡奉行の石山喜兵衛に裁定を仰いだ。石山は「用水仕分」を提案し、猿賀《さるか》堰に三日間の取水制限を課すなど、周辺住民への配慮を示した。このような裁定が前例となって、地域ごとの用水慣行が作られていった。ひとたび水論が起きると当事者は覚え書きをかわし、慣行を確認したという（「小阿弥堰沿革史」）。

弘前市立弘前図書館所蔵の「岩木川心得之巻」には、岩木川に設けられたさまざまな「出シ」（＝堤防）が絵入りで収録されている。岩木川奉行の野呂文次が享和三年（一八〇三）に作成したもので、「川方支配の役人に問い合わせて集録した」

野木の分水定盤

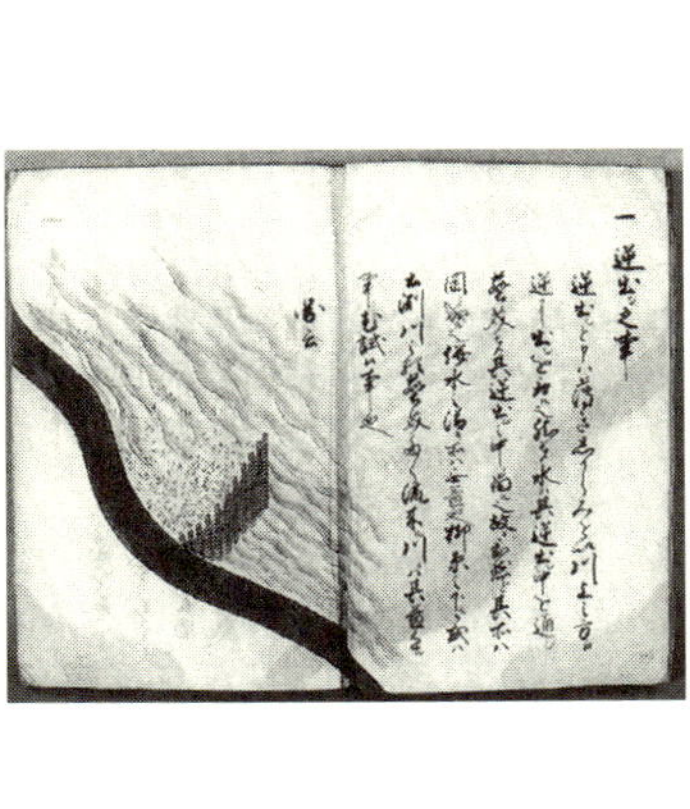

「岩木川心得之巻」逆出

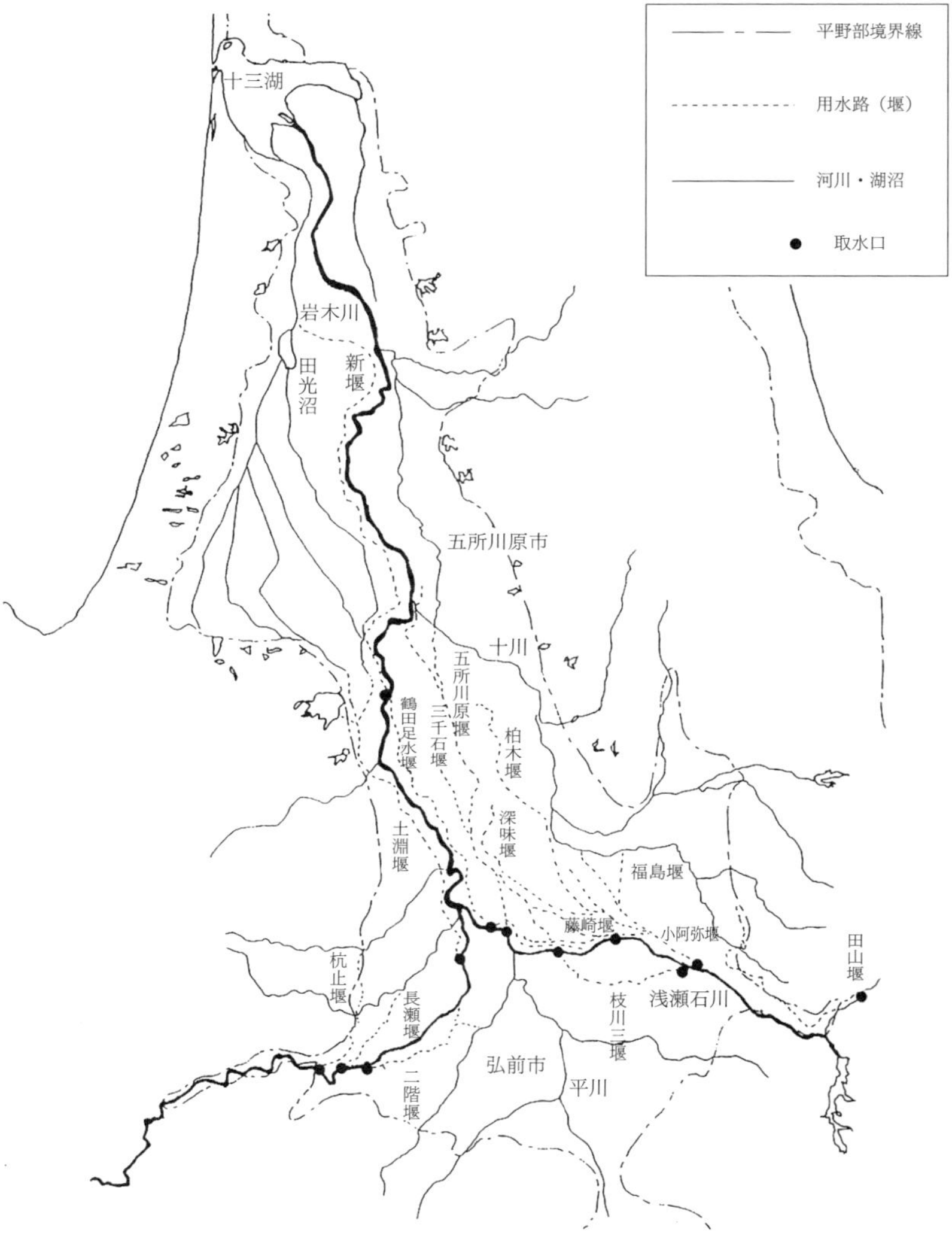

津軽平野の農業用水図
上流と下流の高低差が小さい津軽平野では、農業用水を確保する手段として用水路の開削が積極的に進められた。用水路の系統は、①岩木川上流部で取水するもの。②岩木川中下流部と十三湖を利用するもの。③浅瀬石川で取水するもの。に区分できるが、上流と下流とで取水方法が異なったり排水の再利用が行われたりするため、実際には細かく複雑な水路網が平野一面に張りめぐらされている。

「足りないところは増補を願いたい」と巻末に書いてある。さしずめ岩木川の改修マニュアルというところだろうか。

現在の杭止堰は岩木山麓に沿って北へ八キロメートルほど走り、弘前市細越・三森に達している。昭和三十年（一九五五）には、四〇〇メートルほど上流に取水口を移した（杭止堰頭首工《とうしゅこう》）。同三十七年、杭止堰普通水利組合は杭止神社を建立し、権太夫が馬に乗って流れに身を投じる様を写した大型絵馬を奉納した。現在は穏やかに見える岩木川だが、先人たちの努力によって今の姿になった点を忘れることはできない。

青森開港—江戸廻米と瀧屋伊東家

寛永二年（一六二五）、幕府は弘前藩に江戸への廻船乗り入れを認めた。そこで藩は翌三年、外が浜地域の小漁村に過ぎなかった善知鳥《うとう》村に湊を築造し、森山弥七郎に町割りを命じて、「青森」と改称した。税・諸役の十年間免除、商船の青森集中、青森の町場扱い、六斎市《ろくさいいち》（月六回の定期市）の開設などが発令され、移住者に対しては建築資材を無償で与えるなど、青森を発展させるためさまざまな優遇措置が講じられた。

青森にははじめ大町（今の本町）・浜町・米町の三町が町割りされた。大町に

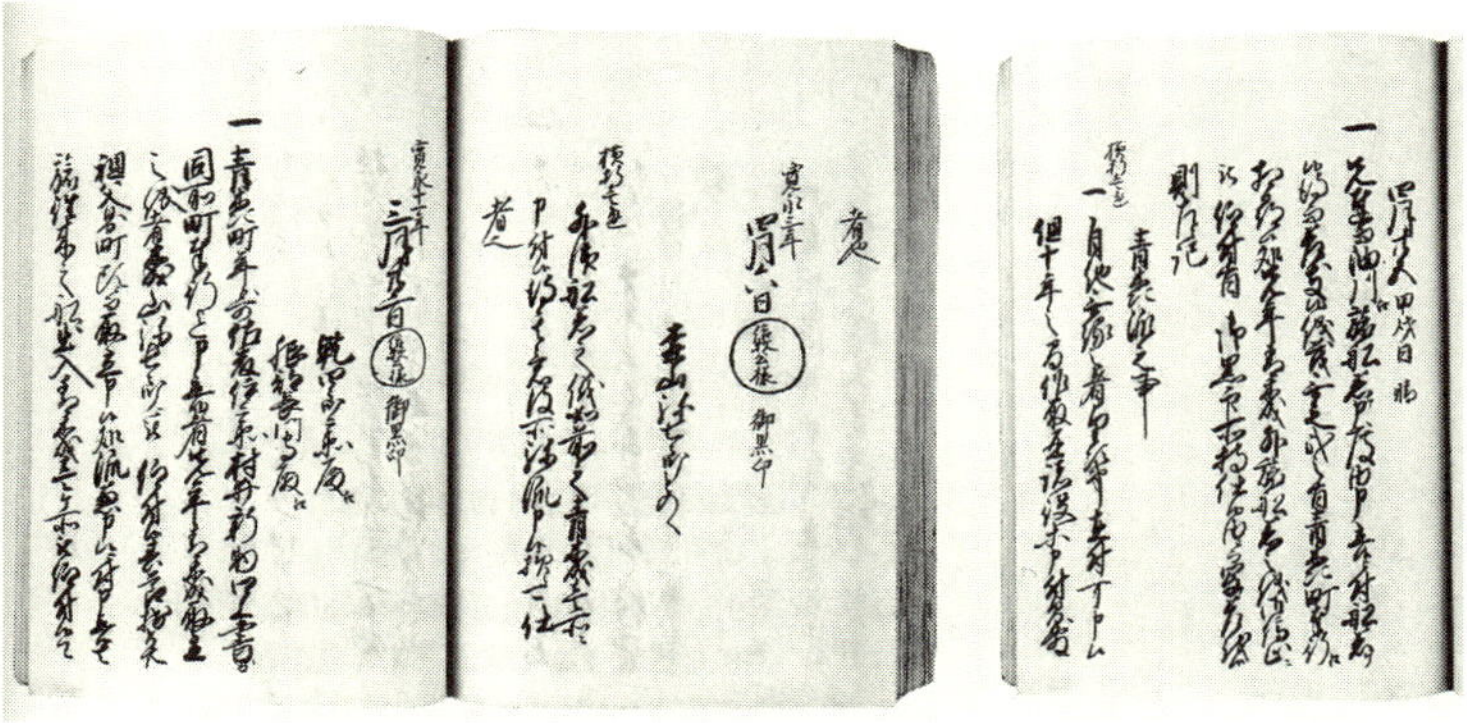

「弘前藩庁日記」（御国日記）青森町割

は一般商家と酒造業者が、浜町には船問屋が、米町には米商人が集められた。

寛文四年(一六六四)には塩町・博労《ばくろう》町・莨《たばこ》町が、同十一年には堤川端町・新町・寺町・鍛冶町・大工町が成立した。同年の調べでは、博労町・堤町で八四軒、新町・柳町・鍛冶町・大工町で一八九軒、塩町・莨町で四四軒、本町・浜町・米町で三〇六軒があったという。米町・塩町・莨町ではそれぞれの商品を扱う問屋の独占商売が特権として認められたが、それらは十七世紀末以降、しだいに制限されていった。ただし博労町の馬売買の特権は存続し、明治時代にいたるまで馬市を開催した。

寛文十一年に御仮屋《おかりや》（藩主宿泊所）が建設され、初代城代として大道寺宇左衛門が赴任した。同十三年「青森町之図」(弘前市立弘前図書館蔵)には御仮屋・町奉行所・物頭《ものがしら》在番所・黒石津軽家御蔵・沖之口番所が貞享〜元禄初年(一六八四〜八八)成立の「青森町絵図」(弘前市立博物館蔵)には、湊御番所が見えており、行政機能はしだいに充実した。しかし、城代職は貞享三年(一六八六)に廃止され、以後は青森町奉行が行政のトップを務めた。町奉行の下には、町年寄（町頭）として村井新助と佐藤理右衛門が置かれ、町政の実務を担当した。二人は大町に居住し、他の各町には町名主が置かれた(『青森市沿革史』)。

善知鳥《うとう》町と蜆貝《しじみかい》町は漁師町で、漁師頭の越前屋嘉兵衛が管轄した。商人町と漁師町が合体するのは、正徳四年(一七一四)のことである。

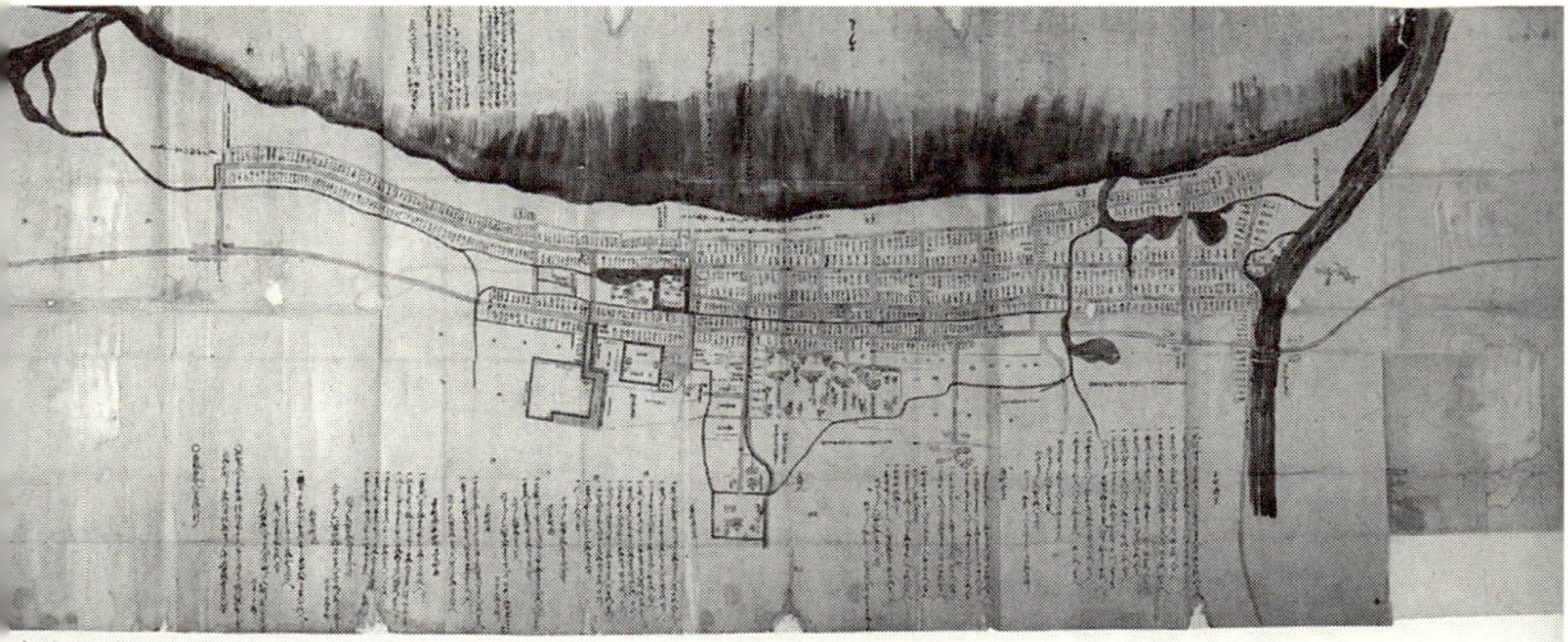

戸主名が詳しく記された「青森町絵図」

青森は大火や飢饉によって盛衰を繰り返し、戸数は一定しなかった。寛永三年には一〇五七軒あったというが、寛文十一年には六二三軒に減り、文化八年(一八一一)には一五五八軒まで増加した。ちなみに人口は、在方を含めて、享保十二年(一七二七)に六一七二人、安永九年(一七八〇)に約九〇三九人、明治二年(一八六九)に一万七五〇人となっている。古川古松軒《ふるかわこしょうけん》は青森について「やうやう千軒ばかりにして、しかも家居も見くるしく」と記しているが(『東遊雑記』)、これは天明大飢饉の直後で、青森が最も衰退していた時期のようすである。

青森で活躍した瀧屋伊東家は、本業の廻船問屋のほかに酒造業、藩士への金融活動、地主経営など多角経営を行っていた。寛政期以降は、弘前藩の御用達商人として、蝦夷地政策を支える役割を果たした。天保十三年(一八四二)の年賀発送先を見ると、瀧屋は大坂へ一〇四通、加賀へ六一通、越前へ三〇通と、日本海の諸湊に多くの年賀状を送っている。西廻り航路を軸とする日本海交易と関係が深かったことがわかる(旧『青森市史』)。幕末維新期には、北海道のニシン場経営をにらんで弘前藩が設立した「青森商社」の主要メンバーとして、大きな役割をになった。この頃、会津藩改め斗南《となみ》藩の米の購入を助け、明治四年(一八七一)、感謝の印として松平家から井戸茶碗《いどちゃわん》(玉室和尚のお墨付き)を贈られている。

瀧屋が使用した印鑑（箱館御用達）

瀧屋に贈られた井戸茶碗

外が浜地域と大浜―近江商人の系譜

外が浜地域は長らく、松前街道と羽州街道が合流する交通の要地大浜《おおはま》（現青森市油川）を中心としてきたが、この地に残る親南部派・アイヌ・在郷商人など旧勢力は新領主の津軽氏になじまず、反発を続けた。したがって、大浜湊の機能を制限し、交易の利権を奪うことが、弘前藩の重要な課題となった。寛永三年（一六二六）の青森開港は、まさにこの点を目的としていた。

江戸への廻米は青森湊から行うことになり、外が浜の他の湊は主に木材の積み出しを行うものとされた。中世以来の商港として栄えた大浜も、やがて商船の出入りを禁じられたが、商魂たくましい大浜の商人は沖合いでの取り引きに活路を見出し、取り締まりの目をくぐった。

寛文四年（一六六四）三月、大浜湊の閉鎖の禁が緩められ、この地域の漁業の中心である塩越村（外ヶ浜町蟹田）の製塩業者や上磯のアイヌへの扶持米を、大浜から積み出すことが認められた。青森の船問屋は青森の衰退を招くとして、何度も大浜の閉鎖を嘆願した。しかし、いくたび閉鎖が命じられても、他国の船の出入りは止まなかったから、藩令は徹底しなかった。元禄年間に入ると近江商人が大浜に移り住み、酒造業で財をなした。西田（「田酒《でんしゅ》」の西田酒造）・西沢・平

合流の碑（青森市油川）

松前・羽州街道の合流（青森市油川）

井・中川など富商が輩出している。

街道の整備――西浜街道、羽州街道

弘前市から西へ出て岩木山の北麓を通り、日本海に面する鰺ヶ沢町～深浦町～旧岩崎村から秋田県能代《のしろ》へ出るのが、西浜街道の基本ルートである。距離は約一〇〇キロ。青森県内の街道としては長いほうで、弘前街道・鰺ヶ沢道・月屋道・中山通り・大間越《おおまごし》通りなどと、場所によってさまざまな呼び名がある。

江戸時代、地方の重要街道は大道筋《おおみちすじ》と呼ばれた。弘前藩の場合は二本あった。

（一）西浜街道と羽州街道の弘前～青森、奥州街道の青森～馬門《まかど》

秋田藩領八森から日本海沿岸を北上して鰺ヶ沢に至り、岩木山の裾野を回って十腰内《とこしない》～高杉～城下弘前に入り、北上して大浜（＝油川）を経由し、青森から外ヶ浜へ出て、盛岡藩領馬門に至るルート

（二）羽州街道の弘前～碇ヶ関《いかりがせき》

弘前から南下し、大鰐を経由して、碇ヶ関から秋田藩との境である矢立峠へ出るルート

初代藩主津軽為信は西海岸を通る鰺ヶ沢～深浦～大間越《おおまごし》を結んで秋田領に出る西浜街道を重視した。豊臣政権が京都・大坂を中心としたため、日本海交通と連

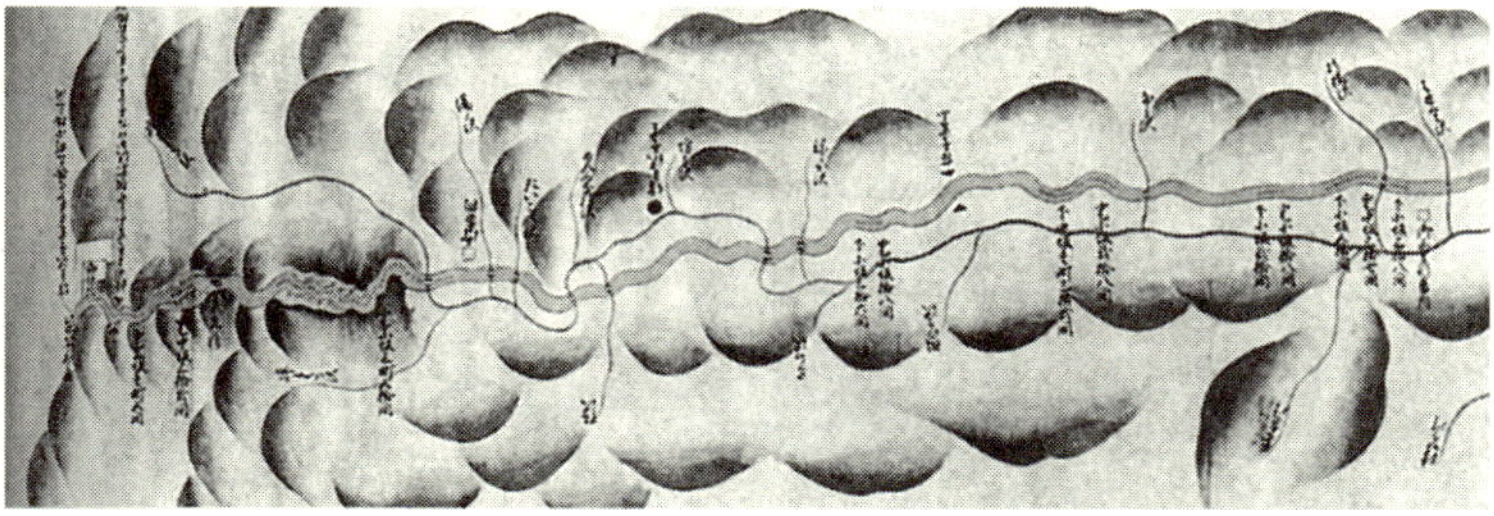

「御国中道程之図」羽州街道

携する必要性があったのだ。為信は戦国武将が贈答品として珍重した鷹を献上することで豊臣政権とのパイプをつくりあげたが、鷹献上の一行はこの街道を通って京へ向かった。鷹の餌が確保できるよう、秀吉によって経由地も指示されていたようだ。為信自身も何度か津軽と上方を往復したが、その際は西浜街道を使用した。

徳川政権に替わってもしばらくは、西浜街道が参勤交代路として用いられた。松前藩主が津軽領を通る際も同様で、津軽海峡を渡って小泊に上陸し、七里長浜《しちりながはま》を下って鰺ヶ沢に入った。ここからは陸路で秋田藩領へ抜けていた。寛永十年(一六三三)の幕府巡見使も、弘前城下に入る際にはこのルートを通った。

しかし寛文五年(一六六五)、弘前藩は参勤交代路を羽州街道の弘前〜碇ヶ関ルートに変える。西浜街道は鰺ヶ沢を出てからが歩きにくく、海岸部は坂が多く道幅も狭いので、江戸に行くには、利便性が落ちる。以後は碇ヶ関の地位が向上し、大間越を通る人の数は減少したようだ。弘前藩は碇ヶ関・大間越・野内に関所を置き、「津軽三関」として、旅人や物資の出入りを監視したが、人の出入りは碇ヶ関が最も多く、大間越が最も少ない。安政六年(一八五九)の「碇ヶ関御関所口出入人別調書書上帳扣」を見ると、碇ヶ関から領内に入る場合、藩士以外は必ず行き先を申告しなければならなかった。

碇ヶ関の関所

北国船の往来―初期日本海海運と敦賀・大坂

深浦町の円覚寺《えんがくじ》は日本海交易に従事する人々の尊崇を集めてきた。境内には室町期の薬師堂（県重宝）が建つほか、珍しい髷額《まげがく》★を含む一〇六点の海上信仰資料（重要有形民俗文化財）や、三十三年ごとに開帳する十一面観音像など、貴重な文化財の数々を管理している。その宝物の一つで、寛永十年（一六三三）に越前国・敦賀《つるが》の庄司太郎左衛門が奉納した「北国船図絵馬」には、その特徴である丸い船首と、帆走《はんそう》を補うために櫂《かい》を用いる北国船《ほっこくせん》のようすが描かれている。

近世初期から中期にかけて活躍した北国船は中世の船の形を色濃く残し、波除《よ》けの蔀《しとみ》や垣立《かいだて》を用いなかった。北国船をかたどったと思われる船形木製品が越前朝倉氏の一乗谷《いちじょうだに》遺跡（福井県）から出土しているが、北国船の姿を視覚的にとらえることのできるものはごく限られており、この絵馬は、近世初頭における日本海海運の姿を伝える貴重な資料ということができる。

庄司太郎左衛門は、寛永年間に弘前藩の委託を受けて敦賀蔵屋敷の留守居《るすい》を務めた人で、屋敷の修理を自前で行ったり、藩からの扶持《ふち》の支給を遠慮したりしていることから、相当な有力商人だったと思われる。津軽氏は、豊臣秀吉に命じられた京都勤番や不時の合戦に備え、兵糧《ひょうろう》米を確保する必要があった。敦賀に蔵

▼髷額　一八八ページ参照。

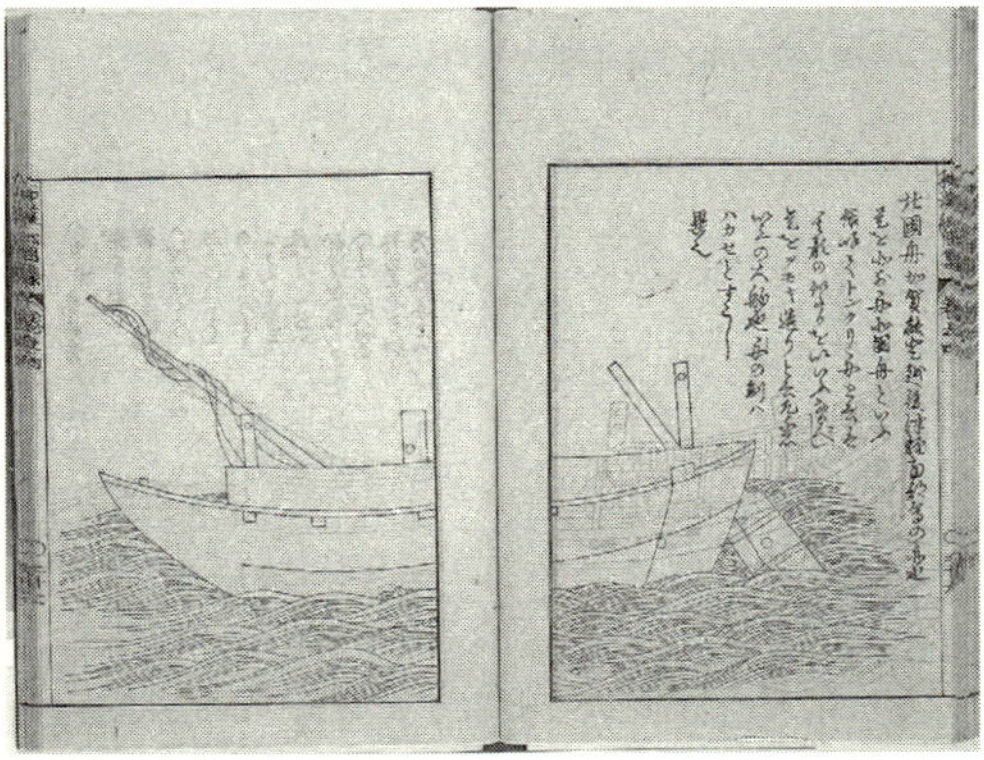
「和漢船用集」北国船

屋敷を置いたのは、ここが畿内・北陸・北国を結ぶ交通の要所だったからである。兵糧米は必要に応じて売却され、蔵屋敷の運営資金にもなった。まもなく琵琶湖の舟運が復活すると大津（現滋賀県）にも蔵屋敷を置き、金融の中心である京都での米の売りさばきに力を入れた。こうして、藩が船を雇って領内の米を集め、敦賀へ入津→大津へ舟送→京都へ駄送する廻米の基本的な形が整った。

最盛期の敦賀には、弘前藩米を含めて六〇～七〇万俵が送られたと見られる。延宝三年（一六七五）の敦賀における米相場の比較によれば、一位は越後蔵米で銀一〇匁につき一斗三升三合、二位は庄内蔵米で一斗四升、三位は秋田蔵米と津軽蔵米で一斗五升となっており、上方において、弘前藩米は一定の評価を得ていたことがわかる。

寛文十二年（一六七二）に河村瑞賢《ずいけん》が西廻り海運を整備すると、下関～瀬戸内海を経て大坂へじかに入港することが可能になった。輸送距離は延びたが、敦賀での積みかえの手間がなくなって、経費は大幅に節減された。大坂に西国米をあつかう米市場が形づくられ、「天下の台所」と呼ばれる繁栄がもたらされた。

元禄十年（一六九七）、堂島（現大阪市北区）に米市場が開かれた。弘前藩は延宝六年（一六七八）にはじめて大坂へ廻米し、しばらくは敦賀・大坂の双方に廻米する態勢を続けたが、貞享四年（一六八七）以後は大坂に一本化した。弘前藩米は「青森米」と呼ばれ、豊作だった宝暦八年（一七五八）には、鰺ヶ沢から七万石を積

鰺ヶ沢湊図絵馬（白八幡宮蔵）

み出した（「津軽見聞記」）。天明三年（一七八三）の凶作の時でさえ大坂へ二〇万俵を送ったという。

弘前藩の大坂蔵屋敷は、元の天満一一丁目の川筋に建てられた（現在の天満警察署）。当初は東西約二〇間・南北約二六間、約五二〇坪の敷地を有し、その後、隣接地の購入と増築を重ね、寛政九年（一七九七）には一・四倍にあたる約七四〇坪に達した。敦賀・大津の蔵屋敷がしだいに衰退・閉鎖へと向かったのとは対照的に、大坂蔵屋敷は明治に入って政府に召しあげられるまで、営々と存続した。

十三小廻しと判紙請求状—四浦・九浦制の成立

日本海交易の発展とともに、弘前藩は領内に「九浦《くうら》」を指定し、町場・湊の整備を行った。すなわち、青森・鯵ケ沢《あじがさわ》・深浦・十三《とさ》・蟹田・今別の各湊と、碇ケ関・大間越・野内の各関所である。時期的には、弘前藩四代藩主津軽信政の襲封以降、寛文〜延宝期（一六六一〜八一）頃と見られる。このうち青森・鯵ケ沢をとくに両浜《りょうはま》といい、また、青森・鯵ケ沢・深浦・十三を四浦《しうら》、蟹田・今別を二浦といって、それぞれ区別することも多い。

青森湊は、津軽から江戸への廻船運航（江戸藩邸への御膳米の回漕）をきっかけに開かれた。二代藩主津軽信枚は森山弥七郎に青森の派立《はだち》を命じ、十年間を鍬《くわ》

十三湊の全景

下年季《したねんき》★として、年貢などを免除した。寛永六年（一六二九）十一月には、家老乾《いぬい》四郎兵衛・服部長門守が青森町の商売や船着きなどの定書《さだめがき》を下し、木綿・小間物は青森で売買すべきことや、青森への商船の集中を定めるなどして、町の振興を図っている。さらに同十一年三月、三代藩主津軽信義は乾と服部に命じ、外ヶ浜への着船を青森湊に限定させる優遇策をとっている。

十三（現五所川原市市浦《しうら》）は中世に栄えた湊で、国際港湾としての性格を持っていた。近年の発掘では、中国製の陶磁器が多数見つかっている。しかし土砂の堆積で水深が浅くなり、近世の船舶大型化の波に対応できなくなった。天和三年（一六八三）の冬には、町年寄や庄屋など上級の町人までが渇命《かつめい》（飢餓）に陥ったという（「弘前藩庁日記」御国日記）。そこで弘前藩は、津軽半島の材木を積極的に移出し、この地域の交通運輸を活性化しようとした。さらに「十三《とさ》小廻《こまわ》し」という独特の輸送形態を導入して、復興をはかった。年貢米は領内十数カ所の小蔵に納められた後、鯵ヶ沢・弘前・三世寺《さんぜじ》（現弘前市）・板屋野木（現板柳町）・十三の藩営蔵（＝御蔵）に納められた（「津軽家御定書」）。内陸部の米は岩木川の舟運を利用して十三湊に集められ、藩士の知行米はそのまま蝦夷地へ、上方で販売される藩の御蔵米は沖合の大型船に積みかえられて、鯵ヶ沢へ送られた。

鯵ヶ沢には寛文九年（一六六九）、幕府から常夜燈の設置が許され、江戸期を通じて大坂廻米の重要拠点となった。幕末～明治中期には北前船《きたまえぶね》がさかんに入津し、

▼鍬下年季
新田開発に必要と定められた期間。この間、領主は検地をせず、開発者の作り取りとなる。

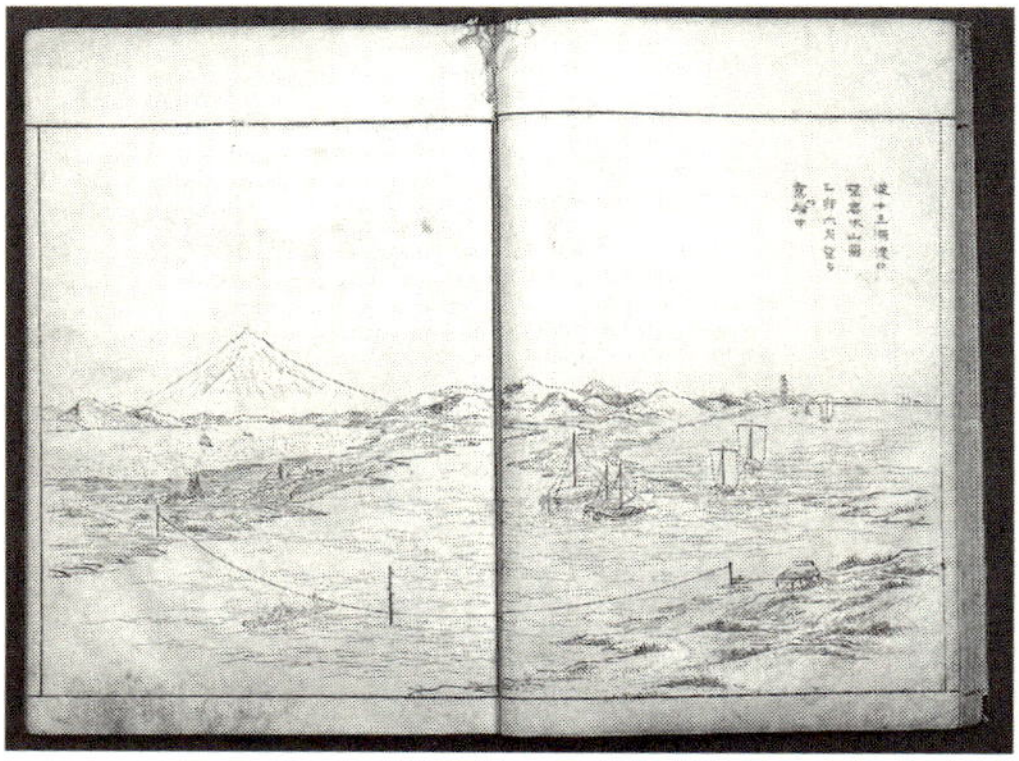

「合浦山水観」十三の渡し

町内の白八幡宮《しろはちまんぐう》などに上方の米商人から奉納された絵馬が残っている。鯵ヶ沢を出て山手に向かう赤石川の上流部には、津軽氏の祖大浦光信《おおうらみつのぶ》が拠ったという種里《たねさと》城がある。

深浦は早くから日本海交易で開け、北は蝦夷地、西は瀬戸内を結んで、大船が出入りした。ヒノキや杉を積み出し、秋田屋・越後屋・若狭屋など多くの船問屋があった。南側の浜町には、春光山円覚寺がある。青森県では珍しい真言宗寺院で、弘前藩の祈禱所として尊崇を集めてきた。

九浦から米や材木を積み出す際は、判紙《はんし》(移出入許可証)が必要だった。そこで横目衆《よこめしゅう》★に切手と呼ばれる請求状を提出して、判紙の発行を依頼した。切手には各浦を通過した人々や移出入品の内容が記されており、弘前藩の流通統制の実態や流通の地域的広がりを見るうえで重要だ。例えば、切手には「京升《きょうます》★」という字句がよく出てくるが、京升と江戸升を統一して「新京升」を使用するよう定められたのは寛文九年で、弘前藩ではそれ以前から京升を使用していたのである。このことは、弘前藩と上方の経済的結びつきを強く示唆している。

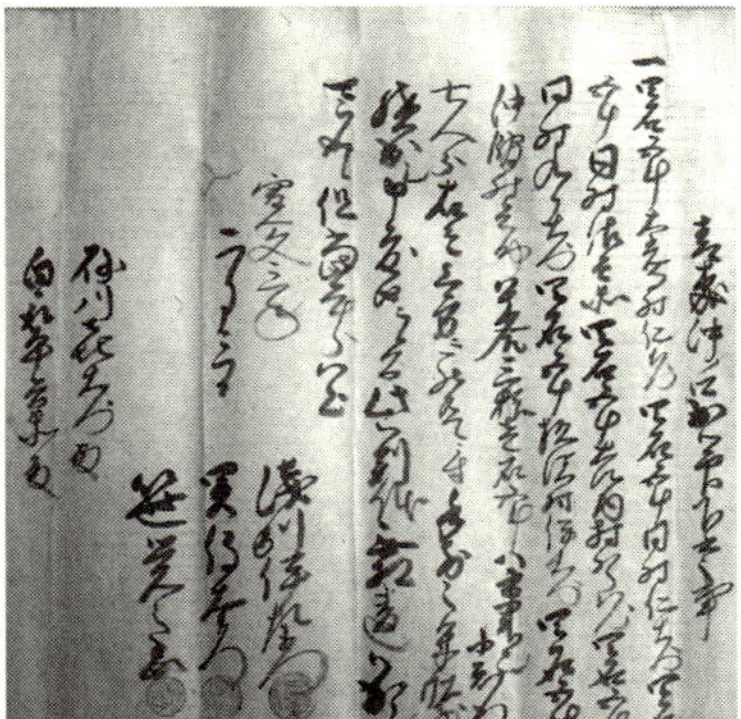
青森沖口切手

▼横目衆
奉行の補佐役。青森湊では旅人や荷物の検閲を行った。

▼京升
秀吉が定めた統一升で、縦×横五寸、深さ二寸五分、容積一・七四リットル。古京升とも。のちに徳川幕府は、縦×横四寸九分、深さ二寸七分、容積一・八〇三リットルの新京升を定めた。

② 都市の生活・村の生活

慎ましやかに見える農民生活は、想像を超えて豊かなものだった。岩木山参詣・虫送り・ネプタ祭礼は、エネルギーの発散である。ニシン漁を当てこむ「松前稼ぎ」で、津軽の漁村は賑わった。

城下町の生活—町家のようすと人々の装い

津軽領には弘前と黒石に城下町があり、ほかに青森・鰺ヶ沢・深浦・蟹田・今別・十三などの有力な湊町があった。藩は城下町に商人を住まわせ、優遇した。彼らの活動によって現金が動き、城下町が藩経済の中心となるからである。「弘前藩庁日記」（御国日記）には、質屋・酒屋・油屋などの商人のほか、役者・辻《つじ》占《うら》・髪結《かみゆい》・皮革業者など、多種多様な職業に従事する人々の姿が記されている。

町人は屋敷地にかかる町役と、職業に応じて課される役銭を負担した。町役としては人足役が重要で、城や屋敷の普請、都市整備に関わる普請などに雇う人足の費用が割り当てられた。

しかし農民の年貢負担に比べれば軽いもので、一定の生活水準は確保されていた。弘前藩は木綿の着用を義務づけ、たびたび絹類の使用を取り締まったが、そ

「東奥津軽山里海観図」弘前の町家

れだけ町人の衣服は奢侈《しゃし》に流れていたということになる。

商家の住宅としては、弘前城北側の亀甲《かめのこう》門前にある石場家住宅（重要文化財）が貴重だ。江戸時代中期に建てられたものである。「こみせ」と呼ばれるアーケード状の張り出し屋根は黒石市の町中にも見られ、雪を避けて歩くスペースを確保できるよう工夫されている。

寛政二年（一七九〇）の定めによれば、町人の食事は一汁二菜、飯は雑穀や野菜を混ぜた「カデ飯」にせよとあり、白米は禁じられていた（黒滝十二郎『弘前藩政の諸問題』）。しかし、弘前近郊に住んでいた商人金木《かなぎ》屋の年越し料理はなかなかの献立である。

昼は凍豆腐・ニンジン・ゴボウ・塩鮭を用いた膾《なます》にタラのジャッパ汁。夜はタラの刺身に黒海苔、タコとモヤシの盛りつけ、凍豆腐・ニンジン・ゴボウの煮しめ、塩鮭と凍豆腐の吸物が出され、これに酒が付いた。このような祝日には餅や白米が食されたようだ（「金木屋日記」）。

享和元年（一八〇一）、その金木屋の分家に当たる本町の金木屋が「現金懸値なし」の正札《しょうふだ》商売を始めた。文化五年（一八〇八）には東長町の三国屋も同じやり方を導入し、大いに繁盛した。他の商人からは正札商売差し止めの訴えが提出されたが、弘前藩はむしろこのやり方を奨励した。

石場家住宅

描かれた祭礼――「八幡宮祭礼図巻」と「奥民図彙」

慶長十七年（一六一二）、二代藩主津軽信枚は八幡村（現弘前市岩木八幡）の八幡宮を弘前城の北東に移転させ、弘前総鎮守とした。鬼門守護のためである。これで藩主から町人までが八幡宮の氏子《うじこ》となり、神事祭礼を通じて一体感を強めた。

四代藩主津軽信政の代に、八幡宮の神輿《しんよ》が町中を練り歩く渡御《とぎょ》行列が始まった。各町内から町印・練物・山車が出され、行列の最後に神輿が続いた。山車は「ヤマ」と呼ばれ、ユニークな人形が付けられた。今村養淳筆と伝えられる「八幡宮祭礼図巻」（弘前市立弘前図書館蔵）には、布袋《ほてい》山（東長町）、大根《だいこん》山（茂森町）、米《こめ》山（和徳町）、雪山（新町）、黄石公《こうせきこう》と張良（本町・親方町）、猩々《しょうじょう》山（土手町）、道《どう》成寺《じょうじ》山（鍛冶町）、紅葉狩山（紺屋町）、鳥居山（亀甲《かめのこう》町）などが描かれている。

天和二年（一六八二）の行列は、辰の上刻（午前七時頃）に八幡宮を出発して田茂木・亀甲町を通り、亀甲門から城内に入った。ついで賀田門《よしだもん》から三の丸へ、東内門から二の丸に入り、大手門を抜け、各町内をめぐって、申の中刻（午後四時頃）に八幡宮へ戻った。藩主信政は辰巳櫓で昼食を摂りながら見物した。信政は生母久祥院や預人柳川《やながわ》素庵《そあん》（調興、元対馬藩家老）らも招き、久祥院は丑寅櫓で、素庵は評定所で見物させている。藩士たちは二の丸で見物し、さらに庶民にも見

「八幡宮祭礼図巻」布袋山

物が許されたので、領内各所から人が集まった（「封内事実秘苑」）。

弘前の夏を彩るネプタ（青森ではネブタ）は、旧暦七月一日から七日まで行われる。送り盆や七夕の流し行事が起源とされ、「睡魔」を流す意味合いがあるという。享保七年（一七二二）七月、五代藩主津軽信寿は紺屋町の織座《おりざ》（機織場）に出かけ、「ネプタ」行列が練り歩く様を見物した（「弘前藩庁日記」御国日記）。これが「ネプタ」についての最古の記事だ。

天明八年（一七八八）に津軽を旅した比良野貞彦の「奥民図彙《おうみんずい》」は、「ネプタ」行列が描かれていることで知られている。「子ムタ祭之図」という題名と大小七つの灯籠が見え、角形のものの中に、宝珠や甕《かめ》形の灯籠が混じっている。「七夕」「七夕祭」「織姫祭」「二星祭」の文字が躍る中に「石投無用」「禁喧」（「嘩」の字が脱落か）とあるが、現実に石を投げたり木刀を振り回したりする者が居り、怪我人も出ていたようだ。また、ネプタの題材は年によってさまざまに変わったようで、津軽領黒石のネプタについて記した「分銅組若者日記」には、「大黒天」「天狗」「牛若」「浦島太郎」「宝船」など多くの絵柄がスケッチされている。

お山参詣のにぎわい――岩木山神社と農民の信仰

津軽平野のどこからでも見える岩木山は、「お山」「お岩木様」と尊称される。

「奥民図彙」ネムタ祭

「奥民図彙」御山参詣

北東に巖鬼山《がんきさん》、中央に岩木山本体（中央火口）、南西に鳥海山《ちょうかいさん》の三つの峰があり、これを御神体と見なして、阿弥陀如来・薬師如来・十一面観音菩薩の三尊仏が山頂の奥宮（御室）に奉納されていた。麓には下居宮《おりいのみや》が建てられ、平時の参詣場所となった。

秋口になると農民は集団で奥宮に参詣し、豊作と家内安全を祈った。「お山参詣」「山カゲ」と呼ばれるこの行事は、岩木山信仰のシンボルとして、現在でも行われている。「お山参詣」は集落ごとに行われ、五〇～六〇名ぐらいが一団となって、まず岩木山神社の水で身を清めた。その後「紅染」の木綿を着て御幣《ごへい》を持ち、「サイゲ、サイゲ」と祭文を唱えながら登った（「奥民図彙」）。現在は白装束の行者姿が一般的だが、そうなったのは近代以降である。

江戸時代中期、奥宮への参詣は旧暦七月二十五日から八月十五日に限定され、八月朔日は弘前藩主が参詣し、領民の参詣は八月二日以降と定められていた。その間、嶽《だけ》温泉・湯段《ゆだん》温泉への入浴は禁じられた。女性の登山は禁止されていたが、遊女を同伴して登山しようとする者がいたことを考えると（「弘前藩庁日記」御国日記）、徹底していなかったようだ。参詣はしだいに華美になり、人々の大きな楽しみとなっていった。幕末期の木版画「岩木山参詣図」には、多くの出店と参詣者でにぎわう岩木山神社のようすが描かれている。

岩木山参詣図

農民の生活―津軽の稲作と「虫送り」

幕府の規定によれば、農民は木綿か麻布を着することになっており、絹を用いることはできなかった。弘前藩の場合はさらに厳しく、木綿でさえ特別の場合のみと規定され、普段の農作業では麻布を使用するのが原則だった（「平山日記」）。

津軽の農民の姿を描いたものに、比良野貞彦の「奥民図彙」がある。男は野良仕事用の上着に藍で染めたモンペを使用し、素足にはワラジを履き、蒲《かま》の葉を編んで作ったハバキ（巾脛＝脚絆《きゃはん》）を着ける。これに雨着としてケラ（簑《みの》の一種）を用い、頭にはイグサで編んだ笠をかぶった。女は藍染めの麻布に肩から両袖、および裾に刺繍を施したサシコ（刺し子、津軽ではコギン刺しとも呼ばれる）を用い、風呂敷で頭を包んだ。帯は幅の狭い布を二重に締めて（帯たな）幼児を背負えるようにし、これに男と同様、モンペを着ける。冬はカッコロという皮衣を着用するが、これは犬の皮が上等とされた。江戸後期の蝦夷地警備を差配した笠原八郎兵衛（皆当）は、防寒用に犬の毛皮八〇〇枚を国元から送らせた。

津軽領は農業生産力が高く、江戸時代全期を通じて、稲作が農業の中心だった。農事暦によれば、江戸時代中期の宝暦三年（一七五三）～安永二年（一七七三）における稲刈り開始の時期は八月上旬～九月中旬だが、江戸時代後期の文化元年（一

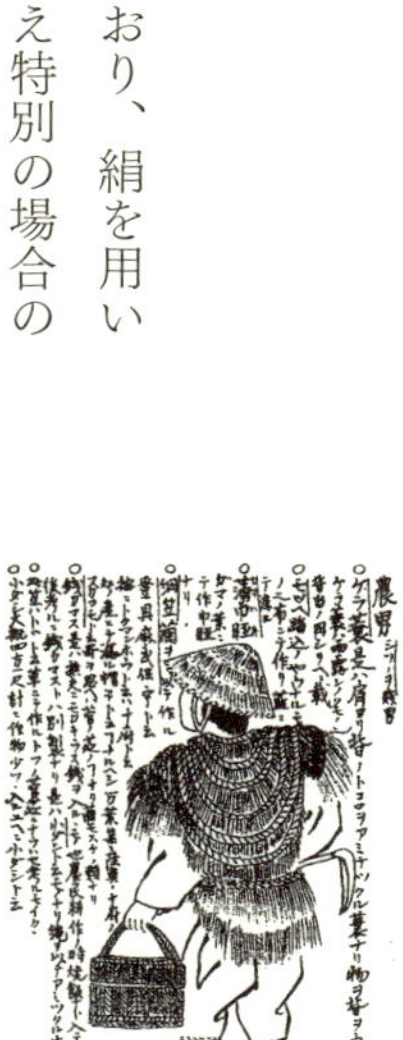

「奥民図彙」男の仕事着

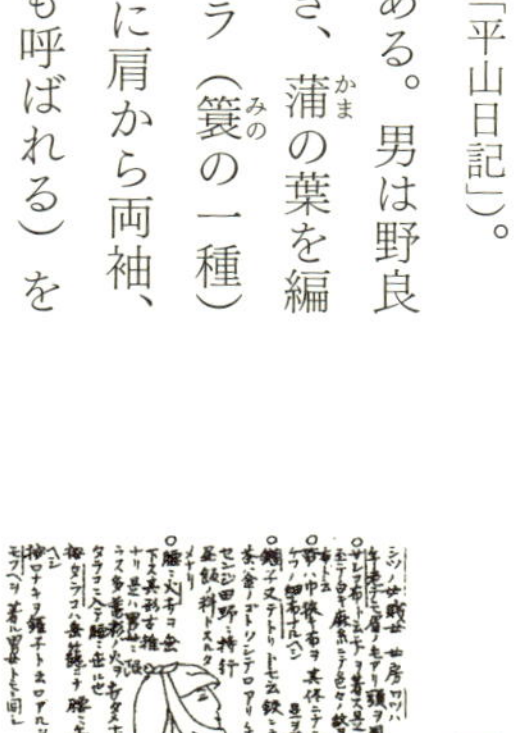

「奥民図彙」女の仕事着

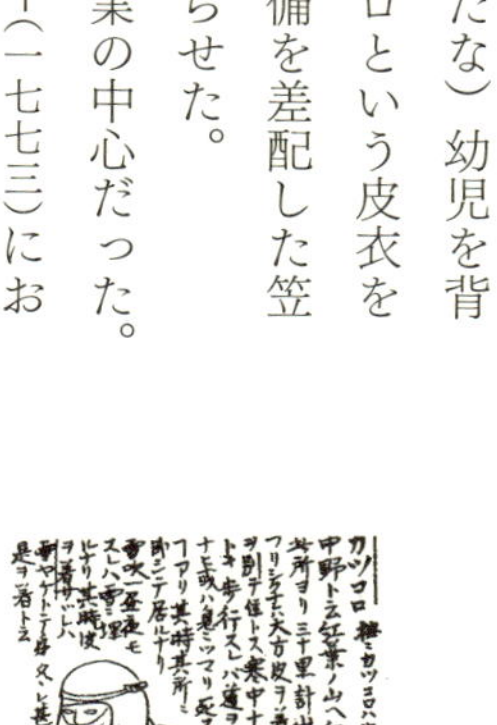

「奥民図彙」カッコロ

八〇四）以降は七月上旬〜八月上旬と、一カ月ほど早まっている。この間には天明飢饉があり、凶作対策として晩稲《おくて》品種の「いわか」から、早稲《わせ》品種の「白ひげ」への切りかえが進んだようだ（「耕作噺」）。収穫量が多い晩稲よりも、冷害を避けられる早稲を優先したのである。

冷害と並んで恐れられたのが虫害である。害虫が発生すると水田に油を撒《ま》き、長い縄を持って稲穂のうえを引き、虫を落とした。火を焚き、その煙で燻《いぶ》すこともあった。江戸時代前期から中期にかけては藩が虫除《よ》けの祈禱を行い、農民に虫除けの札を配布した。しかし宝暦年間（一七五一〜六四）以降は農民が主体となり、虫除けの祭礼を行うようになった。いわゆる「虫送り」で、田植えが終わった後の休み（サナブリ）に合わせ、ワラで作った大型の「虫」を田の脇にある木に掛けておく。最後はこれを焼いて、祭りは終わる。寛政八年（一七九六）に津軽を旅した菅江真澄は、森田村（現つがる市森田）の人々が虫のかたちをした物や紙の旗を持ち、笛・太鼓を仕立てて踊り歩く様を書き残している（「外浜奇勝」）。

「暗門山水観」と山の生活—目屋村の風景

津軽における日本画の大家平尾《ひらお》魯僊《ろせん》（魯仙）は、晩年に津軽の景観描写を思い立ち、「奥富士百景」「東浜奇勝」「西浜奇勝」「安門奇勝」「山水観」など五部五

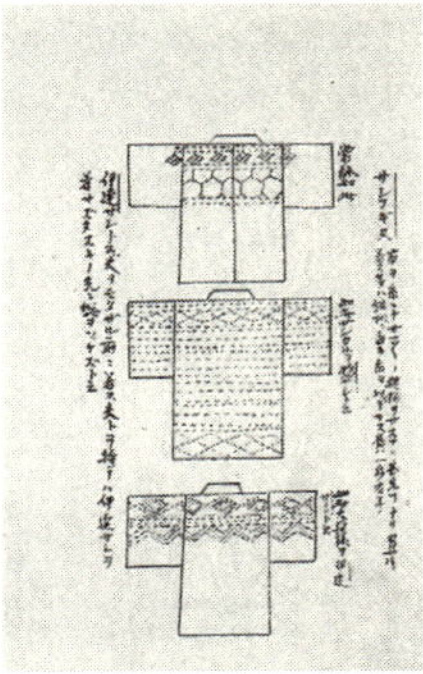
「奥民図彙」コギン刺し

木に架けられた「虫」（板柳町）

冊を残したという。しかし現在確認されているのは、「合浦山水観」三冊（弘前市立弘前図書館蔵）と「安門瀑布図」三冊（宮内庁書陵部蔵）に過ぎない。

このうち「合浦山水観」（西浜）と「暗門山水観」については、直弟子の山形岳泉《がくせん》が忠実な写しを制作した（青森県立郷土館蔵）。岳泉は自作をほとんど顧みず、専ら師の画風を再現することに腐心したというが、その忠実な模写ぶりに岳泉自身の画技の高さが表れている。「暗門山水観」は、旅人が岩木川を遡って岩木山麓の西目屋村を通り、川原平村に至るという構成である。名所である暗門の滝への道筋とその途中の風景を描くことに主眼が置かれているが、山奥という土地柄ゆえ、切り出した木材を川に流し、拾いあげ、川原に積むという場面が描かれていて、当時の林業のあり方を知るうえでも格好の絵画資料と言える。平成十年、魯僊自筆の原本「安門瀑布図巻」が宮内庁書陵部で確認された。

津軽には山林が多く、材木は重要な商品だった。許可のない伐採は固く禁じられていたが（御留《おとめ》山）、天明飢饉以降は、山村住民の懇願により限定的に木材を払い下げることがあった（御救《おすくい》山）。追良瀬《おいらせ》村（現深浦町）の福沢屋（黒滝家）は、藩からじかに木材の払い下げを受けるほか、こうした御救山の払い下げを仲介し、村民を伐採に雇うかたちで利益をあげていた。さらに深浦町・松神村・鰺ケ沢町の商人と仲間をつくり、伐採・販売に関する証文を交わして、西浜地域における材木流通を独占しようとした。樹種としては松・杉・檜《ひのき》・朴《ほお》と針葉樹か

「暗門山水観」薪材流し

「暗門山水観」薪材積み

ら広葉樹まで幅広く、中でも槻《つき》（ケヤキの一種）が多かった。これらが角材・寸《すん》甫《ほ》・丸太に切り出され、大坂・新潟・江戸へと移出された。

「津軽図譜」の世界――津軽の原風景

近世後期の津軽の景観を描いた作品として、「津軽図譜」（青森県立郷土館蔵）がある。絹本彩色・二五枚組みの連作で、藩の御用船永徳丸《えいとくまる》や、ウトウ・エイ・ホウボウなど珍しい鳥魚類などが描かれている。博物誌的な要素を盛りこむのが当時の流行だった。各題には漢文で数行の説明が添えられ、一種の紀行画として、見る者の知的好奇心を刺激したであろう。

作者の百川学庵《ももかわがくあん》（文平、一七九九～一八四九）は、弘前藩士の家系に生まれた。幼くして江戸に送られ、太田錦城の下で儒学を学んだが、やがて朝川善庵門下に転じ、谷文晁と出会った。その影響を受けて南画の作風を身に付け、文政四年（一八二一）に藩のお抱え絵師となった。現存する作品としては、弘前藩が築造した南溜池と岩木山を俯瞰《ふかん》的に描いた「鏡池春景之図」（個人蔵）や文政年間の「津軽領内図」（弘前市立弘前図書館蔵）があるが、代表作はやはり、この「津軽図譜」である。

同作品には原作があると言われ、比良野貞彦の「外浜画巻」が有力とされている。それは、「津軽図譜」第四図「善知鳥図」に「善知鳥の祠《ほこら》に比良野貞彦の画

「津軽図譜」青森湊の藩船

があり、いま縮写した」と書かれていることによる。比良野は弘前藩の江戸詰め藩士で、天明八年(一七八八)、藩主の国入りに随伴して当地を訪れた。この時に山川を歩いて「外浜画巻」を著し、自ら「外浜人」の号を用い、頼まれて善知鳥の絵を描くことがあったという(「津軽藩旧記伝類」)。しかし、「外浜画巻」は現在まで未発見で、「津軽図譜」の制作事情についても、検討の余地が残されている。

松前稼ぎ──蝦夷地との交流

商品作物の栽培が盛んになった江戸時代には、肥料も商品として扱われ、「金肥」と呼ばれた。とくに干鰯《ほしか》(イワシを干したもの)や、〆粕《しめかす》(イワシやニシンから魚油を絞った後のかす)は綿花の栽培などに重宝され、大量の需要が生まれた。地方の漁業振興の例としては九十九里浜のイワシ地曳網漁《じびきあみりょう》が有名だが、北奥羽地方の南部八戸もイワシ漁が盛んなところで、三峰館寛兆「八戸浦之図」(八戸市立図書館蔵)に地曳網のようすが描かれている。とくににぎわったのは、ニシンの漁場である蝦夷地の前浜(松前・江差)で、「江差の春は江戸にもない」と謳われた繁栄ぶりは、小玉貞良「江差屏風」に活写されている。

前浜のニシン漁を支えたのは、津軽・南部・秋田から大挙して出かけた漁業労働者「ヤン衆」である。当時、前浜では大謀漁《だいぼう》(建網漁《たてあみ》)が許されず、魚群の到

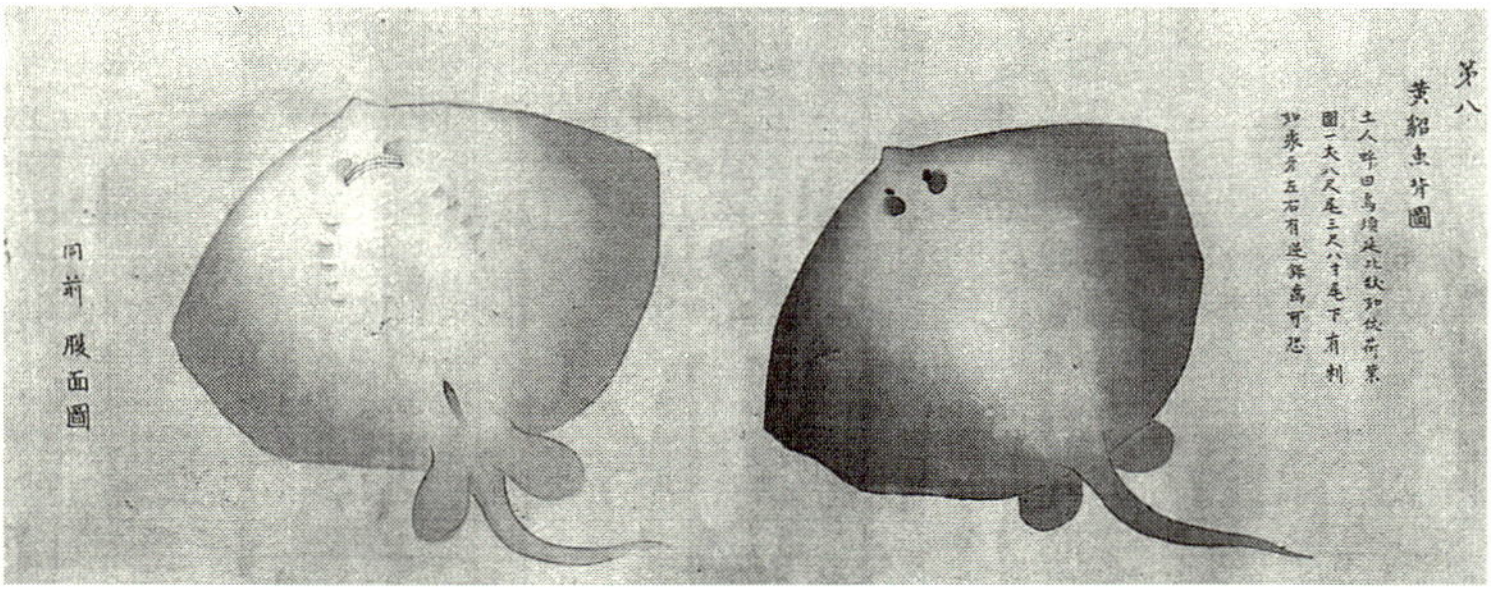

「津軽図譜」エイ

来を見てから網を入れる刺網《さしあみ》漁が行われていたため、多くの人手を必要とした。秋口から春先にかけて、龍浜汐・中ノ汐・白神汐の「三汐」が東西に流れる津軽海峡を乗り越えてヤン衆らは集結し、前浜に着くとすぐニシン漁に従事した。彼らには前貸金がわたされ、食い扶持は雇い主持ちだった。漁が終わると給料は精算され、漁の模様が良ければ、「九一《くいち》」と称して一割の賞与が支給された。

　小泊村（現中泊村小泊）の播磨屋《はりまや》磯野家は、九代金兵衛（のち六兵衛、一八〇五～六〇）の代にニシン漁で成功した。みずから漁場を経営する一方、蝦夷地で一獲千金をもくろみ、農民に資金や飯米を貸し付け、利益を上げていた。

　嘉永三年（一八五〇）十一月、ニシン場行きを制限したいとの上申書が勘定奉行から提出された（「弘前藩庁日記」御国日記）。前年は一四〇〇人ほどが出かけており、これを五〇〇人程度にしたいというのだ。出身を見ると、十三《とさ》・小泊・脇元・下《した》前《まえ》・磯松・大泊・袰月《ほろづき》・砂ヶ森・奥平部《おくたいらへ》・三厩《みんまや》・中師《ちゅうし》・深泊・蟹田・今別に野《の》内《ない》が支配する四カ村を加え、海峡に面した津軽半島の漁村のほとんどから出かけていた。異国船の出没で沿岸警備を強化しなければならない、ヤン衆がニシン場で覚えてきた遊興の雰囲気を持ちこむ、松前への密輸が横行し米価騰貴を招く、などが上申の理由となっていたが、領内統制上、青森・三厩以外の港から勝手に人が出て行く状況を見過ごしにできなかったというのが、本当のところだろう。

「津軽図譜」ホウボウ

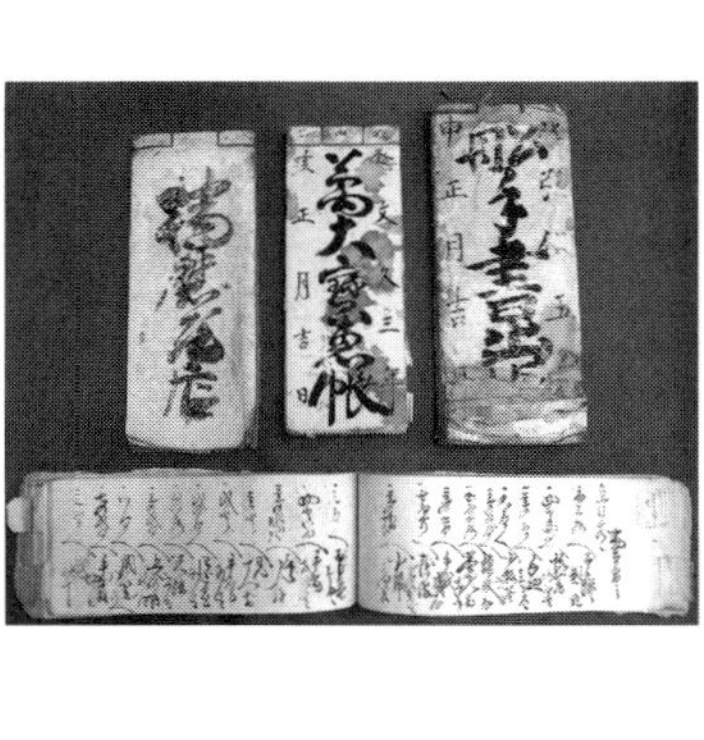

ニシン漁で成功した播磨屋の大福帳

3 民衆の移動と交流

蝦夷地との交流はアイヌとの摩擦も生んだが、共存も図られた。
円空・伊能忠敬・吉田松陰の来訪など、文化の足跡が残された。
大陸〜サハリン〜蝦夷地〜和人地の交易で、大陸の文物も流入した。

伝説が息づく土地——謡曲「善知鳥」の世界

昭和四十八年（一九七三）に放映された酒造メーカーのＣＭに、「雁風呂」編というのがあった。北から渡ってくる雁《かり》が木の枝を口にくわえ、波間に浮かべて羽根を休める。津軽に着くと枝を浜辺に落とし、帰りはまた、それをくわえて飛び去っていく。しかし、落命した雁の分だけ枝は浜辺に残り、哀れを誘う、という筋立てだった。川合勇太郎『ふるさとの伝説』にも出てくる話だが、当地に来た幕府の採薬師が書き残したとあるだけで、出典は示されていない。ただし、中国の古典「淮南子《えなんじ》」や寺島良安「和漢三才図会」には、雁が蘆《あし》の枝をくわえて「射ぐるみ」という糸の付いた矢を避けるという話が出ているので、おそらくはこのあたりが伝説の源ではなかろうか。

鳥に関する津軽の伝説としては、謡曲の題材にもなった「善知鳥」（ウトウ）

ウトウ

の話が最も有名で、古川古松軒「東遊雑記」や、菅江真澄「善知鳥考」（ただし未発見）など、多くの文人墨客が、自著にその興味関心を書き残している。

物語は、立山参詣を終えた旅僧を老人が呼び止め、陸奥国外が浜に住むある猟師の妻子への伝言を頼むところから始まる。老人の着物の袖を証拠として携えた僧が会いに行くと、妻はその老人が亡夫の霊であることを悟り、僧に供養《くよう》を頼む。すると、読経《どきょう》の声に惹《ひ》かれた亡霊が現れ、生前に多くのウトウを殺したため地獄に堕《お》ちたこと、今はウトウが鷹になり雉子《きじ》になった猟師を責め立てていることなどを涙ながらに語り、救いを求めてくる。

この猟師は、ウトウの親子が「うとう」「やすかた」と呼び交わす性質を利用したというが、もちろん、これは創作である。謡曲「善知鳥」の作者については長らく世阿弥《ぜあみ》（一三六三〜一四四三）とされてきたが、近年は疑問視されている（齊藤泰介『善知鳥物語考』）。しかし、物語の大筋は、室町時代中期には成立していたようだ。その頃は日本海交易の一大発展期で、津軽十三湊《とさ》の僧快融が、周防国に旅して大般若経の筆写に参加した時期（応安四年／一三七一）でもある（青森県立郷土館『中世国際港湾都市十三湊と安藤氏』展示図録）。武家や庶民の手習い教本である「庭訓《ていきん》往来《おうらい》」にも、金・漆・昆布・鮭など奥州・蝦夷地の産物が登場する。まさしく津軽は、人々の生活の身近にあった。善知鳥・安方《やすかた》が外が浜の地名であることを知った作者が、僻遠《へきえん》の地への憧れから創作意欲をかきたてられたと考えても、さほ

「津軽図譜」善知鳥図

善知鳥神社

ど的はずれではなかろう。

「弘前藩庁日記」(御国日記)によれば、享保四年(一七一九)十一月、幕府からウトウについての問い合わせがあり、弘前藩は、寛文六年(一六六六)二月にウトウを献上したことがあると報告した。それによれば、松ヶ崎の「しうらき」というアイヌがウトウを捕らえたので、お抱え絵師の鵜川常雲《うかわじょううん》にその絵を描かせたという。捕らえられたのは四羽だったが、応対した青森本町の惣右衛門のもとに届いたのは一羽だった。当時見物した者が存命だったので「ウトウは囀《さえず》っていたか」と聞いてみたが、覚えていないと答えた。この後、藩はアイヌにウトウの探索を命じ、捕獲されたウトウは江戸藩邸に送られたという。

伝説と関係の深い善知鳥神社（青森市）の縁起によれば、同社は允恭《いんぎょう》天皇の時代に創建され、大同二年(八〇七)、坂上田村麻呂によって再建されたという。平成十九年(二〇〇七)は再建千二百年目に当たる。しかし、田村麻呂が青森県域に来たという史実はないし、その創建伝承も江戸時代に弘前藩が宗教政策として流布させたものなので(田中秀和『幕末維新期における宗教と地域社会』)、本当のところは不明だ。ただし、文化八年(一八一一)の「青森記」(弘前市立弘前図書館蔵・岩見文庫)を見ると、社名の由来を尋ねる弘前藩に対し、町年寄の佐藤理左衛門らは「昔は境内にある沼は広く、そこにあった小島にウトウが居た」「親鳥をウトウ、子をヤスカタといい、猟師がこれを取っていたのでウトウの島と呼んだ」などと答え

「津軽図譜」善知鳥祠図

ており、伝説は人々の心に深く根を下ろしていたことが分かる。

津軽を歩いた宣教師―アンジェリスとエゾ地図

慶長十八年（一六一三）に来日したポルトガル人宣教師ディエゴ・カルヴァリョは、いったん長崎からマカオへ追放されたが、元和二年（一六一六）に密入国し、奥州に赴いた。カルヴァリョは仙台でイタリア人宣教師ジェロニモ・デ・アンジェリスに会い、その縁で伊達家中のキリシタン後藤寿庵の支援を受けるようになった。シシリー島生まれのアンジェリスは一八歳でイエズス会に入会し、慶長七年に来日した。伏見の修道院長を務め、その後は長く奥州で布教経験を重ねてきたアンジェリスは、カルヴァリョにとって良き指導者となった。

アンジェリスが念願の蝦夷地行きを実行に移したのは、元和四年（一六一八）のことだ。風待ちのため立ち寄った深浦湊（現西津軽郡深浦町）で二十二日間も足止めされたり、宣教師ではないかとの疑いをかけられたりしながら、松前藩領に入った。結局この地で身分は露見するが、松前家の当主は「パードレの松前へ見えることは大事もない、なぜなら天下が彼らを日本から追放したけれども、松前は日本ではない」と述べ（「アンジェリスの旅行記」）、彼らの活動を制限せず、むしろ肯定した。しかしこの訪問は準備が不十分で、ミサ用の道具も持って行けなかったので、アンジェリスはカルヴァリョにも蝦夷地行きを命じ、布教の深化をはかった。

カルヴァリョの蝦夷地行きは、元和六年である。はじめは秋田から津軽を経由して松前に赴くつもりだったが、前年に秋田領と津軽領の境が画定され、取り締まりが厳重になったため、船でじかに松前へ入った。

松前を出る際は、信者が旅費を提供した。金掘人夫の姿で津軽領に入ったカルヴァリョは高岡（弘前の古名）に行き、熱心な信者「リョウキュウ」のもとに寄宿した。ここで信者のコンヒサン（告解）を聴き、聖体を授け、他国から津軽に追放されたキリシタンが集まる村を訪問するなど、多くの成果をあげた。

達成感に包まれたカルヴァリョは「万事はあの追放者たちの功徳のおかげであるが、元来、日本中のその関のうちで通るのに最も困難な一つとされ、世のことわざにも津軽の関と言われるほどのその関の出入りを、主はあの追放者を慰めるために、私たちに容易にさせてくださったのである」と神への感謝を述べている（「カルヴァリョの旅行記」）。

アンジェリスらのローマへの報告書には、一枚の「エゾ地図」が付けられていた。蝦夷地が異様に大きく描かれているものの、図中に記されたローマ字地名は精度が高く、実際に現地を歩いた人でなければ書けない内容になっている。

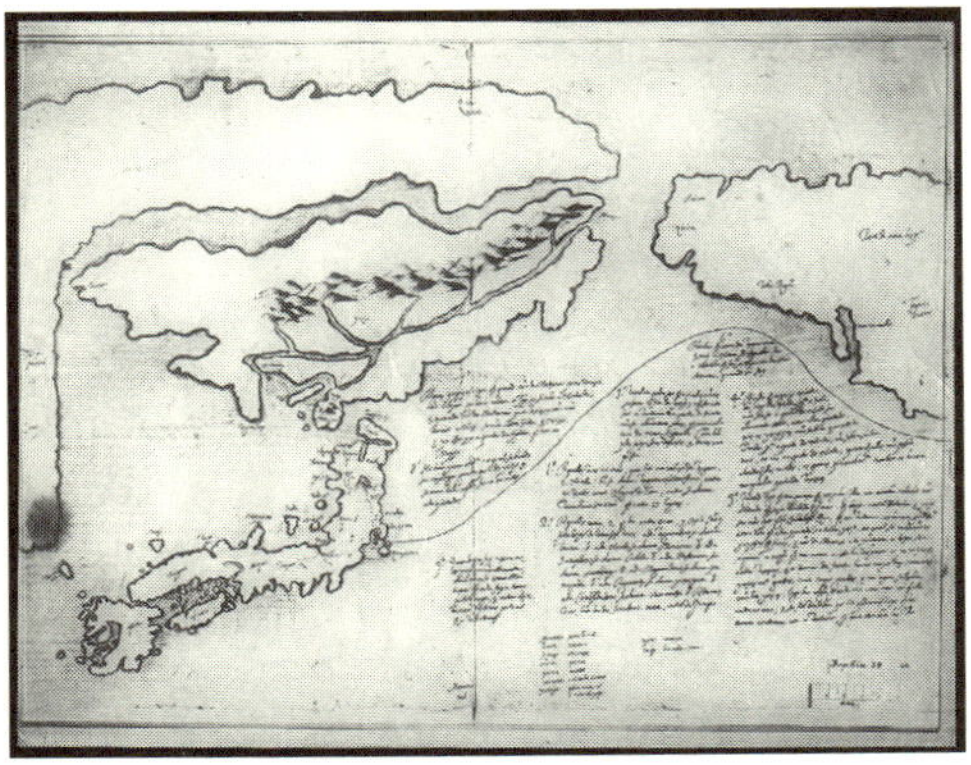
アンジェリス「エゾ地図」（イエズス会蔵）

アイヌとの混住—記録・絵図に見る「狄村」

天正十九年（一五九一）、九戸《くのへ》政実《まさざね》の乱の鎮圧に加わった松前領主蠣崎《かきざき》季広《すえひろ》は、毒矢を持ったアイヌ三〇〇人を動員した（「奥羽永慶軍記」）。九戸側も二名のアイヌ人射手を籠城させた（「氏郷記」）。半弓の使用に長けたアイヌが和人の戦闘に参加したことは、それだけアイヌの人々が身近にいたということでもある。

文禄二年（一五九三）正月、豊臣秀吉は蠣崎氏に朱印状を与え、蝦夷地に入る船から船役《ふなやく》（通行税）を徴収する権利を認めた（「福山秘府」）。

慶長九年（一六〇四）正月、徳川家康は蠣崎改め松前志摩守に黒印状を与え、「志摩守に無断で渡海や商売をせず、必ず言上すること」「アイヌらはどこへ行くのも自由にしてよい」と、松前氏の蝦夷地での立場を確認し、アイヌにも津軽海峡を往来する権利を保障した。

天正年間に南部氏から独立した津軽氏は、外が浜・西浜に支配を広げていく過程で、アイヌの激しい抵抗（＝蝦夷荒《えぞあれ》）を受けた。寛永年間に青森湊を開き、家臣を外が浜一帯に配置したが、それは蝦夷地への玄関口にあたる大浜《おおはま》（現青森市油川）を閉鎖し、蝦夷地アイヌと本州アイヌの関係を絶とうとしたものと考えられる。

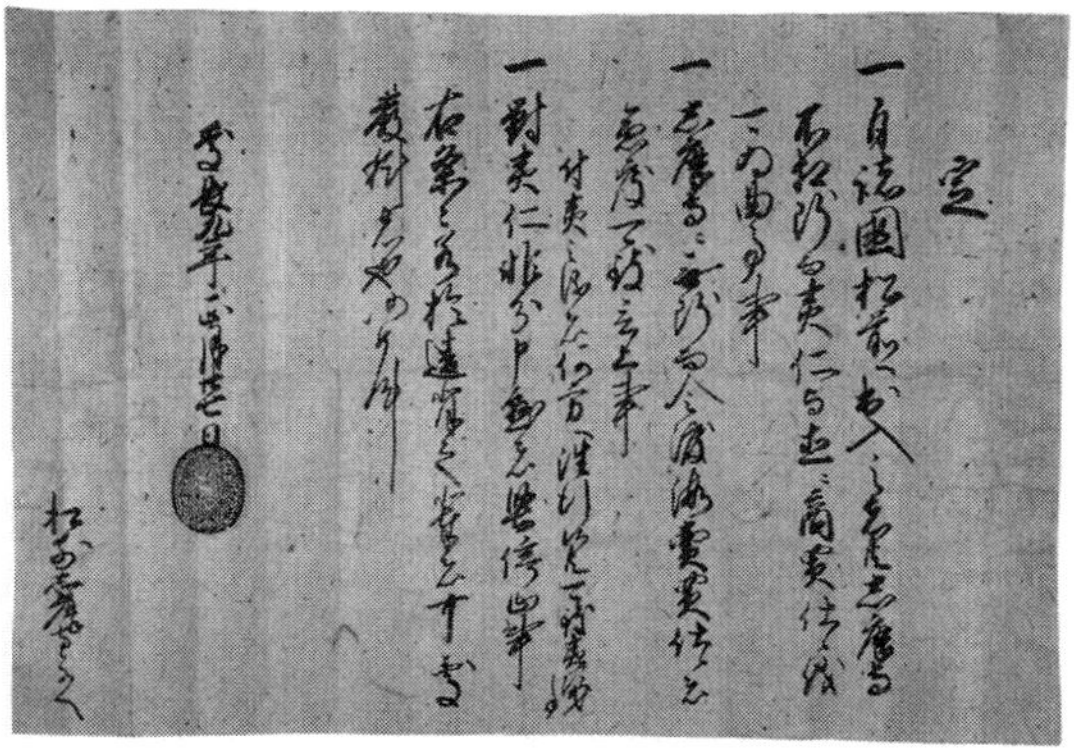

家康の黒印状（北海道開拓記念館蔵）

津軽領の正保国絵図「陸奥国津軽郡之絵図」（青森県立郷土館蔵）には、五カ所に「狄《えぞ》村」「狄《えぞ》村」（津軽半島に二カ所、夏泊半島に三カ所）が書きこまれている。アイヌ集落＝コタンを表現したものである。

隣国である南部領の正保国絵図「南部領内惣絵図」にはその種の表現は見られないが、津軽領と南部領の境争論についての記録に「兵助畑は、一〇〇年以上前に助しらいというアイヌが農地にしたところだ」「助しらいは、下北半島にいたあしたかいんのゆかりのアイヌだ」とあり（正徳年間「御境山出入段々御百性共公儀江申上候趣萬留書」）、南部領にもアイヌが住んでいたことは確実である。津軽と南部とではアイヌへの接し方が異なっていた、と見るべきであろう。

寛文九年（一六六九）のシャクシャインの乱（寛文蝦夷蜂起）は、北奥諸藩に大きな緊張をもたらした。シベチャリ（静内）の首長シャクシャインがハエ（門別）の首長オニビシを殺害した内紛が、微妙な行き違いを経て、アイヌと松前藩との全面対立に発展したのだ。急報に接した東北諸藩は援軍の準備を進め、弘前藩も、杉山八兵衛・津軽喜左衛門を侍大将とする二〇〇〇人規模（三〇〇〇人とも）の派兵を検討した。乱の経過は「津軽一統志」に詳細に記されている。その中に登場するシウラキは松前藩に雇われて奥地に赴き、火攻め戦術を具申するなど、忙しく立ち働いている。津軽アイヌは伝令と通訳を命じられ、蝦夷地アイヌと接触させられていた。

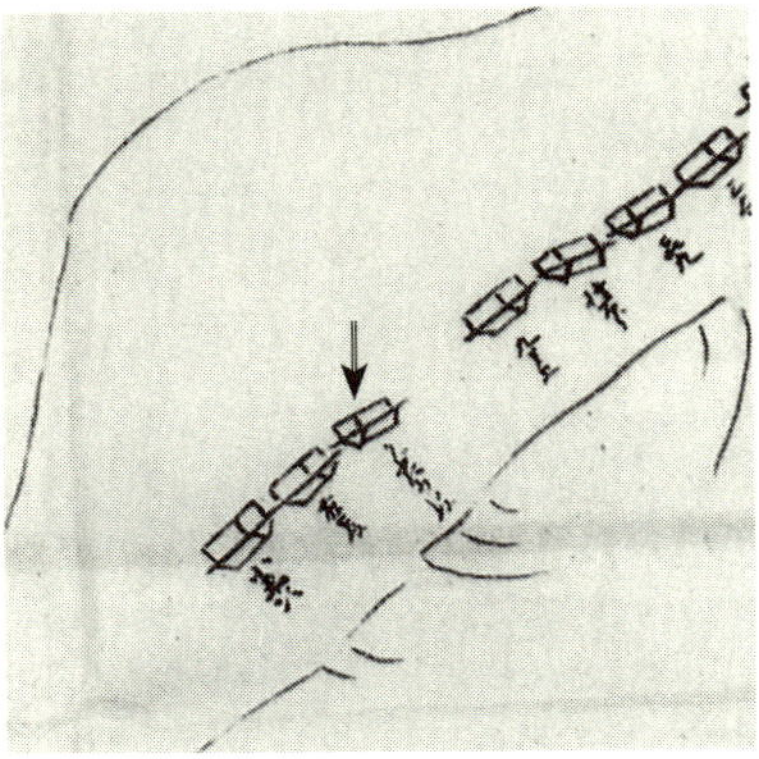
三厩のアイヌ屋敷「かぶたかいん」

松前・弘前・盛岡藩では、アイヌの首長と藩主が対面する「ウイマム」が行われた。単なるあいさつではなく、上下関係の確認である。アイヌには陣羽織や山丹服《さんたんふく》★など「狄装束」の着用が強制され、貝玉（真珠）・串貝（串アワビ）・海産物・オットセイ・熊皮・熊胆《ゆうたん》・鷹などの献上が義務づけられた。謁見が終わると藩主は酒をふるまい、米や銭を与えるのだ。

アイヌはしだいに移動の自由を奪われ、近世後期には和人並みに月代《さかやき》を剃り、髭をやめ、髷《まげ》を結うよう強制された。生活のために、本州アイヌの多くは農地耕作に転じていったが、一方では、狩猟者・漁労者としての誇りを保とうとする者もいた。寛文六年（一六六六）六月、今別村のアイヌ「和泉」が弘前藩に熊皮を上納した。弘前藩では和人のマタギが熊を捕らえた場合には皮の大きさに応じて代金を払っていたので、それにならったところ、「和泉」は、和人と一緒にするな、あくまでも褒美として米をよこせと言上した（「弘前藩庁日記」御国日記）。

狩猟技術では明らかにアイヌのほうが優っていた。川ではサケ・マスを捕り、海では普通の漁業と並行して、肝油《かんゆ》を採るための鮫漁も行った。アイヌの生活技術は津軽の民衆にさまざまな影響を与えたが、中でも松前からもたらされたアットゥシ（樹皮を細く裂いて織りあげた仕事着）は耐水性に優れ、漁民や船員らに普及した。アイヌと和人は互いに助け合うことも多く、民衆レベルではかなり親密な関係が築かれていたと言える。

「蝦夷国風図絵」ウイマム儀礼

北方探険で知られる最上徳内《もがみとくない》は「ゑぞは自らゑぞの俗をなす」と書き（「渡島筆記」）、アイヌ固有の習俗を尊重した。徳内は山丹交易の実際に触れ、「アイヌが身を売って得たような蝦夷錦や青玉を珍重することはいかがなものか」と疑問を投げかけている（「蝦夷草紙」）。それにもかかわらず、蝦夷地の支配に関わった役人や北方情勢に詳しい文化人・知識人の間には、アイヌを未開視・野蛮視する傾向が続いた。和人が見たアイヌの姿は、被髪《ひはつ》・髭《ひげ》・左衽《さじん》（着物の合わせ方）・文身（入れ墨）など、アイヌの習俗や身体的特徴に引きつけて語られる場合が多い。寛政元年（一七八九）のクナシリ・メナシの乱の直後に描かれた蠣崎波響《かきざきはきょう》「夷酋《いしゅう》列像」は大いに評判となり、多くの模本が制作されたが、実際のアイヌの姿を正確には伝えていない。

北を旅する人々（1）――円空

江戸時代前期の造仏僧として有名な円空は、三〇歳を過ぎて一〇万体造仏を発願し、故郷の美濃国を去って作仏行脚《あんぎゃ》に出た（伴蒿蹊《ばんこうけい》「近世畸人《きじん》伝」巻之二）。その旅のはじめが東北・北海道だったことは、案外知られていない。

寛文三年（一六六三）、岐阜県美並《みなみ》村の神明社に伝わる小像群を制作した円空は、日本海沿岸を北上し、秋田～津軽～松前へと抜けた。「弘前藩庁日記」（御国日

▼山丹
山旦・山靼とも。江戸時代、カラフト（現サハリン）に渡来して交易を行うアムール川下流域の住民を「山丹人」と呼んだことに由来する。

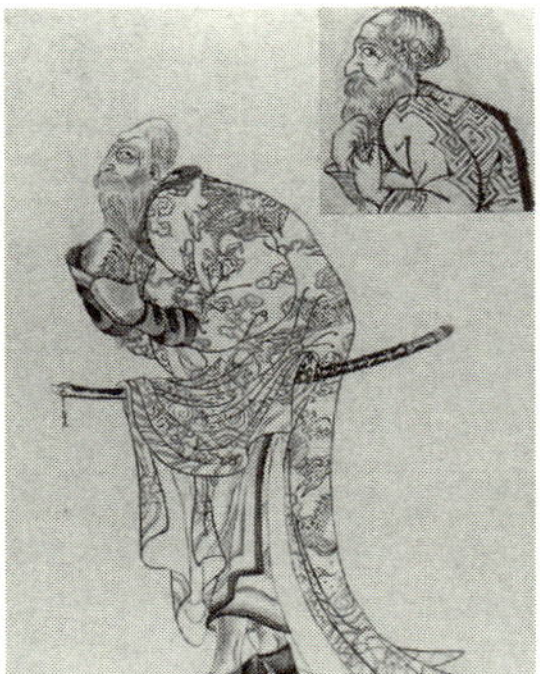
「夷酋列像・粉本」ションコ

「近世畸人伝」立木に像を刻む円空

記）寛文六年正月二十九日の記事には、

一、円空と申旅僧壱人長町ニ罷有候処ニ御国ニ指置申間敷由被仰出候ニ付而、
其段申渡候所、今廿六日ニ罷出、青森へ罷越、松前へ参由、

とあり、弘前藩から所払いの命を受けて蝦夷地へ渡ったことが確認できる。追放の理由は定かでないが、みすぼらしい格好でナタをふるう姿が、役人の目には奇異に映ったということであろうか。

円空は松前から釧路へ、さらに礼文《れぶん》島まで足を伸ばし、一年余を経て再び津軽に現れる。義経寺《ぎけいじ》（三厩村）の観音菩薩坐像の背面には朝游岳楽子という人物が寛文七年夏に認《したた》めた墨書銘があるので、像の制作時期はその少し前と考えられる。津軽にある円空の観音菩薩坐像は、義経寺、福昌寺（外ヶ浜町平舘）、正法《しょうほう》院《いん》（蓬田村）、浄満寺（青森市）、元光寺《げんこうじ》（青森市浪岡）、西光院《さいこういん》（同）、沖館神明《おきだてしんめい》宮《ぐう》（平川市平賀）、延寿院（鰺ヶ沢町）の計八体だが、いずれも肘《ひじ》と胴体の間に鋭角的な凹みを持たせる表現をとることから、津軽に戻って来てからの作像であるのはまちがいない。海峡を渡った円空は津軽半島の東海岸を南下し、羽州街道に沿って秋田領に去ったのだ。

ただし、観音菩薩坐像以外の作例を比較した場合、円空の足跡についてはなお不明の点が残る。例えば下北半島には四点の円空仏があるが、その制作時期が渡道前なのか後なのかは決着がついていない。長福寺（佐井村）と菩提寺《ぼだいじ》（むつ市

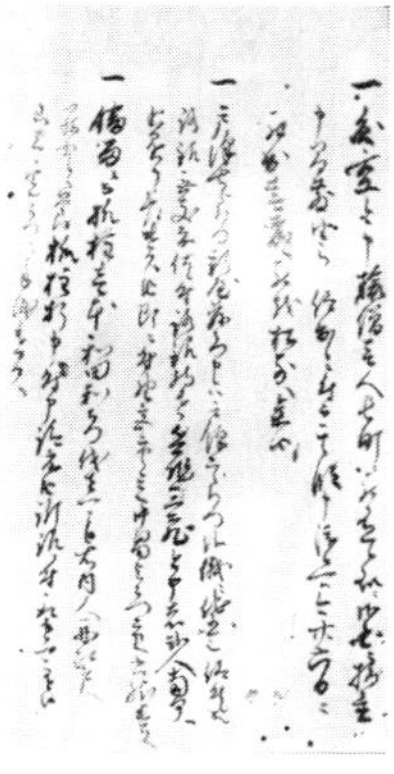

「弘前藩庁日記」（御国日記）の円空追放

観音菩薩坐像（義経寺）

恐山）の十一面観音菩薩立像は、渡道前の作と思われる弁天堂（田舎館村）や普門院（弘前市）の十一面観音菩薩立像と比べて技法的に進歩しているが、渡道後の作とは断定できない。

菩提寺の菩薩半跏《はんか》像や、青森県内の円空仏では逸品とされる常楽寺（むつ市大湊）の如来立像も、その点は同様である。円空が寄宿して観音像一体を授けたと記す「万人堂《まんにんどう》縁起」（熊谷家文書）などを含めた再検討が待たれる。

観音菩薩坐像（正法院）

北を旅する人々（2）――古川古松軒、松浦武四郎

天明八年（一七八八）年、幕府巡見使の随員として津軽を訪れた古川《ふるかわ》古《こ》松軒《しょうけん》は、この地での見聞を「東遊雑記」に綴った。未曾有《みぞう》の惨害をもたらした天明飢饉から、いくらも経っていない時期である。街道沿いの村々は貧しく、弘前・青森・油川《あぶらかわ》といった町場や、材木の積み出しでにぎわう蟹田・平舘《たいらだて》・今別などの湊を除けば、およそ活気というものが、津軽には欠けていた。しかし、この人寂しい土地に来て古松軒は「かかる辺鄙に来たりしこと、大いに楽しみに思いて」と記している。松前への里程や距離を尋ねたり、林子平「三国通覧図説」が実地見聞に基づいていない点を批判したりした。一方では、漁師の話を聞いたり道具を見せてもらったりと、人々の生活の実際を知るためにあちこちを回った。高名の地

理学者らしい探究心の現れと言えるだろう。

寛政五年(一七九三)に蝦夷地を視察した水戸藩医師木村謙次は、三厩村の塚本五三郎家に宿した際、同家が以前、松前を追われた最上徳内の世話をしたことを知ったが(「北行日記」)、そのように、蝦夷地へ渡る人々にとって松前街道は、必ず通らねばならない道だった。

近藤重蔵に従って幕府の蝦夷地調査に参加し、北辺に関する多くの著述を残した村上島之允《しまのじょう》は、アイヌ風俗・器物を題材とした「蝦夷島奇観」の画者秦檍《はたのあわき》丸《まる》として知られている。寛政十二年「大日本国東山道陸奥州駅路図」は、白河から下北半島の大間、また津軽半島の三厩までを三巻の絵巻に仕立てたもので、地理測量に通じた島之允の確かな技量が示されている。青森県では残存例の少ない一里塚も描かれている。「東韃《とうだつ》地方紀行」の著者で、北蝦夷地（サハリン）が島であることを確認した間宮林蔵は島之允の弟子で、弘前藩士山崎半蔵と交流があった。

肥前国平戸千光寺の住職だった松浦武四郎は、弘化元年(一八四四)、蝦夷地探険の誓いを立てて還俗《げんぞく》し、北へ向かった。内地と蝦夷地を幾度も往復した武四郎は、やがて人に知られる蝦夷地通となっていった。その観察眼の確かさは彼の多くの旅行記に示されている。七度も訪れた津軽についてはとくに詳しく、例えば竜飛崎の砲台については、

「大日本国東山道陸奥州駅路図」宇鉄村

幾年と無く此くの如き処に雨露にさらし有。是ハいかなる事やらん、銅気は此くの如く取り捨て置く時ハ、コホフルシールの質去りて、若し外寇有りて発さば破裂すべきものをや。

と整備不良を指摘して、外国人に見られたら侮られてしまうとまで言い切っている(「東奥沿海日誌」)。夜ばいの風習を土地の若者と語らって大笑いしたり、宿賃が安すぎないかと気をもんだり、そのような柔軟さこそが武四郎の旅を成功に導いたのであろう。

北を旅する人々(3)—伊能忠敬、吉田松陰

ロシア使節ラクスマンが根室に来航した寛政四年(一七九二)以降、幕府は海防を強化し、北方諸藩に蝦夷地警備を命じた。緊張する情勢の中、天文方の高橋至《たかはしよし》時《とき》は幕府に蝦夷地測量と地図作成の必要性を訴え、弟子の伊能勘解由《いのうかげゆ》(忠敬)を蝦夷地に赴かせた。

利根川沿いの佐原で名主を務め、酒造家として財をなした忠敬《ただたか》は、四九歳で隠居し、江戸に出て天文・暦学を学んだ。緯度一度の計測という課題を与えられ、その正確な数値を算定するためもあり、測量を引き受けた。幕府が支給する手当は一日銀七匁五分。かなりの持ち出しとなったが、忠敬にとっては作業の喜びが

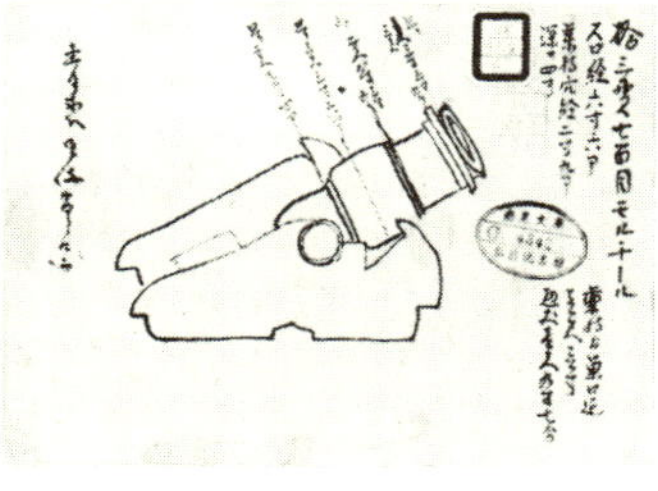
青森台場のモルチール砲

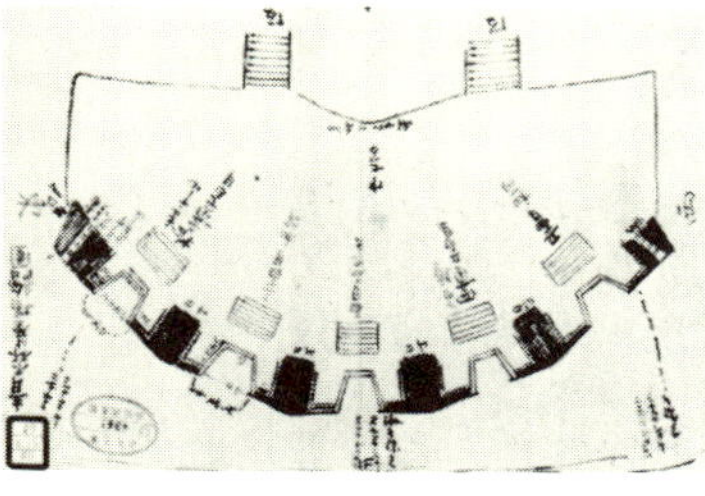
青森台場

何よりも勝った。

この旅行の記録「蝦夷于役志《えぞうやくし》」によれば、忠敬らは、寛政十二年(一八〇〇)閏四月十九日に江戸を出て、二十六日に仙台、五月三日に盛岡へ入った。北の早い冬の到来を意識しての急ぎ旅である。六日に三戸、九日に青森、十日には津軽半島北端の三厩《みんまや》へ達したが、ここで八日間の風待ちを余儀なくされた。その後蝦夷地の吉岡へ渡海して南岸一帯を測量し、再び三厩へ戻ってくるのは九月十八日のことである。江戸へは一カ月後の十月二十一日に帰着した。一八〇日におよんだ測量の成果は小図一枚、大図二一枚に仕立てられ、至時に提出された。その出来栄えが認められ、忠敬は引き続き測量を依頼された。

享和元年(一八〇一)の第二次測量（一三〇日間）では下北半島を測量。同二年の第三次測量（一三二日間）では、津軽領内をはじめて本格的に回った。秋田〜能代〜弘前〜青森を通り、三厩・小泊《こどまり》を抜けて引き返すルートである。八月八日に弘前城下へ入った忠敬は、宿の待遇の悪さと弘前藩のおざなりな応対に腹を立て、用人山鹿八郎左衛門に不満をぶつけたが、測量は丁寧に続けた。この頃には測量の意義に対する理解も深まり、費用の公的負担や、行く先々への添触れ・前触れが認められていたから、幕府御用を務めることへの自負は並々ならぬものがあっただろう。

およそ五十年後の嘉永四年(一八五一)十二月、吉田松陰は宮部鼎蔵《みやべていぞう》とともに江

平舘台場跡

戸を発し、北へ向かった。北方警備の状況を知ることが目的である。水戸～会津から日本海側へ抜けて佐渡へ渡り、新潟から海岸を北上した。羽州街道を進んで矢立峠（現平川市碇ヶ関）から津軽領へ入り弘前城下に着いたのは、翌年閏二月末のことである。松陰らはその足で、儒学者伊東梅軒（広之進、祐之）を訪ねた。

梅軒は四国・九州を遊歴したことがあり、弘化二年（一八四五）に萩《はぎ》で松陰と、熊本で宮部と会っている。当時の儒学者の間には一種の「知のネットワーク」があり、宿泊の手配や旅費の面倒を見てやることが、当たり前のように行われていた。梅軒がかつてそうしたように松陰らも、ともに漢詩を読み、書に親しみ、酒を酌み交わして時勢を論じたのであろう。津軽海峡を外国船が我が物顔で往来する様を憂えた松陰の悲憤は、この旅の記録である「東北遊日記」に綴られている。

蝦夷錦が来た道――山丹交易と松前・津軽

アイヌがもたらす海産物や獣皮は、西日本向けの商業ルートにのって高値で取り引きされた。和人は米・酒・鉄（武器）・着物・タバコなどの食料品・日用品を用意した。文禄の役で肥前名護屋に在陣していた南部信直《なんぶのぶなお》は、娘婿の八戸直栄《はちのへなおよし》に書状を送り、「すたり候米」（濡れ米など食用に向かない米）でもいいから田名部（当時は下北半島全体を指した）に回せと命じている。元和七年（一六二一）の

伊東家の松陰室（弘前市）

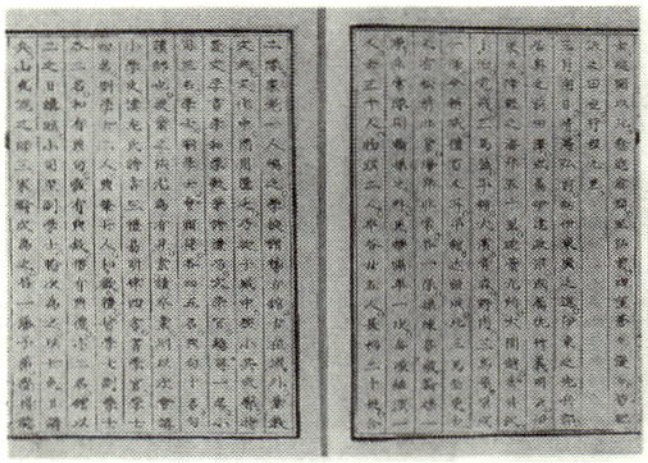
東北遊日記

「アンジェリスの旅行記」にも、松前のアイヌは銭を受けとらず米・小袖・紬《つむぎ》・木綿着物などを望んだ、とある。盛岡藩「雑書」の正保元年（一六四四）条を見ると、蝦夷地の目無《めなし》★アイヌがニシン・干し鮭・活鶴《いけづる》・ラッコ皮などを田名部（現在の下北半島全体を指す）に持参し「来年も来たい」と言上した、と書かれている。

戦国期以降は、アイヌを通じて、北方の交易品が和人社会に流れこむようになった。松前領主蠣崎慶広は、肥前名護屋で徳川家康に面会した際、家康が慶広の衣服に興味を示したので「これは奥狄唐渡之嶋《おくえぞからとのしま》から持ってきた唐衣（サンタチミフ）だ」と答え、その場で献上した（「新羅《しんら》之記録」）。明朝・清朝が北方諸族への下賜品として用意した「絲綢《しちゅう》諸物」（絹製の官服や反物）に由来するこうした布地は、蝦夷錦《えぞにしき》と呼ばれた。

近世の日本では、アムール川（黒龍江）の下流域周辺に住む人々を山丹《さんたん》人と呼んだ。中世以来、彼らはサハリン（樺太）や蝦夷地（北海道）に来てアイヌと物々交換を行ったが、この大陸〜サハリン〜蝦夷地〜和人地を結ぶ商業ルートを、山丹（山旦）交易と呼ぶ。当然、アイヌが大陸に出かけることもあった。海が凍結していない時期を見て、サハリン西南端の果夥（クゥフォ、和名は白主《しらぬし》）を出発し、デカストリ湾に入る。ここから小舟をかついで陸路を二〇里（中国の一里は約五〇〇メートル）ほど行き、弗利河（フィリ川）を下って河口部のキジ湖に至る。日本人としてはじめてこの地を旅した間宮林蔵も、このルートを利用した

▼目無
「メナシ」はアイヌ語で、「東方」「東風」の意。地域的には北海道の東部、目梨郡の一帯を指す。

蝦夷錦（龍文打敷）・小泊

(一八〇二〜〇三)。

青森県では近年、蝦夷錦の調査研究が本格化し、平成元年(一九八九)、下北郡佐《さ》井《い》村で龍文衣服などが新たに発見された。ドンザ(野良着・綿入れの類)に仕立て直されていたが、もとの官服の形態をよく留めており、復元も容易だった。平成十一年(一九九九)三月現在で二〇例が報告されており、これは北海道に次ぐ多さである。下北郡佐井村、上北郡野辺地《のへじ》町、北津軽郡中泊《なかどまり》町、西津軽郡鰺《あじ》ヶ《が》沢《さわ》町・深浦町など、発見地はいずれも、漁場の経営や商業取り引きを通じて近世の蝦夷地と関わりが深い土地である。打敷《うちしき》・水引《みずひき》・袈裟《けさ》・棺掛《がんかけ》など仏具に加工されたものが多く、願行寺(鰺ヶ沢町)や西願寺(中泊町小泊)では、交易品の青玉を数珠にしたものも見つかっている。文様は龍文と牡丹文の二種類で、他の文様のもの(蓬莱山《ほうらいさん》・蝙蝠《こうもり》・壽字《じゅじ》・蟒《うわばみ》・菊花など)は見つかっていない。平成八年夏、青森県史編さん室と野辺地町立歴史民俗資料館の共同調査で発見された二点の袱紗《ふくさ》には、みごとな四本爪の龍文があしらわれていた。

平成十年十月にむつ市で発見された龍文打敷には、端裏《はしうら》に「蘇州織造臣銘海」の文字が織りこまれている。中国の一大養蚕地帯である江南地方の都市蘇州の名が確認されたことは、蝦夷錦の起源を考えるうえで、実に興味深い。

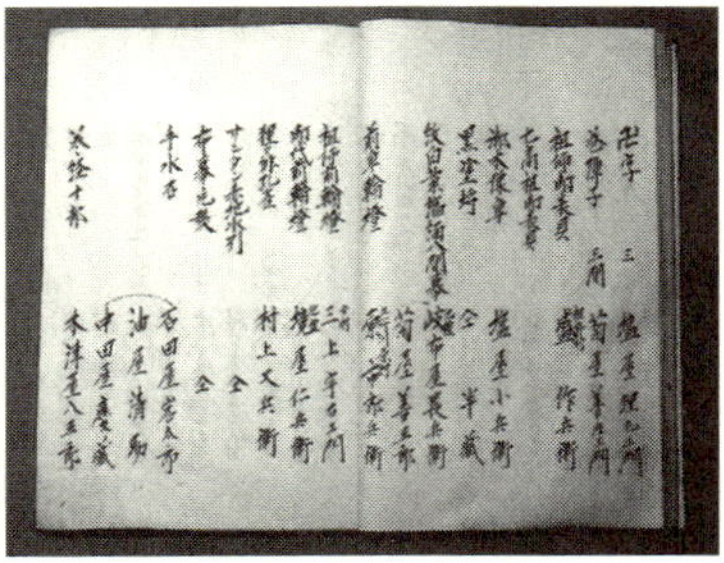

サンタン記事・由緒書(願行寺)

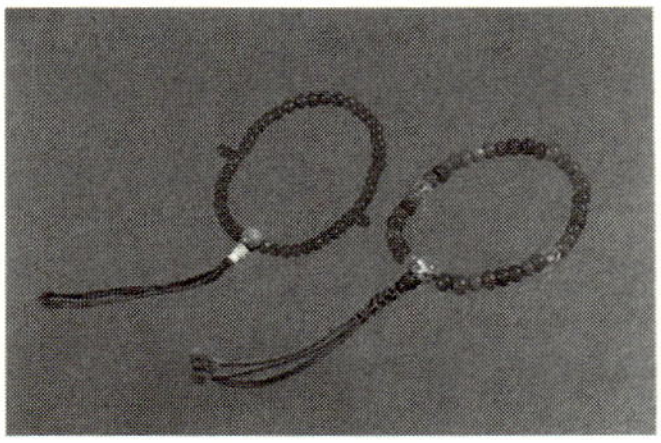

青玉(西願寺)

儒学ネットワークの形成─伊東梅軒の西日本行

弘前の儒学者伊東梅軒（広之進、祐之、一八一五─七七）は、江戸～大坂～西日本の各地を、藩の許しを得て遊歴した。梅軒が書いた「江戸・大坂表勤学之覚」には、天保十四年（一八四三）六月に江戸へ出立した時点から、弘化四年（一八四七）十二月に帰国するまでの大筋が記されている。梅軒は江戸で昌谷碩《さかやしょう》（精渓）・佐藤一斎・朝川善庵・東条一堂、大坂で篠崎小竹・安藤太郎（秋里）・僧月性、伊予の近藤慶太郎、豊後日田《ひた》の広瀬淡窓など、錚々《そうそう》たる面々を訪ねている。しかし、豊後日出《ひじ》の帆足万里《ほあしばんり》には面会できなかった。

その旅の記録「旅日記」によれば、梅軒は弘化二年八月に大坂から淡路島へ渡り、四国～九州～中国筋を経由して、再び大坂に戻って来た。「江戸・大坂表勤学之覚」にあげられていない人物としては、久留米の真木和泉守（保臣）、熊本の宮部鼎蔵・横井平四郎（小楠）らの名前が見えている。

梅軒が西国行きを目指した一番の目的は、長崎に行き唐船・蘭船を見ることにあった。しかし、唐船は朝に出帆して見ることができず、蘭船も見ることができたかどうか、はっきりしない。

梅軒は宿屋へ泊まることもあったが、たいていは自分が会った儒学者の紹介状

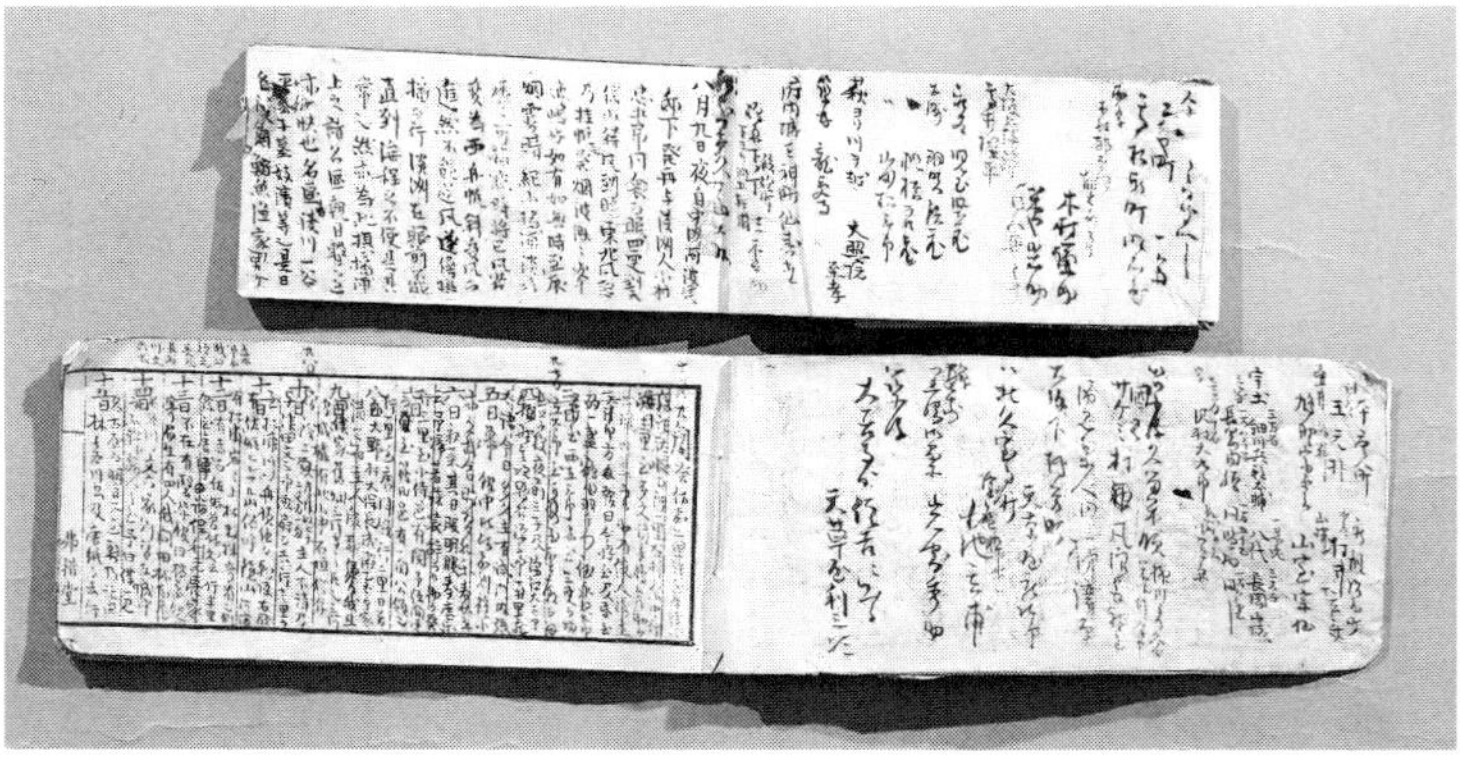

伊東梅軒の旅日記

を持参して次の目的地に行っており、漢詩を読み、書に親しみ、酒を酌み交わし、時勢を論じて交友を結んだようである。ここに、それを可能にした儒学者の全国的「知のネットワーク」の存在が見てとれる。嘉永五年(一八五二)閏二月二十九日、宮部鼎蔵が吉田松陰とともに弘前の梅軒を訪ねたのも、同じ方法をとったものであろう。

これも弘前

ケンカするネプタ

比良野貞彦が「奥民図彙《おうみんずい》」に描いたように、「喧嘩」「口論」は弘前ネプタに付き物だった。「口論」と言っても、実際には投石や木刀による乱闘を伴う激しいもので、弘前藩はたびたび禁令を出して取り締まった。

享保十三年（一七二八）には「子供持ち灯籠」が切り落とされる事件が発生しており（「弘前藩庁日記」御国日記）、以後も乱闘行為は多発した。安永八年（一七七九）の布達《ふたつ》では、藩士の二男・三男・召使らが「がさつがましき事」をするのはやめよと命じていて、町の若者に混じって若い武士層が行動をともにしていることが分かる。

ネプタは弘前城下の町ごとに制作されるが、時代が下るとともに大型で華美なものが登場するようになる。文化十年（一八一三）には、三尺以上もある大きな子供ネプタが登場した。一尺超えの太鼓も作られ、これだけ独立して叩いて歩く者もいた。大型化が他の町との対抗意識を余計に煽《あお》ったということもできよう。

明治時代に入っても、こうしたケンカネプタの伝統は止まなかった。深夜、武装した集団が他町のネプタを奪ったり壊したりする行為は、殺害などの大きな事故に発展しない限りにおいて、「城下特有の気風」として住民から容認・黙認されていた。

ただし、ケンカに参加する側でも、合同運行で観客に見せるネプタを小屋に納め、代わりにケンカ用の小型ネプタを引き出してくるなど（小山隆秀「争うネプタの伝承」）、ケンカは非日常的行為だという認識はあったようだ。また、何らかのかたちで相手が敗走すればそれで乱闘は終わりとなるため、それなりの自己抑制が働いていたとみることもできる。大正時代のケンカネプタでは互いに顔を隠し、遺恨を残さぬよう顔を見ないとの暗黙の了解があったという。（大條和雄「ザ・ねぷた　増補版」水星社）

竹森節童「ねぷた風物詩」（弘前市立博物館蔵、昭和41年制作）

第五章 後期藩政と北方警備

異国船の来航に驚く北辺は、日本全体の防衛線と位置づけられた。

1 宝暦改革と学問・芸術

宝暦の改革を進めた乳井貢の施策は世間に理解されず、「標符」の発行も挫折した。英明の藩主八代信明は早世したが、九代寧親は藩校「稽古館」を設立し、学問重視の風を築いた。

乳井貢の登場——早すぎた合理主義者

弘前藩の宝暦改革に尽くした儒学者乳《にゅう》井《い》市郎左衛門建福《のりとみ》（一七一二〜九二）は、百五十石取りの中級武士の家に生まれた。「幼年の時より世事かしこく、才智にして多芸に渉り」（「高岡霊験記」）とあるように、漢学・算数・俳諧に通じた英才だった。はじめて出仕した際に壁に貼ってあった古い掟書を捨てさせたところ、先輩連中から元に戻すよう求められた。そこで乳井はその場の記憶だけで、一字一句違わぬものを書きあげさせたという。「志学幼弁」全一〇巻をはじめとして「五蠱論《ごちゅうろん》」「深山惣次《みやまそうじ》」「円術真法円伝」「観中算用」「陸稲記」など、数十部にものぼる著作群を見れば、なるほどと思う。

乳井は「今日唯今」（「志学幼弁」）ということばを好んで用いた。瞬間を誠実に生きることが肝要と信じた。それゆえ、事なかれ主義を決めこむ志の低い武士に

乳井貢画像

対しては辛辣な批判を加えた。経世《けいせい》に重きをなす農工商にくらべ、武家は自ら生産することがない。人を導く規範となってはじめて存在意義があると、乳井は言う。「今の人臣は務めを知らず」（同）と断ずる厳しさは、強烈なプロ意識の表れである。古懸《こがけ》不動尊（平川市碇ヶ関）が汗をかいたと聞けば「湿気を持った木石」（高岡霊験記）の結露現象に過ぎない、凶事の前ぶれでも何でもないと断ずるし、中興の英主と謳《うた》われた四代信政の施策については「一ツとして其徳ましまさす」とこきおろした。徹底した合理主義は、賛否両論の的となった。

改革当初は目ざましい成果をあげ、年貢収入も増えた。七代藩主津軽信寧は絶大な信頼を寄せ、「いく年も四季の間絶へぬ貢かな」という句を贈り、貢《みつぎ》の名のりを与えた。しかし改革の途中で発行した「標符《ひょうふ》」（一種の藩札）が不評で、経済的混乱の責任をとらされて蟄居《ちっきょ》の身となった。

安永七年（一七七八）に再出仕し改革に挑むが、反対派の策動で再び失脚し、知行を召しあげられて、川原平《かわらたい》（現西目屋村）に幽閉された。しかし天明四年（一七八四）に許されて塩分町《しおわけ》（現弘前市）に移り住むまで、農民を集めて教育を施し、用水路の開削や新田開発の方法を指導するなど、人との関わりを求め続けた。

昭和十年（一九三五）、地元の有志によって顕彰碑が建てられた。政策そのものの斬新さと、学問と現実の融和に努めた生涯については、近年、再評価が進められている。

乳井貢顕彰碑（西目屋村）

乳井財政──財政再建への模索

　徳川吉宗の時代からまもない十八世紀中頃、弘前藩の財政はほとんど破綻《はたん》していた。宝暦四年の改帳には、茨木屋《いばらきや》や鴻池《こうのいけ》など上方の豪商から借銀一万四六〇〇貫余、江戸での借金四万二〇〇〇両余が計上されている。国元の借金を加えて三五万両。弘前藩の歳入の二年分にあたる莫大な負債額である。一時は実高三十万石の成果を上げた新田開発も頭打ちとなり、農民からの年貢増徴も、藩士の知行借りあげも限界にきていた。有効な施策が講じられない閉塞《へいそく》した状況は、バブル景気がはじけた一九九〇年代のそれと、あまりにも似かよっている。

　宝暦三年(一七五三)八月、勘定奉行に抜擢《ばってき》された乳井は、盟友毛内《もうない》有《あり》右衛門《えもん》茂《しげ》巧《よし》と組んで、精力的に新政策を実施していく。行政組織を見直し、耕作地を整理し、物産の領外移出を解禁した。領内の貸借は無効とし、領外への貸借は藩が引き受けることとした。商人には御用金を課し、代わりに産物運送を請け負わせた。

　翌四年閏二月には大坂への廻米を中止し、国元で米を売りはらうことにした。そのため、秋の年貢米を担保とする米切手を発行して、弘前や在方から米・金銭を差し出させた。実に四万六一四四石分もの米切手が用意されたという(「弘前藩庁日記」御国日記)。地元の商業資本を積極的に活用し、上方市場への依存から脱却

七代藩主・津軽信寧

米切手(宝暦五年)

して経済的に自立しようとした点は、彼の新しさだ。

宝暦五年は凶作となったが、乳井の飢饉対策はみごとで、余裕のある者から生活物資を強制的に供出させて貧しい者に配分し、一人の餓死者も出さなかったという。もっとも、過去帳の分析によってこの時期に大量の死者が出ていたことが判明し、それは餓死者ではないかという指摘もなされている（関根達人編『津軽十三湊 湊迎寺過去帳の研究』）。

標符の発行と乳井失脚―裏づけられた藩政記録

宝暦六年（一七五六）十月、乳井の建言によって標符《ひょうふ》が発行された。商品の売買は貨幣ではなく、標符への記帳によって行われることになった。乳井は標符によって、領内に流通する貨幣や米穀をすべて藩庫に吸収しようとしたのである。

この年、乳井は商人が所有する金銀や米穀・商品の数量を書き出させ、家業を一つに限定するよう申しわたした（「諸産業改仕方書」）。さらに、その家の一年分の収支概要を申告させ、

（1）商人は財産の一〇分の一で渡世すること
（2）商品の価格は仕入れ値に一割の利益を加算したものとすること
（3）取り引きは帳面で行うこと

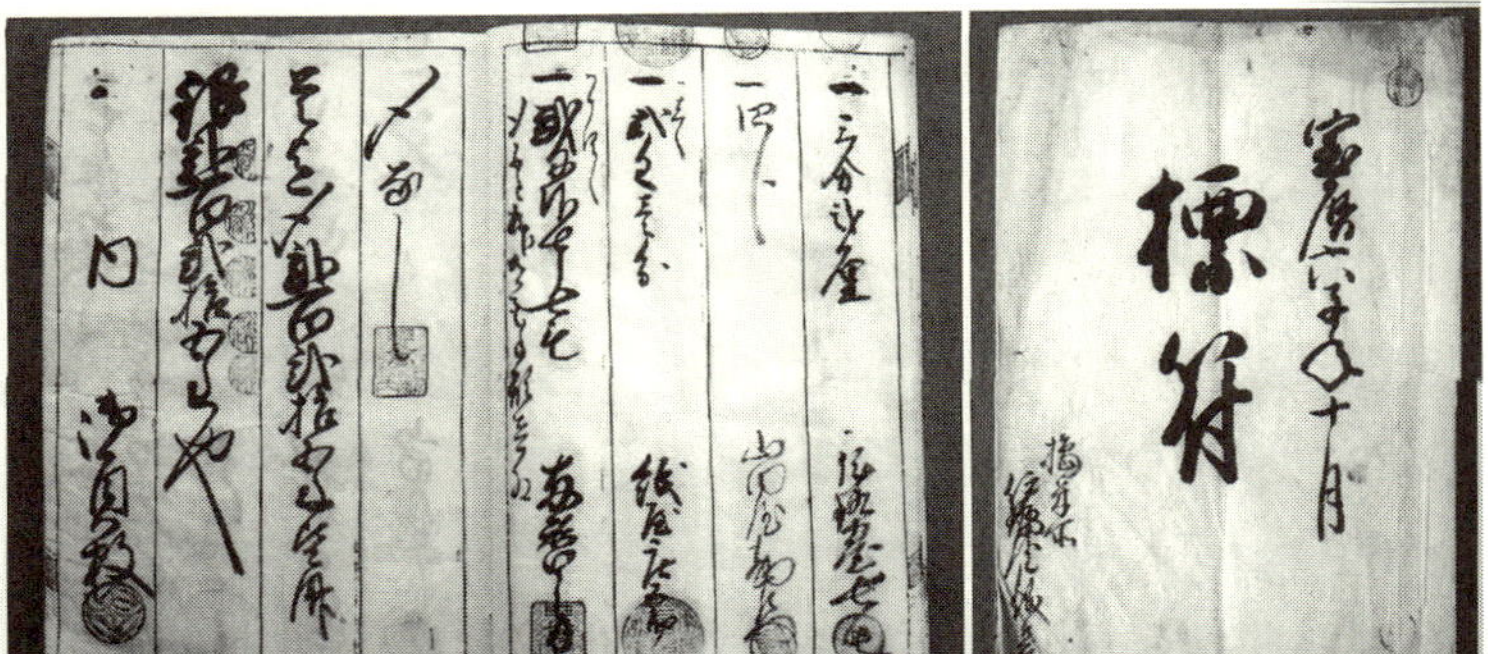

標符（宝暦六年）

（４）藩内の米値段と金銀相場は一定とすること
などと定めた。こうして領内の金銀・米穀・商品は、運送役司取の足羽《あすわ》長十郎
のもとに集められた（「実数書」）。

ここでいう「帳面」が標符である。標符については「封内事実秘苑」に様式が記されていて、存在は知られていたが、実物は伝わっておらず、その形態については長い間謎のままだった。そのため、宝暦四年に発行された「米切手」と混同されたりしたが、近年の調査によって標符の実物と、標符の改訂版である諸《しょ》品通《しなかよい》が発見され、通帳の形式だったことが判明した。金銭と同様に使用できるとの建前から、藩札の形をとらない藩札ということができる（瀧本壽史「弘前藩宝暦改革における『標符〈通帳〉』の形態について」）。十二月、藩士の俸禄はすべて「標符」でわたされたが、この時「諸品通」と改められたので、「標符」としての通用期間は三カ月程度ということになる。

標符制度は、市場原理を全く無視したもので、流通の混乱を招いただけだった。あまりの使い勝手の悪さに「ベラ」と酷評され、翌七年七月一日をもって中止に追いこまれた。責任者の足羽長十郎は処罰され、乳井もやがて失脚した。高照神社の神官後藤兵司は「高岡霊験記」で、乳井の政策を徹底的に批判している。しかし一方で、当時の混乱した社会状況や、「標符」の使用方法から廃止に至る過程までもが読みとれる内容になっていて、乳井の宝暦改革を理解するうえで貴重

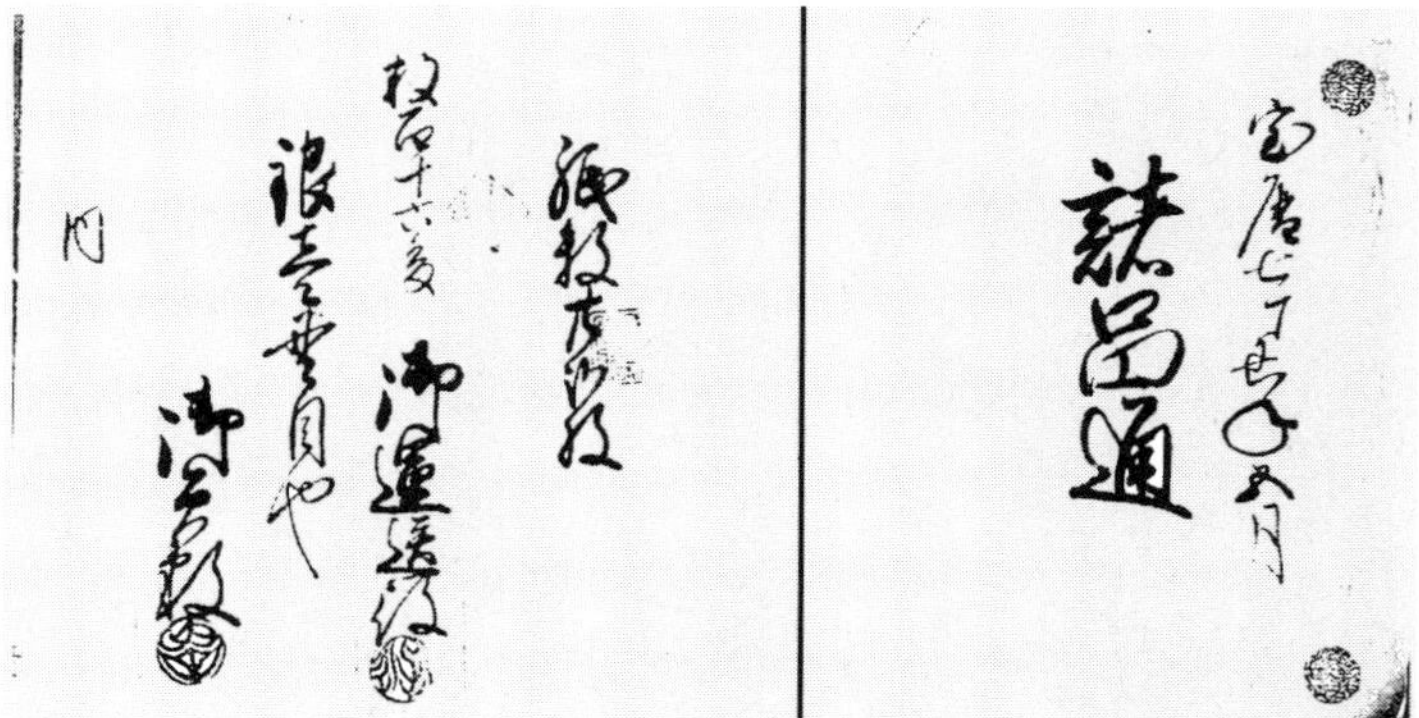

諸品通（宝暦七年）

な史料となっている。

天明飢饉と青森騒動──津軽領内の惨状と暴動

天明三年(一七八三)の夏は、この地方特有の「やませ」(冷涼な北東風)に見舞われ、長雨と冷気が続いた。六月の土用中でも単衣《ひとえ》ではいられないような寒さで、七月に入っても同様だった。弘前藩は天候回復の祈禱を命じる一方、丹後者の調査を行った。岩木山の御神体が「さんせう太夫」の安寿であることから、丹後者が領内に入ると天候が荒れると、当地では信じられていたからである。しかし依然として稲は出穂せず、もはや凶作は避けられない事態となった。

凶作でも備えがあれば問題はないが、前年分の約五〇万俵は春先に廻米してしまい、領内に米の備蓄はほとんどなかった。八月になると飯米不足の村が出はじめ、飢饉の恐怖が現実味を帯びてきた。しかし藩財政の破綻を思うと、簡単には廻米を停止できなかった。弘前藩は状況を幕府に報告し、飯米の調達資金として金一万両を借り入れたが、秋田からの米の買い入れは不調に終わり、翌四年二月に新潟から六〇〇〇石を買い付けるまで、飯米がまとまって入ってくることはなかった。しかし、領境の碇ヶ関で飯米が不足し食糧を求めて他領に逃れようとする農民が現れると、弘前藩はようやく他領への米の移出を禁止した。

天明・天保の供養碑(専求院)

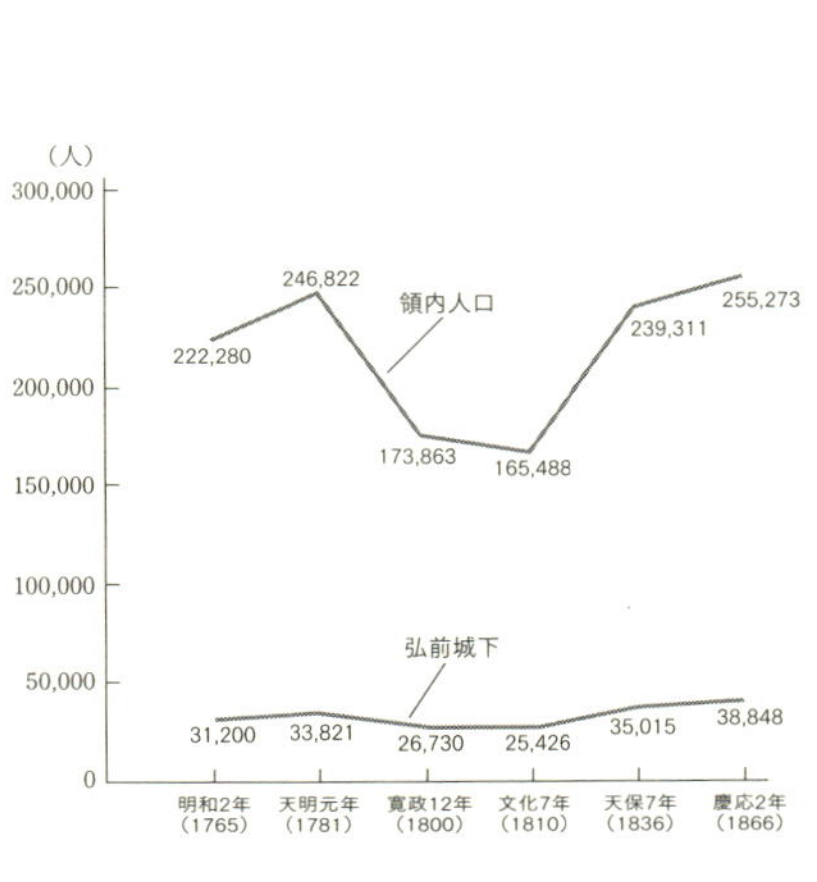

津軽領の人口推移

町方（弘前城下）では八月末に施行《せぎょう》（炊き出し）が始まり、城下の端に位置する和徳町《わっとくまち》・楮町《こうじまち》などに施行小屋が設けられ、窮民が収容された。九月半ばになると、施行は津軽領全体に拡大されたが（「目付触」）、在方（農村）では施行小屋の建設が遅れ、後潟組・飯詰組に建てられたのは十月に入ってからだった。

平賀庄の猿賀《さるが》・大光寺・尾崎・大鰐・和徳・堀越《ほりこし》の各組は、津軽領の中で最も生産が安定した地域だが、そこでさえ、モミを食べ尽くしてしまったほどである。死者の増加は止まらず、施行小屋からは十日ごとに、町・在からは一カ月ごとに死者数を報告させるほど深刻な事態となった。しかし施行小屋に収容されても、救済の内容はあまりに貧しく、非道な扱いを受けたりした。切羽詰まって犯罪に手を染める者もあり、領内の治安はしだいに悪化した。

天明三年七月十九日の夜、青森町の諏訪社と毘沙門社の境内にそれぞれ百人ほどが集まり、町中を歩き回って寄合への参加を呼びかけた。食糧確保のため廻米の停止などを藩に訴えようとしたのだ。青森町奉行が聞き入れない場合は、弘前城下での強訴や、米を蓄えている商家への押しこみなどが計画されていた。要求がある程度受け入れられたので騒動は収まったが、その後、関係者四〇名が捕縛され、七二歳の落合千左衛門（または文左衛門）が首謀者として牢死した。

青森町とその周辺での飢饉が悪化したのは、七月十日と十一月十二日に起きた二度の大火が関係している。とくに十一月の大火では、町の八割が焼けたという。

施行小屋

本格的な飢饉を迎える前に大火に見舞われたことが、被害の拡大につながったのだ。青森の動きは鰺ヶ沢や木造《きづくり》新田にも伝わり、あちこちで訴えが起きた。

弘前藩は天明飢饉の餓死者を数百人としたが、それは全く事実を反映していない。のちに秋田から津軽領に入った橘南谿《なんけい》が道端に白骨がつづく様を見て戦慄しているように(『東遊記』)、領内の至る所に餓死者の遺体が散乱していたのである。遺体はその都度片づけられてはいたが、冬に入って雪が積もると、集められたまま放置され、翌年の二月末になってようやく埋葬されるというありさまだった。

八代津軽信明の英明—惜しまれた名君の早世

七代藩主津軽信寧(一七三九～八四)は、乳井貢を起用して宝暦改革を行うなど財政再建に努力したが、幕府からの課役やたび重なる大凶作で、藩財政はさらに窮乏した。

信寧は天明飢饉の進行中に急死し、跡は若い津軽信明(一七六二～九一)に託された。八代藩主となった信明《のぶはる》は、窮民撫恤《ぶじゅつ》★と財政倹約を前面に掲げ、飢饉で壊滅的な被害を受けた藩政再建に尽力した。学問・武芸を奨励し、藩校稽古館《けいこかん》の設立、寛政律《かんせいりつ》の編さん、戸口調査などを計画したが、寛政三年(一七九一)、三〇歳で死去した。

落合千左衛門の墓(青森市・三内霊園)

八代藩主・津軽信明

▼窮民撫恤
貧しい人々をいつくしみ、あわれむ。

信明の温厚な人柄や撫民に心がける姿は、古田献可「津軽孝公行実」に詳しく記されている。信明は学問好きで、荻生徂徠《おぎゅうそらい》の高弟である宇佐美恵助（号は灊水《しんすい》）に師事した。徂徠の著書「政談」に影響を受け、これを書き写していたという。武士の帰農策を提言した毛内宜応《もうないぎおう》の「秘書／毛内宜応存寄書」に理解を示したのも、信明自身に、徂徠学的な実践重視の発想があったからである。

信明の言動を記したものとしては、「無超記」が有名だ（作者不明）。父信寧の急死を受けて天明飢饉の収束に当たった信明が、江戸からはじめて津軽に下ってきた際、体面にこだわらず行列の規模縮小を指示するくだりなどは、上杉鷹山《ようざん》のそれを思わせる。全体に、理非曲直を重んじつつ、家臣への細かい気配りも忘れない、理想的な主君のイメージとして描かれている。

藩校の設立―教授陣と人員構成

八代藩主津軽信明《つがるのぶはる》が積極的に学問を奨励したこともあり、弘前藩では藩校創設の気運がしだいに高まった。寛政六年（一七九四）八月、九代藩主津軽寧親《やすちか》は津軽永孚《ながざね》を用人として藩校創立の業務を担当させ、九月には弘前城大手門に面した白銀町の武家屋敷を引き上げさせて、八〇〇〇坪もの広大な学校用地を確保した。まもなく校舎の建設が始まり、久渡寺《くどじ》の杉並木など各所から資材が調達された。

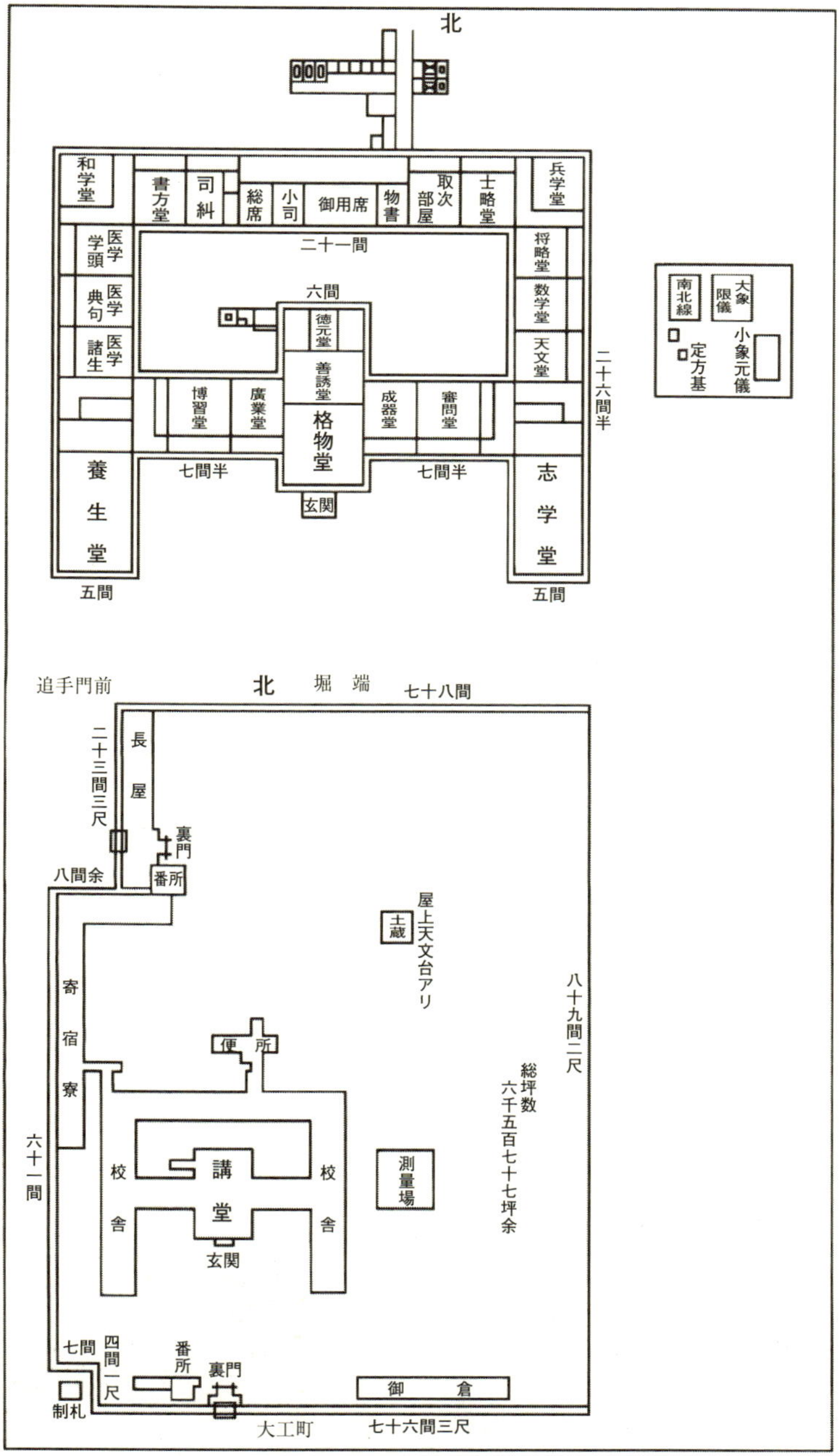

稽古館の図（『新編弘前市史　通史編３近世２』より）

寛政八年四月には棟上式が終わり、五月には学寮も完成した。校舎は五百数十坪の平屋建てで、南側に正門があり、中央の玄関を上がった所に畳敷きの「格物堂」が設けられていた。「徳元堂」は藩主の臨時座所である。建物は東西対称の均整美を意識して造られており、西に一四歳以下の生徒が孝経・論語・詩書を学ぶ「養生堂」が、東に一五歳以上の生徒が礼記・文選を学ぶ「志学堂」が配されていた。以下、学問レベルが上がるとともに「博習堂」「審問堂」「廣業堂」「成器堂」と進むしくみである。教室の配置や名称には、津軽永孚が傾倒していた徂徠学の影響が表れている。

同年七月、三〇〇人余を集めて入学式が行われた。入寮者には食費・燃料費を支給することになっていたため、「御目見以上の子弟は必ず入学」「御目見以下の子弟の入学は推薦が必要」などの入学資格も定められた。「堯典」の冒頭の一節「若《ここ》に古の帝堯を稽《かんが》ふるに」にちなんで「稽古館《けいこかん》」と名づけられたこの藩校は、儒者として声望の高かった山崎蘭洲《らんしゅう》らを教授陣に迎え、文芸・天文・暦学・数学から武芸・医学に至る多くの教科を開設し、さながら現在の総合大学の観を呈していた。

稽古館では校内に彫刻方を置き、独自の「稽古館本」を出版した。多くの場合、各丁の柱に「稽古館」の文字が配され、「稽古館蔵版」の奥付を持つ。木版と活字版の二種類がある。寛政七年の「孝経」のほか、「白文尚書」「礼記」「帝範」

稽古館本

論語の版木

「臣軌」「四書白文」などの儒学書や、漢和辞典「増続大公益会玉編大全」、山崎蘭洲の詩文集「蘭洲先生遺稿」、山鹿素行《やまがそこう》「聖教要録」などが刊行された。寛政十年八月からは独自の暦「稽古館暦」の作成が始まった。幕府天文方の指導を受け、明治三年まで継続した。

しかし、この時期に始まった蝦夷地警備により、藩財政は逼迫《ひっぱく》していた。寛政十一年の倹約令で、学校の経費は三〇〇〇石から五〇〇石へと大幅に減額された。文化五年（一八〇八）には規模縮小のうえ、城中三の丸へ移転させられた。教科は経学・書学・数学に限定され、教授役も八〇人から三〇人程度に削減された。いつの時代も財政難は、文化事業を圧迫する。それでも長崎慶助が「教授役に禄と格式が高く優れた人材を登用すれば、優秀な学生が集まり、藩政を動かす有能な人材が育つ」（「学政并存付覚」）と述べ、鰺ヶ沢町奉行を兼任する黒滝藤太らの教授専任化をはかろうとしたように、一定の教育水準を維持しようとする情熱は、なお息づいていた。

幕末には西洋の新学問を導入する目的から、医学館・蘭学堂・種痘館が相ついで設立された。これらは、明治における外科稽古館・英学寮・医学校へと受け継がれた。また、藩校に学んだ者の中からは菊池九郎（初代弘前市長）や本多庸一《ほんだよういち》（青山学院長、日本メソジスト教会長）が出た。彼らはやがて廃止となった稽古館の経営理念を引き継ぎ、津軽家から資金提供を受けて新たに東奥義塾を設立し、

稽古館本の奥付

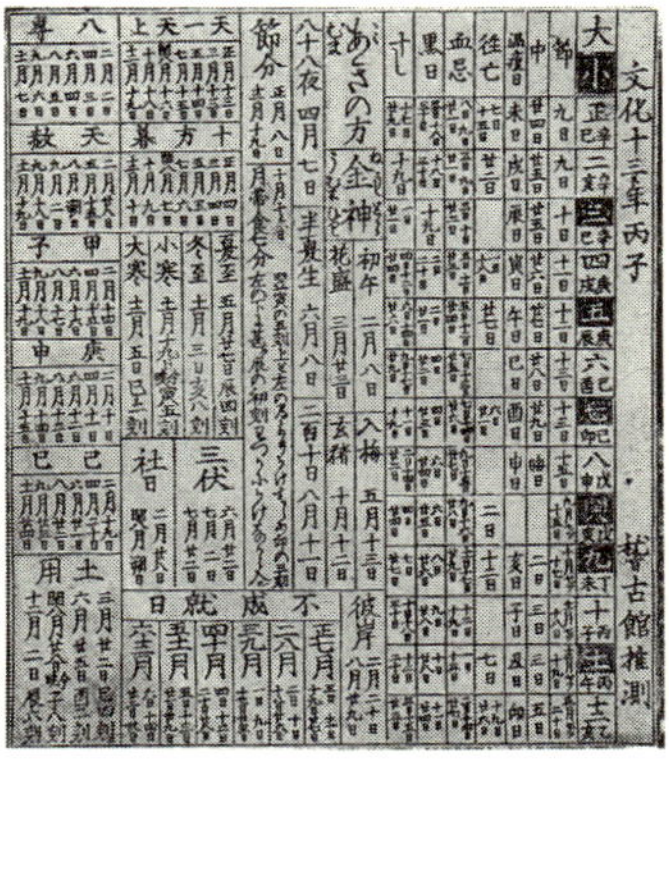

稽古館暦

青森県の教育界をリードしていった。

刑法典の整備——安永律・寛政律・文化律

領内で起きた犯罪が他領と関係しない場合、諸大名は独自の判断で判決を出すことができた。いわゆる「自分仕置」である。しかし犯人が複数で、しかも他領の領民が関わっているとなると「自分仕置」は認められず、幕府に届け出て裁決を仰ぐ必要があった。こうした「公儀仕置」は経費や日数もかかるので、大名らは互いに犯人を引きわたし、関係者の間で迅速な解決をはかっていた。

弘前藩では江戸時代中期まで、刑法典がなかった。先例や、その時々の法令に基づいて裁判が行われ、刑が決められた。その後、判決の基準を定めた「御仕置ケ条」（牧野家文書）が作られたが、これはまだ体系的と言えず、過渡期の法典と考えられる（黒滝十二郎『弘前藩政の諸問題』）。

しかし寛保二年（一七四二）、八代将軍徳川吉宗によって「公事方御定書」が制定されると、これに刺激されて弘前藩でも刑法の整備が進められ、安永四年（一七七五）に「御刑罰御定」が制定された。いわゆる安永律《あんえいりつ》である。一五項目九八条からなるが、規定はさほど細かくなく、むしろ簡略である。したがって安永律だけでは裁けない事件がかなりあったらしく、不完全なものだった。

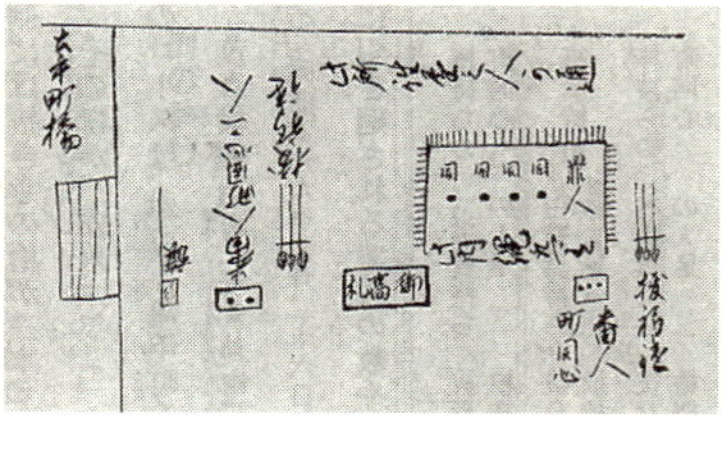
「弘前藩庁日記」（御国日記）土手町大橋脇の晒場

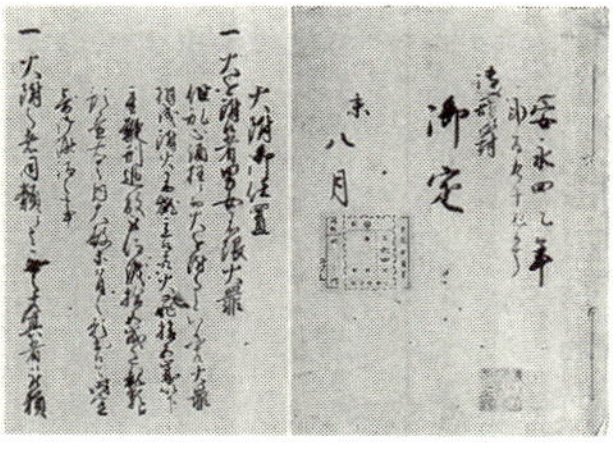
安永律

寛政九年(一七九七)、藩政改革の一環として「御刑法牒」がまとめられた。これが寛政律《かんせいりつ》である。九九項目一七五条からなっていて、中国の明律《みんりつ》を参考にし、「公事方御定書」の要素を取り入れて作成された。しかし「弘前藩庁日記」(御国日記)には寛政律に基づかない判決例が記載されていて、実用性については疑問符が付くものだった。

　こうして明律に頼らず、幕府が示した刑罰基準である「公事方御定書」をベースとして、文化七年(一八一〇)、新たな「御刑法牒」が制定された。これが文化《ぶんか》律《りつ》である。文化律が制定された時期は他領からの移住者も多く、天明飢饉後の農村復興、寛政の藩政改革、蝦夷地警備の強化など、領内社会にも大きな変動があった。領内統制を見直し、支配を強化する必要から、制定された法典である。

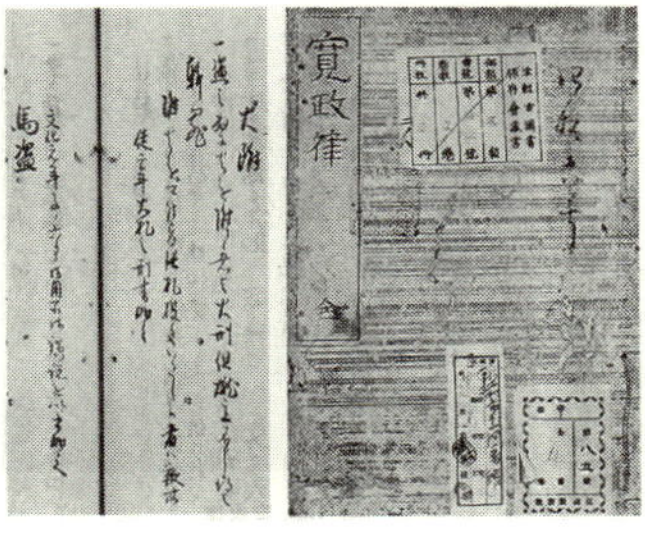

寛政律

文化律

②家格上昇と黒石藩の成立

寛政元年のアイヌ蜂起をきっかけに、弘前藩は蝦夷地に出兵。
十万石へと格上げされ、大身の仲間入りを果たした。
しかし一方では、蝦夷地の寒さと病魔に、出張の藩兵は苦しんだ。

クナシリ・メナシの乱──津軽家にも緊張走る

寛政元年（一七八九）五月、蝦夷地東部のクナシリ・メナシ地方で大事件が発生した。この地域のアイヌが武装蜂起し、場所請負商人飛驒《ひだ》屋久兵衛の番人や松前藩士らを襲撃したのである。

幕府は、千島列島沿いに南下しつつあったロシアとアイヌ民族が手を結ぶのを恐れ、情報収集に努めた。さらに弘前藩と盛岡藩へ、松前藩の要請がありしだい援軍を派遣できるよう命じた。弘前藩はただちに部隊を編制したが、用人松浦甚五左衛門のブレーンとして計画を立案したのが貴田親建《きだちかたけ》（孫太夫）である。孫太夫は、山鹿流兵学の師範として四代藩主津軽信政に召し抱えられた貴田家の四代目である。

部隊の編制は、寛文九年（一六六九）のシャクシャインの乱を前例としたが、計画自体は部隊の編制、武器・兵糧・軍馬の飼料の見積もり、渡海時の船割り、駐屯する小屋の割り当てなどきわめて煩雑なもので、何度も変更を重ねた。はじめ孫太夫が見積もった編制は一一一三名だったが、最終的には八五三名とされた。なお、孫太夫を補佐した門弟の一人横山武薫《たけしげ》は蝦夷地での見聞を書き留め、その多くは横山家資料（青森県立郷土館蔵）として残されている。

事件後、蝦夷地警備について、老中松平定信《さだのぶ》と老中格側用人本多忠籌《ただひろ》のプランが幕府内で対立した。定信は松前藩に蝦夷地支配を任せ、幕府がそれを監督するというやり方を主張したが、忠籌は松前藩の転封や蝦夷地開発を含めた積極的な政策の必要性を説いた。これを受けて定信が提案したのが「北国郡代《ほっこくぐんだい》構想」である（菊池勇夫『幕藩体制と蝦夷地』）。

この構想は、弘前藩か盛岡藩から領地の一部を上知★させ、そこに幕府の郡代をおいて監督させるというものである。奉行所の候補地には青森・三厩があげられ、その経費は、津軽半島・下北半島の村々を幕府の直轄地にして賄うという内容だった。弘前藩も盛岡藩も、一円領主としての家格の維持、流通政策、藩財政への影響などを理由に上知に難色を示したが、津軽家は従四位下へ、南部家は侍従への昇任・叙任と、それぞれ十万石と二十万石への表高の増加を提示され、上知を受け入れた。

ところが、十一代将軍徳川家斉と対立した定信が寛政五年七月に老中を退任し

▼**上知**
領地を幕府に返上する。

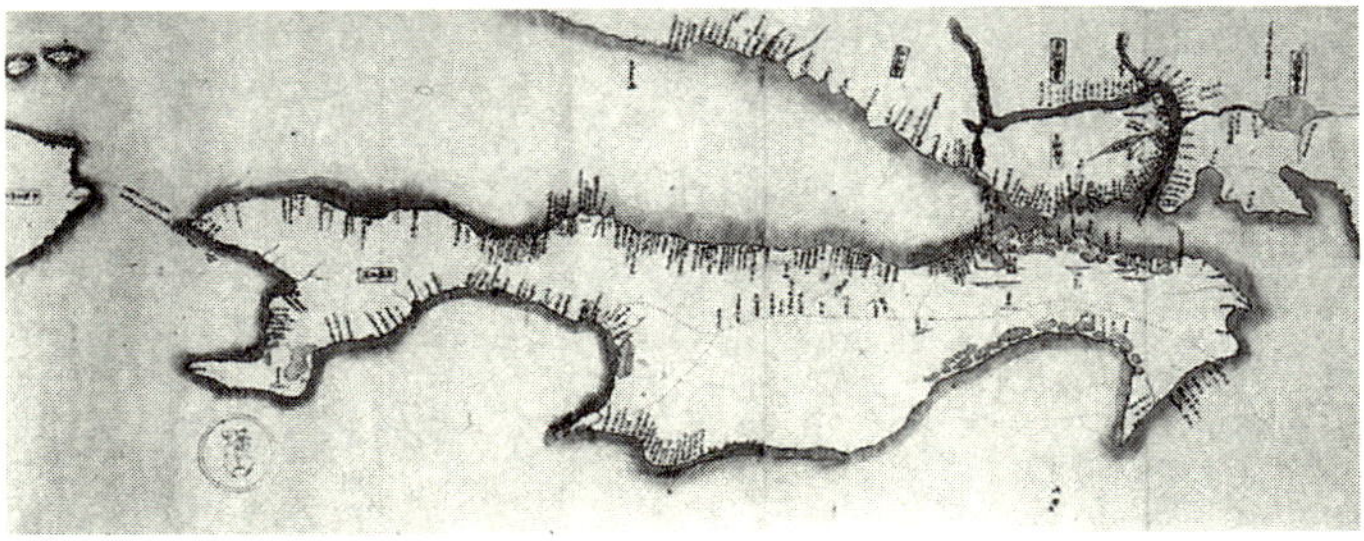

北蝦夷（カラフト）の図

たため、北国郡代構想は立ち消えとなった。しかし松前藩は梁川《やながわ》（陸奥国伊達郡）に転封《てんぽう》となり、松前奉行所は箱館奉行所と改められて、蝦夷地は幕府の直轄地となった。

エトロフ事件―ロシア人に追われた津軽兵

寛政年間以降、幕府は異国船への警戒を強め、諸大名に沿岸警備を命じた。とくに弘前藩・盛岡藩には蝦夷地警備も課し、弘前藩はこれを「大切極まる公務である」（「御自筆之写」）として、寛政九年（一七九七）、箱館（現函館市）に派兵を開始した。同十一年、幕府は東蝦夷地を直轄化し、弘前藩はサワラ（現茅部郡森町砂原）に、盛岡藩はクスリ（現釧路市）に、勤番の兵を派遣するよう命じた。さらに文化元年（一八〇四）、両藩は東蝦夷地の永久勤番を命じられた。

この年の九月、ロシア使節レザノフがナジェージダ号で長崎へ来航し、幕府に通商を求めた。レザノフは、寛政四年（一七九二）に根室へ来航したラクスマンが幕府から受けとった入港許可証を持っていた。しかし半年間も待たされたあげく幕府から通商を拒絶され、文化二年四月、出港を余儀なくされた。憤慨したレザノフは「幕府を武力で脅す以外、日本は開国しない」と本国に書き送った。さすがにこれはのちに撤回したが、レザノフが艦長クルーゼンシュテルンと対立して

ラクスマン一行

船を離れた直後の同三年九月、配下のフヴォストフが単独で、樺太・エトロフ島の松前・津軽番所を襲った。これが「エトロフ事件」である。不意をつかれた弘前藩兵は逃げまどうばかりだった。

文化八年五月のゴロウニン事件は、まさしくエトロフ事件の余波だった。蝦夷地警備の一員として箱館にわたった弘前藩士横山武薫《たけしげ》（一七五二～一八二〇）は、松前や樺太に関する地図、大砲図・鉄砲図、外国艦船図など、多くの見聞を書き留めた。その中にゴロウニンを艦長とするディアナ号（初代）がクナシリ島で盛岡藩兵に砲撃された場面を描いた図もあり、「文化八未年五月廿六日、久奈尻島ニ而魯西亜船打払ノ図」と書きこまれている。

事件の本質は、ロシア人捕虜八名と高田屋嘉兵衛との交換・解放である。交換要員として捕らえられたのだから、嘉兵衛にとってはとばっちりだが、相当に胆力のある人物だったようで、ディアナ号の乗組員とも打ち解けた。嘉兵衛と副艦長リコルドとの心の交流を描いた司馬遼太郎『菜の花の沖』では、別れ際に乗組員から「タイショウ、ウラア」と呼びかけられる感動的な場面が用意されている。

嘉兵衛は北前船「観世丸」の船主で、津軽・松前とはとくに関係が深い。深浦町の円覚寺には、嘉兵衛の弟金兵衛が兄の無事を祈って奉納した願文が納められている。それゆえ、文化十年九月に解放された嘉兵衛は、感謝の意をこめて、ロシアから持ち帰った品々を円覚寺に奉納した。

クナシリ島で打ち払われるディアナ号

ゴロウニン事件の後は緊張が解けて勤番地も減少し、同十二年以後は松前詰めのほか、渡島半島南端の三つの台場への勤番のみとなった。さらに文政四年（一八二一）、松前家の蝦夷地復領が認められると、弘前藩の派兵は停止された（「松前御用大都一覧」）。しかし、万一の事態に備えていつでも兵力を動員できるよう、準備を怠ることはできなかった。津軽領の海防も強化され、遠見番所や大砲台場が整備されていった。天保五年（一八三四）、津軽半島の袰月《ほろづき》海岸（現東津軽郡今別町）にロシア人が、嘉永元年（一八四八）、藤島村（現東津軽郡外ヶ浜町三厩）にアメリカ人が上陸するなど、異国船は津軽海峡を縦横に往き来していた。

「松前詰合日記」―蝦夷地警備と斜里の悲劇

エトロフ事件がもたらした衝撃は大きく、すでに東蝦夷地の永久警備を命じられていた弘前藩・盛岡藩に、文化四年（一八〇七）四月、西蝦夷地の永久警備も行うよう、箱館奉行羽太正養《はぶとまさやす》から通達があった（「御告書付」）。弘前藩はさっそく兵を増員した。この年に渡海した弘前藩兵は一〇〇〇名を超え、宗谷・松前・江差・エトロフ・斜里《しゃり》の各勤番所で越年した（「松前御用大都一覧」）。

オホーツク海に面する斜里（現北海道斜里町）の警備を担当した弘前藩兵は、悲惨な運命をたどった。想像を絶する寒さと正体不明の病気により、百余名のう

初代ディアナ号

ち七二名が死亡したのだ。その間の苦難は、隊員の一人である斎藤勝利《さいとうかつとし》が綴った「松前詰合《つめあい》日記」に詳しく記されている。

七月から八月にかけて斜里に入った弘前藩士らは、魚小屋で仮住まいを営みつつ、陣屋の建築に取りかかった。慣れぬ大工仕事で作業は遅れたが、表口四〇〇間、奥行き一五〇間の敷地に三六坪の上長屋、三〇坪の中・下長屋が、八月中にはできあがった。しかしすぐ近くには萢《やち》（湿地）があり、周囲には藪《やぶ》や林が多かった。日射しが薄い陰地《かげち》になっていたのが悩みの種だった。

九月、異国船が出没したと宗谷陣屋から知らせがあり警戒態勢をとったが、斜里に船影が現れることはなかった。

十月中旬には寒気が増し、雪がちらつき、隙間風が吹きこんだ。隊員の間には「いったいこの先どうしのげばいいのか」と騒ぐ者もいた。松前から薬（加味平胃散）や酒肴が届くこともあったが、十一月中旬には吹雪で往来が差し止められる事態となった。井戸がないので飲み水は川まで汲みに行かねばならないが、川岸までたどり着いても海水が河口を遡って入りこんできているので、難儀このうえない。相談事があっても波音で聞きとれず、海には氷が張ってあたりを覆っている。寒さに慣れているはずの津軽人でさえ驚くような光景が、眼前に迫った。

十一月二十五日の記事には、大鰐《おおわに》村の富蔵ら八名が「浮腫病」で死んだとある。浮腫《ふしゅ》はむくみのことで、脚気《かっけ》（壊血病とも）にかかったのだ。食べ物と言えば

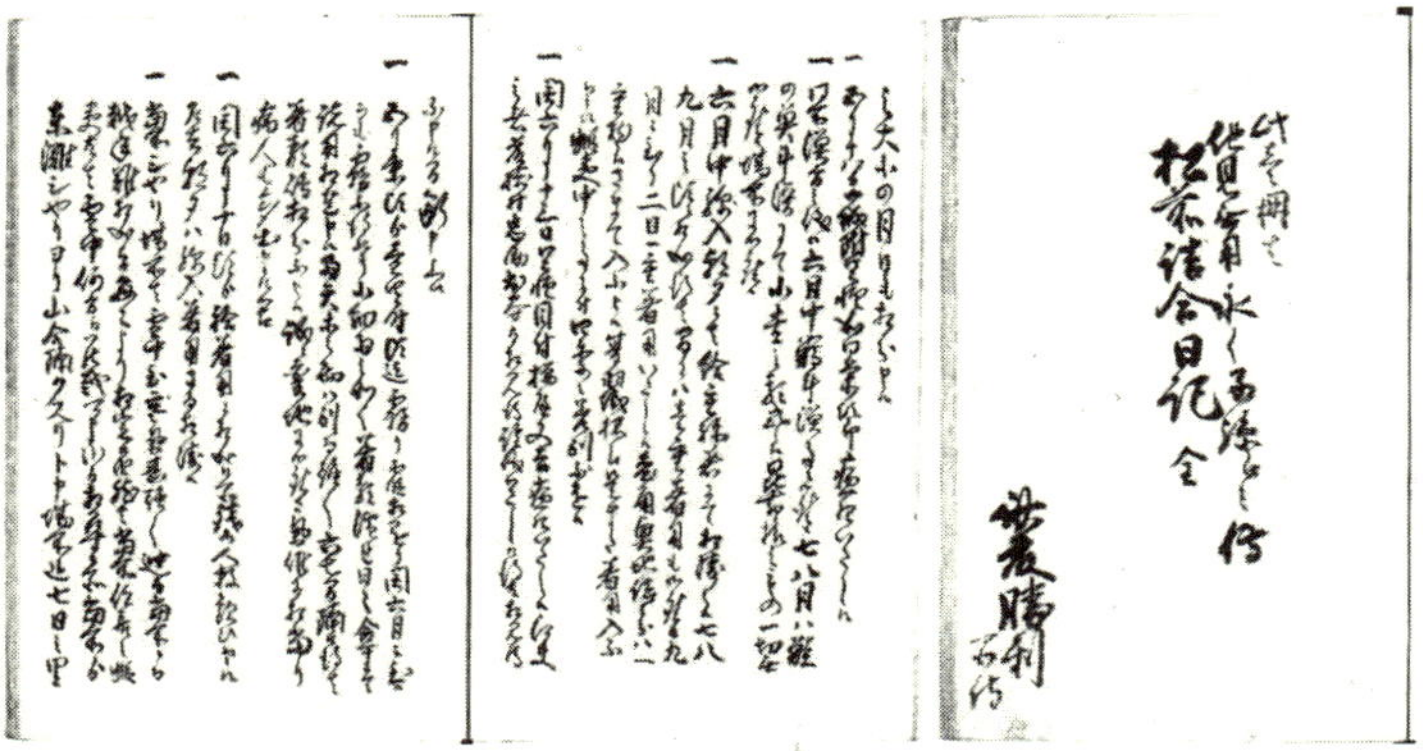

松前詰合日記

米・味噌・塩・漬物の類で、生鮮食料品はない。現代ならビタミンB_1などの不足と理解できるが、医学知識に乏しかった当時にあっては、防ぐ術がなかった。明けて文化五年になっても状況は変わらず、正月四日から二十九日までの間に二二人が、二月七日から二十八日までの間に一一人が死んだ。

四月、海の氷が溶けて船が通れるようになると、ようやく病人を帰国させることができるようになった。斎藤は斜里に留まっていたが、閏六月、現地のアイヌ「弁慶」の話を聞いてショックを受けた。斜里の冬は寒すぎるので、アイヌは山間のクスリ（現釧路市）で越冬すると言うのだ。「そうとも知らず斜里に藩兵を差し置いたから死者が出たのだ」と記す斎藤の嘆きは、察するにあまりある。

「松前詰合日記」は昭和二十九年（一九五四）に発見された。日記の表紙には「他見無用」と記されている。前年に斜里町の禅龍寺（曹洞宗）で見つかった「シャリ場所死亡人控」が弘前藩士死没者の過去帳と判明し、日記の内容に評価が高まった。昭和四十八年（一九七三）には殉難慰霊碑が建立され、同五十八年からは弘前ネプタが運行されるなど、弘前と斜里の縁は現代に結ばれている。

文化の高直り―家格上昇と黒石藩の成立

幕府は弘前藩の領知高を文化二年（一八〇五）に七万石、同五年には十万石に高

斜里陣屋の跡地

増した。この高増しに領地の拡大はなく、役負担の基準が変更されただけの話である。当然、藩士への加増もなく、農民の負担も増える。しかし、領知高は大名の身分や格式に関わる重要な数字で、津軽家にとっては、武家社会における地位が向上したことを意味していた。

十万石は大身である。津軽家が将軍から受ける領《りょう》知《ち》宛行《あてがい》状は朱印状から判物《はんもつ》となった。九代藩主津軽寧親の官位も、文化五年に従四位下へと上昇した。家格が上がれば江戸城での座席も替わり、従五位下の外様大名が詰める柳之間から、徳川一門の一部と従四位下以上の外様大名が詰める大広間に移った。より将軍に近い場所へ座ることになったわけだ。これらはすべて、弘前藩が年間一万両から一万五〇〇〇両を費やした蝦夷地警備への見返りだった。

文化四年(一八〇七)、幕府の勘定奉行柳生久通らは蝦夷地の経営方針を評議し、箱館・江差の警備勤番に八戸藩をあて、さらに黒石津軽家を大名に昇格させてこれに加えようとする計画を立案した。一方、津軽寧親も「黒石津軽家の大名取り立ては蝦夷地警備や領内海防に好都合である」との願書を幕府に提出した。こうして文化六年、黒石津軽家の知行四千石に弘前藩から蔵米六千石を足石《たしこく》し(不足分を加えること)、旗本から大名とする措置が認められた。津軽家はまたも面目を施したのである。

大名になったとはいえ、黒石藩領は依然として、本家である弘前藩領に含まれ

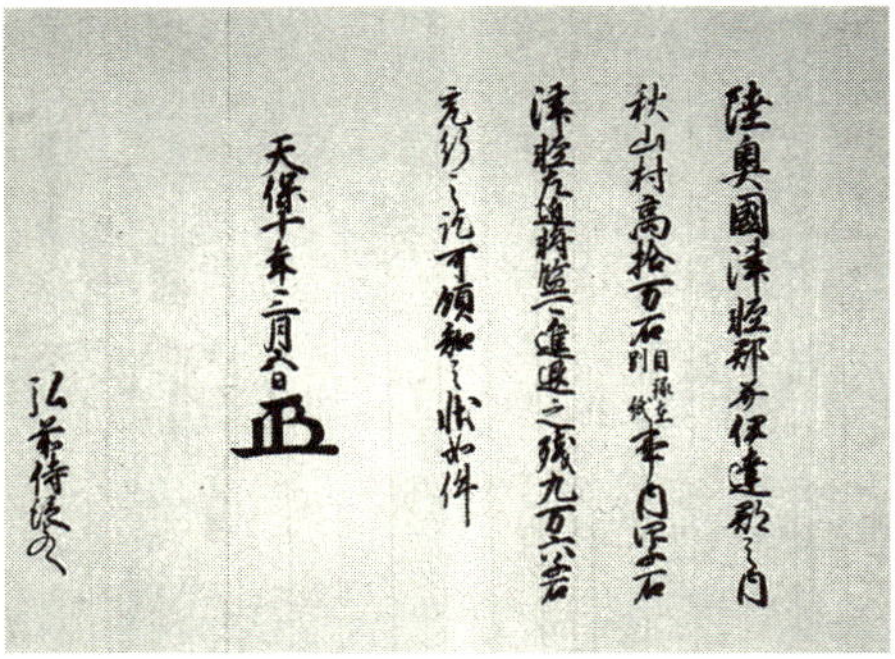

十代藩主・津軽信順への判物

る「内分分知」として扱われたから、藩政の基本方針や刑罰の執行などについては弘前藩に従わなければならなかった。財政面でも本家から合力金を支給される状態はつづいた。しかし立藩以後の黒石藩は、不測の事態が発生したときに本家の名代を務める副藩主としての役割を与えられた。黒石藩初代藩主津軽親足《ちかたり》の後は順徳《ゆきのり》・承保《つぐやす》・承叙《つぐみち》とつづくが、本家入りして弘前藩主となった寧親の例もあるように、単なる本家と分家の関係以上の役割を担って、明治維新に至るのである。

轅輿事件―津軽信順の逼塞

津軽寧親《やすちか》が身分や格式にこだわったのは、寧親が黒石津軽家からの養子として本家弘前藩に迎えられたことが関係していよう。

文化六年（一八〇九）、十万石への高増しと侍従昇進を実現した寧親は「御先君に対し本望至極」と述べた（「御自筆之写」）。ここでいう「御先君」とは、八代藩主津軽信明《のぶはる》のことである。信明は寛政の藩政改革で名君と称えられ、惜しまれつつ逝去した人物で、理想的な君主のイメージで語られることが多い（「津軽孝公行実」）。寧親はそのような人物と引き合うような実績を求めたわけで、家中には「蝦夷地御用」を勤めたことが家格上昇につながったと説明するのが、最もわかりやすく、有効な手段だったのだ。

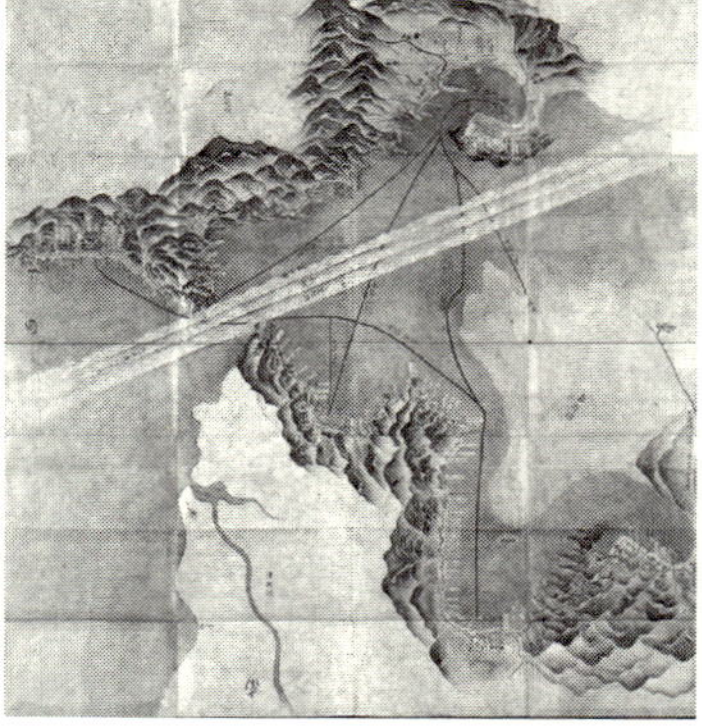

文化五年頃の「南部・津軽・松前浜通絵図」（青森県立郷土館蔵）

従五位下に甘んじてきた津軽家は、二百年ぶりに昇進した。寧親の子信順の時には官職も侍従に昇った（文政十三＝一八三〇）。こうした栄典は、御三卿の田安家（嗣子信順《のぶゆき》の正室欽姫の実家）や老中水野忠成など、幕府要人に対する寧親の熱心な工作の成果でもある。しかし陰では多大な金品を費やしたと言われ、そのため江戸市中における津軽家の評判は、すこぶる悪かった（『山形長年家記』）。

大名家格のルールは厳格で、一つ間違うと将軍の権威を犯すことにもつながる。文政十年（一八二七）、十一代将軍徳川家斉が太政大臣に昇任し、嗣子徳川家慶も従一位に叙任された。祝賀ムードの中、弘前藩十代藩主津軽信順《のぶゆき》は轅輿《ながえごし》に乗って登城し、人々の耳目を集めた。しかし轅輿は四位以上の大広間詰めの大名で、かつ国持大名に使用が限定されており、国持大名ではない信順には許されないものである。許可なく轅輿を使用したことが家格の秩序を破壊しかねないとの理由で、信順は七〇日間の逼塞《ひっそく》処分を受けた（『津軽越中守逼塞被仰付控、付心得方之覚伺書』）。これが「轅輿《えんよ》事件」で、信順に対しては、

御目代へ砂金めかくしうつ散し押込メらるゝ筈のことなり
ふんとしに縁あればこそ越中の門を〆めるもこしのあたりて

と、辛辣な落書が出回った。

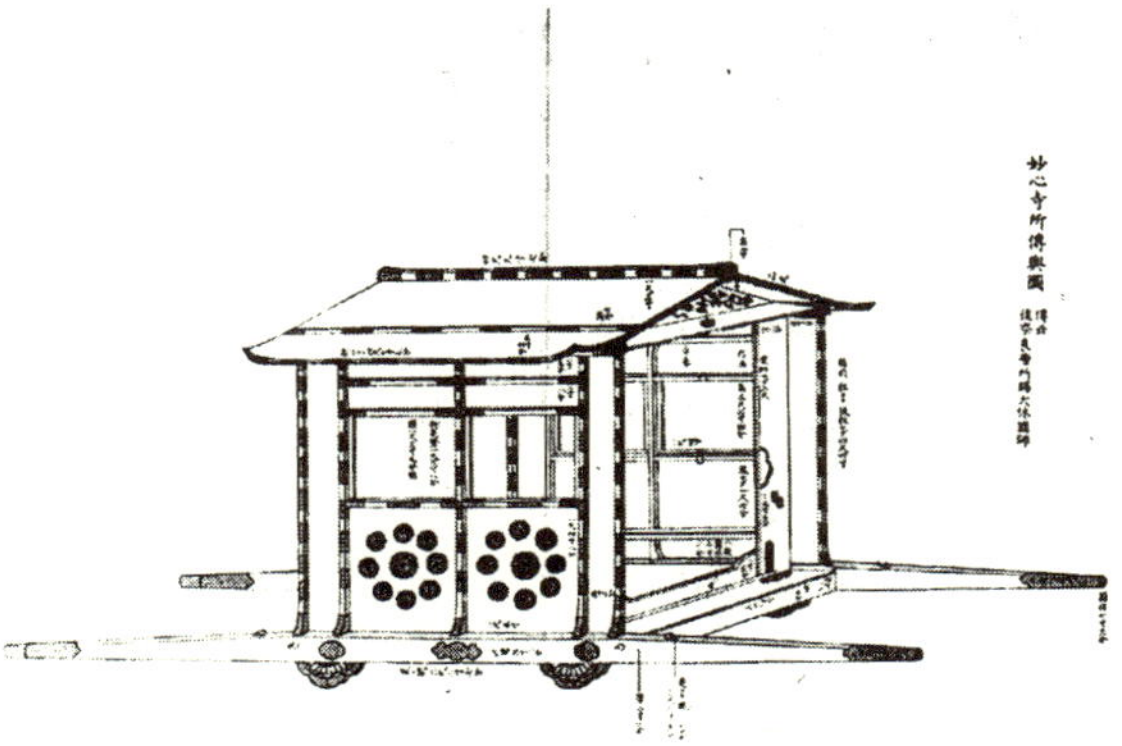

「輿車図考・付図」轅輿

相馬大作一件と世評——津軽叩きと南部びいき

文政四年（一八二一）四月、盛岡藩士の二男下斗米《しもとまい》秀之進《ひでのしん》は、江戸から帰国しようとしていた弘前藩九代藩主津軽寧親を、秋田領と津軽領の境に近い白沢（現秋田県大館市）で襲撃する計画を立てた。いわゆる「相馬大作事件」である。事件の背景には、津軽家と南部家の長年の対立と、蝦夷地警備の強化のため幕府が画策した両家の家格競争とがあった。

秀之進は寛政元年（一七八九）、二戸郡福岡村（現二戸市）に生まれた。一八歳で江戸に出て、文化五年（一八〇八）、二〇歳の時に平山道場に入門、剣の道で名を馳せた。帰国してからは福岡に兵聖閣を設け、平山流武術を教えた。

文政三年、盛岡藩十一代藩主南部利敬が三九歳の若さで死去した。風聞では、津軽寧親の相つぐ昇進に「気鬱」となって発病、死去したとのことだった。跡を継いだ養子の吉次郎（利用）はまだ一四歳で、無位無官のままに置かれた。対して寧親は従四位下侍従である。江戸城での座席は寧親より末座となり、南部家にとっては耐え難い屈辱と映った。

藩主が悩んでいるという話に、秀之進は忠義心をかき立てられた。南部家中には「津軽家は臣下の家筋」という考えが根強く、その思いが極限にまでつのった

十代藩主・津軽信順

と言えようか。秀之進は関良助と語らい、白沢で寧親の狙撃を企てたが、同行者の鍛冶喜七・大吉の密告で失敗した。襲撃の情報を察知した津軽家は寧親の帰路を変更し、急きょ大間越《おおまごし》経由で帰国した。

秀之進は江戸に出奔し、「相馬大作」の変名で剣術道場を開いた。同年十月、津軽家用人笠原八郎兵衛（皆当）の執拗な探索によって秀之進は発見され、幕府の役人に捕らえられて、打首獄門に処された。しかし世間は、津軽家憎しの感情も手伝って、秀之進の行為を義挙と称えていくのである。

義民民次郎一揆—相つぐ領内騒擾

蝦夷地警備は、領内の人々や社会にも大きな変化を与えた。人夫として徴発される機会が増え、人々は負担に苦しんだ。くじ引きで派遣人夫を選んだり、わざわざ人を雇ったりしたケースもあった（「津軽年代記」）。文化十年（一八一三）頃には、往来する公儀役人の人馬賃銭や松前派遣人夫の費用など、百姓の負担は「三〇年前の二、三倍に増えた」（「大平家日記」）というありさまだった。

こうした不満を背景に起きたのが、民次郎《たみじろう》一揆である。同年九月、津軽平野の農村地帯である木造新田・広須組・高杉組・藤代組の百姓らが、岩木川左岸地域の百姓らとともに、弘前城北門（亀甲門）に押し寄せた。この年は凶作で飢饉へ

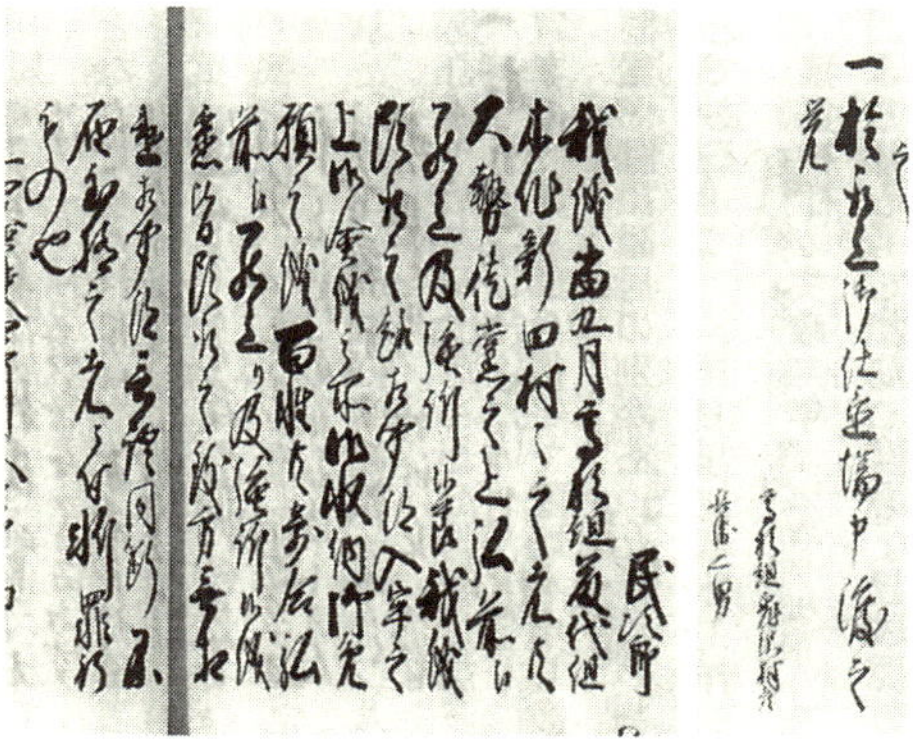

「弘前藩庁日記」（御国日記）民次郎斬罪

の恐れがあったし、何より藩が進めてきた領内開発と年貢の増徴、加えて蝦夷地警備による過度な負担が、彼らを定法破りの強訴へと向かわせたのである。一揆の規模については二〇〇〇人（「津軽藩旧記伝類」）、一三〇〇人（「大平家日記」）、七〇〇〜八〇〇人（「弘前藩庁日記」御国日記）、数百人（「封内事実秘苑」）とさまざまだが、この時期には各地で集中的に一揆が起きていたため、混乱があるのかもしれない。

　藩側は百姓の動きをある程度把握していて、武勇で知られる山本三郎左衛門を防ぎに配置したうえで、新田代官工藤仁右衛門に願書を受けとらせた。百姓らはすんなりと引き揚げたが、途中の御蔵町で相模屋久兵衛宅を打ちこわす乱暴を働いた。一揆の目的は年貢の減免だったが、ほかにも造酒高を減らす、米を領外に出さない、種モミを貸し与える、などの要求がなされたようだ。要求の一部は認められたが、一方では一揆の指導者探しが行われ、十一月に高杉組鬼沢村（現弘前市鬼沢）彦兵衛の次男民次郎が、首謀者として捕らえられた。民次郎は取上《とりあげ》刑場（現弘前市取上）で斬罪に処された（「弘前藩庁日記」御国日記）。最終的には五一人が捕らえられ、三五人が処罰、二人が逃亡したという。

　明治十四年（一八八一）、民次郎の顕彰碑が鬼沢村の鬼《き》神社に、昭和二十七年（一九五二）には「義民藤田民次郎出生之地」記念碑が自得《じとく》小学校校庭に、それぞれ建てられた。

義民民次郎の碑（弘前市・自得小）

③

藩政改革と幕末維新

津軽に大きな犠牲を強いた天保の飢饉。異国船が出没し、世間には「世直し」を求める声が満ちあふれた。近衛家の勧めで新政府側に付き、明治維新の夜明けを迎える。

宮崎札の発行――天保飢饉と藩政への批判

天保三年（一八三二）九月、弘前藩は凶作対策として米穀の隠《かくし》津出《つだし》を取り締まり、十月には酒造を禁じた。平年の五、六分作という予想のもと、早めに手を打ったのだ。天明飢饉の経験から、弘前藩では貯米制度を整備し、組ごとに郷蔵《ごうぐら》を設置させていた。一人一升、または一軒につき二升の米を徴集し、さらに分限に応じてそれ以上の米を出させた。さらに上方や金沢藩から米を購入する買越米《かいこしまい》も行われた。

翌四年は正月から青森湾の一部が凍りつくなど寒冷で、その後も気温は上がらなかった。八月には実入りが平年の一、二分に過ぎないという事態に陥った。領民は「天明年中大凶作」に匹敵する凶作と認識し、領外に去る者も出た。飢民の一部は秋田・松前・越後・江戸に流れ、弘前藩の江戸藩邸では小人《こびと》（掃除人）と

郷蔵（中泊町中里）

いう名目で彼らを雇い、一日四合の扶持を与えたという。弘前藩の貯米制度はいちおうの効果をあげ、天保五年までの三年間は比較的軽いダメージで済んだ。

天保飢饉の被害が大きかったのは、天保七年と同九年である。とくに天保九年は冷害で虫付きも多く、平年の三分作と見こまれる状況だった。しかしこの年は幕府の巡見使が来ることになっており、財政厳しい弘前藩はやむを得ず応接のための御用金を村々に課し、年貢も先納させた。年貢減免の措置は取られていたものの、全面免除や延納は認められず、中には田畑・家財道具を強制的に売却させられた農民もいた。被害は津軽全領に拡大した。

こうした中で天保八年、年貢の減少に苦しむ弘前藩は、御用達《ごようたし》商人の宮崎八十《やそ》吉《きち》に手形を発行させ、これを正金同様に通用させることとした。いわゆる「宮崎札」である。「宮崎札」は藩札ではなく、通用についての規定もない、富裕な商人の信用を利用するだけのきわめて一時しのぎ的なものだった。藩の信用を背景として発行された宝暦期の「標符」とは、その点が大きく異なる。この年、勘定人斎藤覚兵衛は意見書を提出し、藩士の減禄や領民の搾取をやめず、商人の御用金に頼るばかりで抜本的な対策をとらない藩政を厳しく批判した。その念頭に「宮崎札」の弊害が置かれていたことは疑いなかろう。加えて、弘前藩が重視してきた蝦夷地警備の負担こそが藩を疲弊させた第一の原因であると指摘した点は、注目に値する。

天保年間の蔵米収納

年	西　暦	蔵米収入高
天保 2	1831	15 万 6500 石
〃 3	1832	11 万 9636 石
〃 4	1833	2 万 2323 石
〃 5	1834	15 万 8158 石
〃 6	1835	6 万 5908 石
〃 7	1836	4 万 7877 石
〃 8	1837	9 万 7178 石
〃 9	1838	4 万 7134 石
〃 10	1839	9 万　136 石

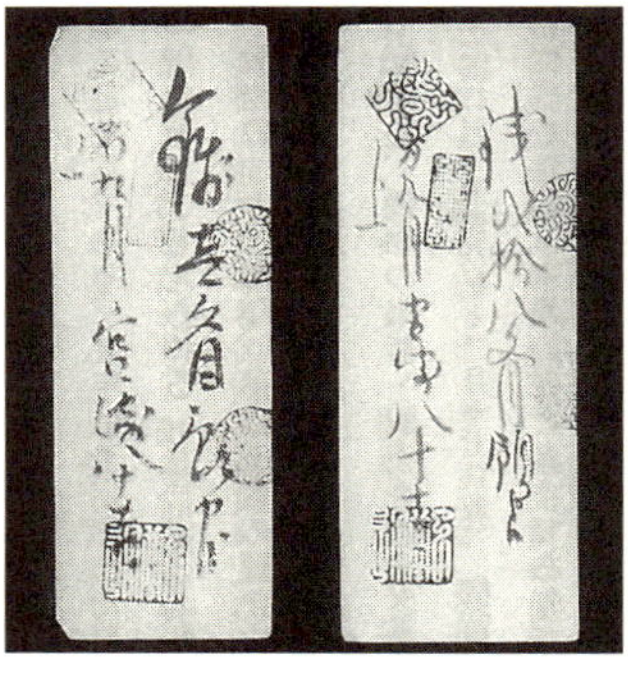
宮崎札

警備体制の変容—異国船、津軽海峡に出現

嘉永元年(一八四八)三月二十日、三厩《みんまや》村の沖に三千石クラスの大船が二艘現れ、岸から一里ほどの所に碇を下ろした。昼頃には今別村の袰月《ほろづき》沖に、三艘の船(捕鯨船か)が現れた。急報に接した弘前藩は警戒態勢をとり、物頭の木村杢之助ら三〇〇人余を動員した。

その後、五艘の船はいったん竜飛《たっぴ》・箱館方面に移動したが、二十三日の昼頃に、三厩近くの宇鉄《うてつ》村沿岸に再接近した。どこかで合流したのか、五〇〇〇石クラスの大船も交じっていた。まもなくボートが下ろされ、一三人の異国人が漕ぎ寄せた。彼らは村人が逃げ去った後の家に入り、料理や酒を見つけてはしゃいだ。そのうちに弘前藩の役人や藩兵がやってきたので、空砲を合図に、彼らは船に戻った。

なかなか立ち去ろうとしない異国船に対し、弘前藩はいっそう警戒を強めた。分家の黒石藩も、一〇〇人を超す人夫を動員した。

二十五日、宇鉄村の漁師松吉・万助・太三郎の三人が探査をすることになり、船に近づいた。予想に反して松吉らは好意的に迎えられ、船の大きさを測ったり、乗組員の数を尋ねたりしている。船はアメリカ船で、この時の状況を描いた「異

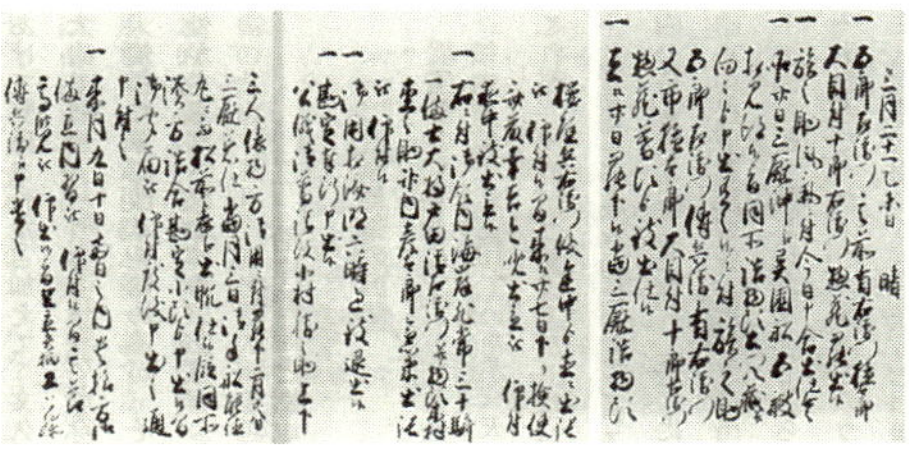

「弘前藩庁日記」(御国日記)異国船来航

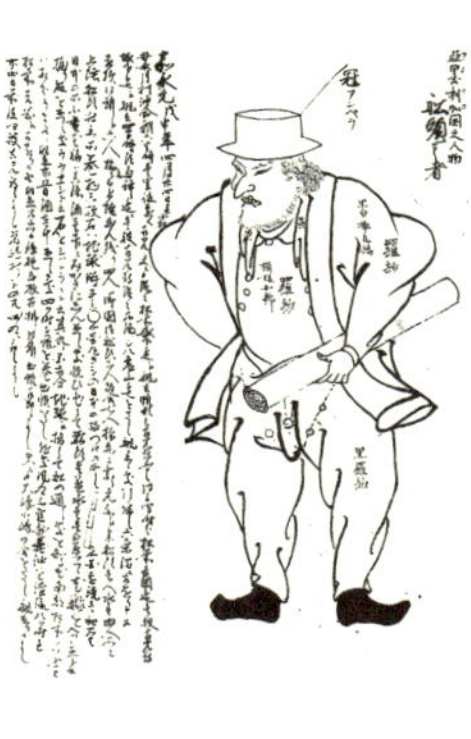

アメリカ人船頭

国船出帆之図」（青森県立郷土館蔵）には星条旗が描かれている。三〇〇〇石クラスの船は長さ二〇間（約三六メートル）・幅四間（約七・三メートル）・乗組員三五名、五〇〇〇石クラスの船は長さ三〇間（約五四・五メートル）・幅六間半（約一二メートル）・乗組員一〇〇名におよんだ。船団長からは「地元役人の頭に会いたい」との要望が出されたのでこれを受け入れ、近くの藤島浜に異国人二九名を上陸させた。弘前藩は酒・味噌を与える一方、早く立ち去らないと打ち払う旨を手真似で伝え、船は夕刻、西方に走り去った。

弘前藩はこの後も、緊張した警備を強いられた。嘉永三年に津軽海峡を通過した異国船は三七、八艘にもおよんだ。ペリー来航直前のできごとである。

平尾魯僊と鶴舎有節—津軽国学の展開と平田家

国学の巨人平田篤胤《ひらたあつたね》が天保十四年（一八四三）に死去すると、その私塾である気吹舎《いぶきのや》（伊吹乃屋）は、養子の銕胤《かねたね》に引き継がれた。門人を増やし塾勢を拡大する経営者としての才覚に、銕胤は優れていた。

平田派門人の全体像については、平田神社蔵「誓詞帳」および神習文庫《かんならいぶんこ》蔵「門人姓名録」で知ることができる。文化元年（一八〇四）に最初の入門者があり、明治九年までの総計は四四一九人に達している。そこには津軽出身の門人名も

アメリカ船

アメリカ人水夫

気吹舎「誓詞帳」（平田神社）

記されていて、安政四年(一八五七)入門の鶴舎有節《つるやありよ》を筆頭に岩間滴《いわましたたり》・三谷大足《みたにおおたり》・小野若狭・平尾魯僊《ひらおろせん》・兼平《かねひら》亀綾女・下沢保躬《しもざわやすみ》など、さらに明治初頭の猪股久吉・小山内梓・後藤孝吉を加え、計一八名の名が見えている。

鶴舎(鶴屋)有節は本名を武田乙吉といい、津軽俳壇の重鎮内海草坡《うちみそうは》に師事して、俳諧・書法・漢籍を学んだ。向学心は非常に強く、五十路を目前にして平田門を叩いた。江戸の下沢保躬に「師ハ誠にえらふへきもの」(万延元年七月書簡)と書き送ったように、中元や歳暮を欠かさず、書籍代金は常に多めに前渡しする、熱心な門人となった。青森県立郷土館所蔵の八木橋氏旧蔵文書に見える関係書簡には篤胤著書の価付《あたいづけ》(価格表)などが含まれていて、平田家が多数の書籍を有節に送付していたことが明らかになっている。

正月には、篤胤の尊霊を祀《まつ》る会が行われた。有節らはいわゆる没後門人《ぼつごもんじん》で、生前の篤胤と面会していなかったから、その肖像画は特別な意味を持った。万延元年(一八六〇)十一月と推定される銕胤書簡には「先人肖像の儀、厚く御悦下され満足いたし候」とあり、平田家が求めに応じて篤胤の肖像画を描かせ、有節らがそれを喜んだ様が見てとれる。平田家との交流により有節らは、全国の情勢を知ることが可能になった。ペリーの再来も、コレラの流行も、銕胤からの情報として津軽にもたらされた(沼田哲「鶴屋有節宛平田銕胤書簡四通をめぐって」)。

有節は南部の国学者菊池正古《きくちまさひさ》が安政二年(一八五五)に刊行した「皇祖宮所考」

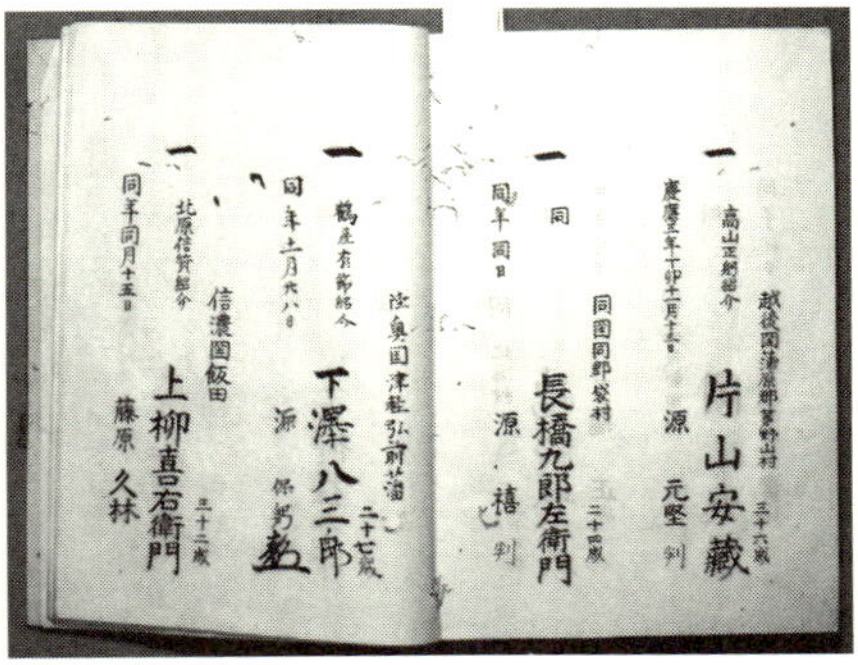

「誓詞帳」下沢保躬

平田篤胤(平田神社)

（盛岡市中央公民館蔵）に疑問を抱き、序文を添えた銕胤に平田国学の本質を尋ねるべく「皇祖宮所考弁」（弘前市立弘前図書館蔵）を準備した。そのような質問に銕胤は書簡で返答しており、一種の通信教育が行われていたようだ。

有節の親友で幕末の津軽画壇をリードした平尾魯僊（魯仙）が、自著「幽府新論」の刊行を企図して、草稿を平田家に送って論評を求めたのも（慶応三年／一八六七）、そのような関係があったからと思われる。

北前船がゆく――日本海海運の隆盛

北前船《きたまえぶね》は、大坂（現大阪）を起点とし、瀬戸内海から日本海を回って北海道に至る買積船《かいつみせん》である。寄港した先々で安く仕入れた荷物を高く売りさばく船のことで、行きは木綿・米・酒・塩・石材などを売り、帰りは北海道のニシン・〆粕《しめかす》・昆布・鮭を買い込んで、日本海を上下した。また、諸藩の年貢米や大坂で売却する蔵米などの運賃積みも行った。

江戸時代前期、日本海海運の主役は北国船《ほっこくせん》や羽ケ瀬船《はがせせん》だった。航続距離は短かったが、全国市場の中心である上方を目指すには、福井県敦賀《つるが》や小浜《おばま》で荷揚げし、琵琶湖を経由して京・大坂に向かうのが普通だったから、長距離輸送に堪える必要はなかった。船体は小さく櫂《かい》を用いる型式で、中世以来の伝統的船舶と言える。

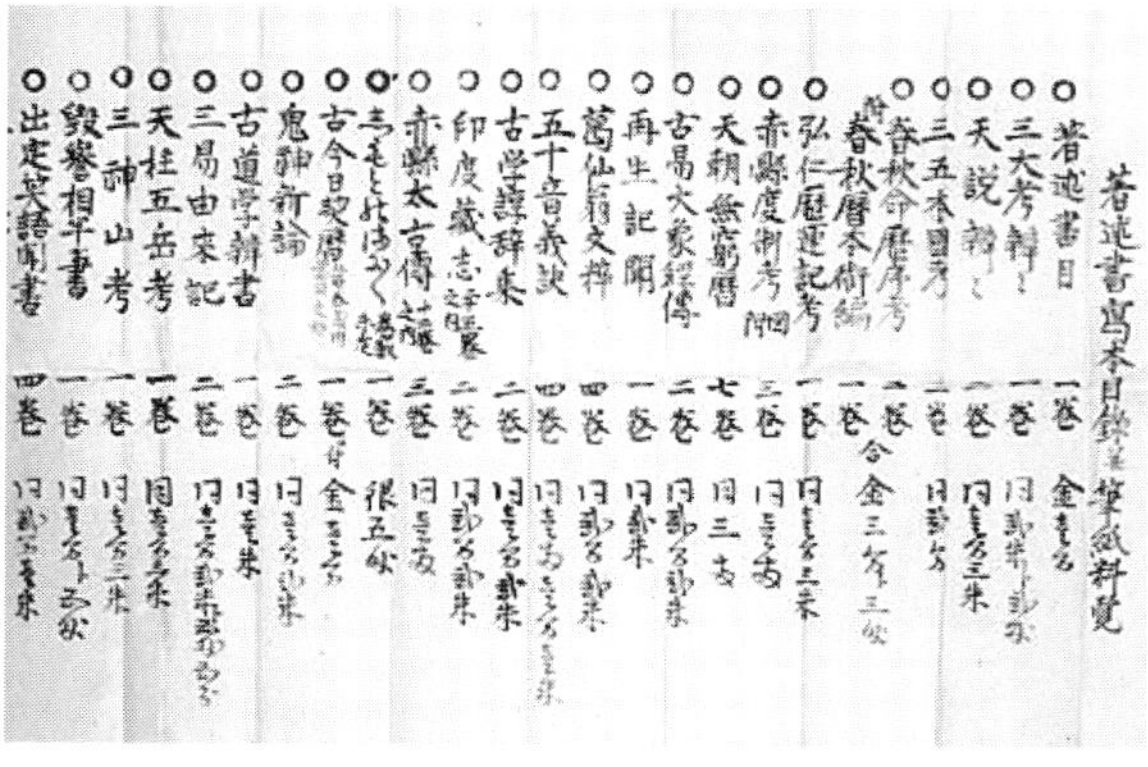

平田篤胤著書の価格表

帆《ほ》を用いる船はまだ一般的ではなかった。しかし寛文年間に、幕命を受けた河村瑞賢《ずいけん》が東廻り航路・西廻り航路を整備すると、高い帆走《はんそう》性能を持つ弁才船《べざいせん》が脚光を浴びるようになった。

弁才船は中央に長い帆柱と大きな一枚帆を備え、水押《みよし》と呼ばれる船首の水切り部分と、船尾の大きな可動式の舵《かじ》を持つ。したがって北前船も、江戸・大坂を結んだ菱垣《ひがき》廻船・樽廻船も、同じ弁才船の仲間である。しかし、スピード重視の菱垣廻船・樽廻船に対し、北前船はより多くの荷を運ぶため、幅広いずんぐりした船形になっている。また、税金対策の意味合いから、船首と船尾が大きく反りあがっている。和船の大きさを示すには、体積の単位である石数《こくすう》を用いる。一石は一八〇リットルで、重さにすると一五〇キロ。いわゆる「千石船」とは千石（一五〇トン）を積めるような大型船のことで、一般的には北前船を指した。

北前船の航海は、春から秋にかけてである。船主が船頭（親方）を兼ねることもあれば、人を雇う場合もあった。乗組員は水主《かこ》と呼ばれ、商品の保管・売買や金銭を出納する知工《ちく》、航海全般を指揮する表《おもて》、船内を監督する親父《おやじ》、その下の若衆《わかしゅう》、炊事や掃除を担当する見習いの炊《かしき》などに区別された。

嵐に遭うと帆を下ろし、碇《いかり》を垂らした。時には帆柱を切り倒すこともあった。積み荷を捨てるのは最後の手段である。それでもどうしようもなくなると、乗組員は髷《まげ》のモトドリを切って、神仏に加護を願った。運良く遭難を免れた後でも、

叶丸難船図（円覚寺）

御礼として髷を切り、絵馬に打ち付けて奉納することがあった。深浦町円覚寺には珍しい「髷額」が残っている。

古来、馬は神聖視され、献納されたが、木製・土製の馬形や、板に馬の姿を描いたものを奉納するケースも多かった。絵馬の原型である。さらに時代が下ると、馬以外の図柄を描くことも行われるようになった。船を描いた絵馬が現れるのは、江戸時代の初期、寛永年間のことである。

北前船は、江戸時代後期から明治時代初期にかけて全盛期を迎えたため、船絵馬もその時期のものが多い。青森県では、六〇〇枚以上が確認されている。こうした船絵馬の研究によって、吉本善京・杉本清舟・絵馬藤《えまとう》など大坂の絵師が、船絵馬作者として需要に応えていたことがわかっている。彼らは船の構造を熟知し、注文に応じて船体や艤装《ぎそう》を描き分ける技術を持っていた。荷崩れを防ぎ波浪を避けるため舷側《げんそく》に装着された蛇腹垣《じゃばらがき》や、蛇腹を支える垣立《かいだて》の構造が変化していく様を、船絵馬から読み取ることができる。とりわけ、幕末の嘉永年間に活躍した三代目吉本善京は版画の利用を思いつき、量産体制を整えた。これにより、船絵馬は安く大量に出回るようになった。

しかし、明治時代も中期を過ぎると、洋式帆船や蒸気船の普及によって、北前船をはじめとする弁才船は姿を消していった。現在、弁才船の実物が残っていないのは惜しまれるが、近年、新潟県佐渡市の「白山丸」や、大阪市の菱垣廻船

住吉丸の「髷額」（円覚寺）

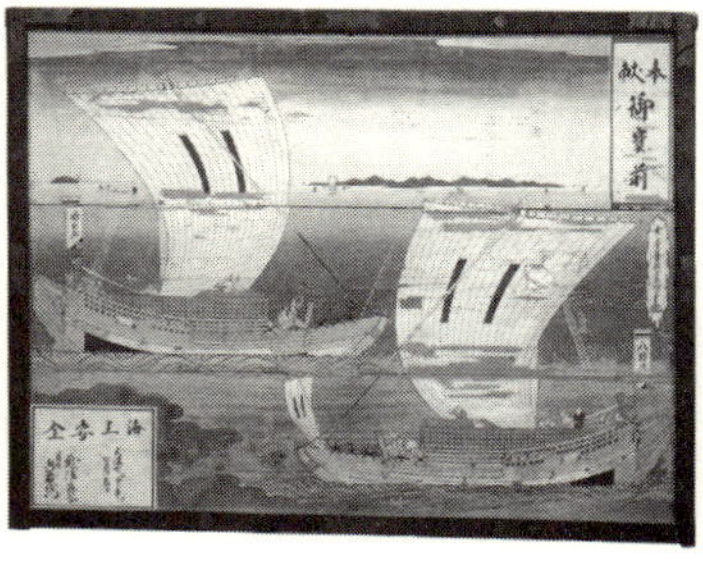

春日丸・八幡丸図（円覚寺）

「浪華丸」など、実物大の復元船が造られて話題を集めている。平成十七年（二〇〇五）には青森市で全長三二メートル、幅八・五メートル、帆柱の高さ二八メートルの千石船「みちのく丸」が建造され、帆走にも成功して、北前船の勇姿をみごとに再現した。

世直しの時代—戊辰戦争前夜の弘前藩

ペリー来航に始まる激動の中、開国和親を進めようとする幕府と、尊皇《そんのう》攘夷を打ち出した西南雄藩《ゆうはん》とが厳しく対立した。天皇がいる京都はとくに両派の活動が活発で、治安の乱れを懸念した幕府は諸大名に警備を命じた。

弘前藩には、元治元年（一八六四）の四月から六月にかけて警備兵を送るよう命があったが、すでに前年の文久三年（一八六三）六月から、五十嵐所吉・小山庄五郎ら九名が近衛家の要請で上洛していた。この時期、左大臣や関白を歴任した近衛忠熙《このえただひろ》は尊攘《そんじょう》派《は》に退けられ、生命の危険にさらされていたからである。直後の文久三年八月には弘前藩兵を指揮していた尊攘派の三条実美《さんじょうさねとみ》が追放され（八月十八日の政変）、翌年七月には長州藩が巻き返しをはかって御所を襲うなど（禁門の変）、京都の緊張は一気に高まった。五十嵐らはそのたびに、近衛忠熙を守護して京都郊外に避難させた。彼らはまさしく前線に身を置いていたのだ。

復元された北前船「みちのく丸」

慶応元年(一八六五)七月、京都留守居役の側用人西舘平馬は近衛忠熙に呼び出され、助成金として、五カ年にわたり金五〇〇両の拝借を許された(「近衛家雑事日記」)。翌年十二月、忠熙の六女尹子《ただこ》と弘前藩十二代藩主津軽承昭《つぐあきら》との婚約が整った際は、西舘が使者を務めた。津軽承昭の実家は熊本藩細川家で、この婚約は近衛・津軽・細川の三家を結びつける重要なものだった。

慶応三年(一八六七)十月、将軍徳川慶喜は政権を返上した(大政奉還)。岩倉具視と手を結んだ薩長同盟は十二月、小御所会議を開いた。この時西舘は、京都出役中の家老杉山八兵衛と、着任まもない留守居役赤石礼次郎とともに御所に出向いており、長州兵の入京についての意見を書面で提出するよう命じられた。西舘らはいったん藩邸に帰りたいと申し出たが、時間的制約から許されず、けっきょく長州兵の入京に賛意を示した。小御所会議では、将軍慶喜を処罰する決定が下されたが(辞官納地)、これを不服とする旧幕府側が反発し、鳥羽・伏見の戦を皮切りに新政府軍と戦闘状態に入った。いわゆる戊辰戦争の始まりである。

ほかの多くの藩がそうだったように、弘前藩もどちらに付くか、なかなか態度を決められなかった。しかし戊辰戦争の最終段階では勤皇の態度を示し、新政府側に立つことを決断した。その陰に近衛家のアドバイスと、西舘らの情報分析があったことはまちがいなかろう。

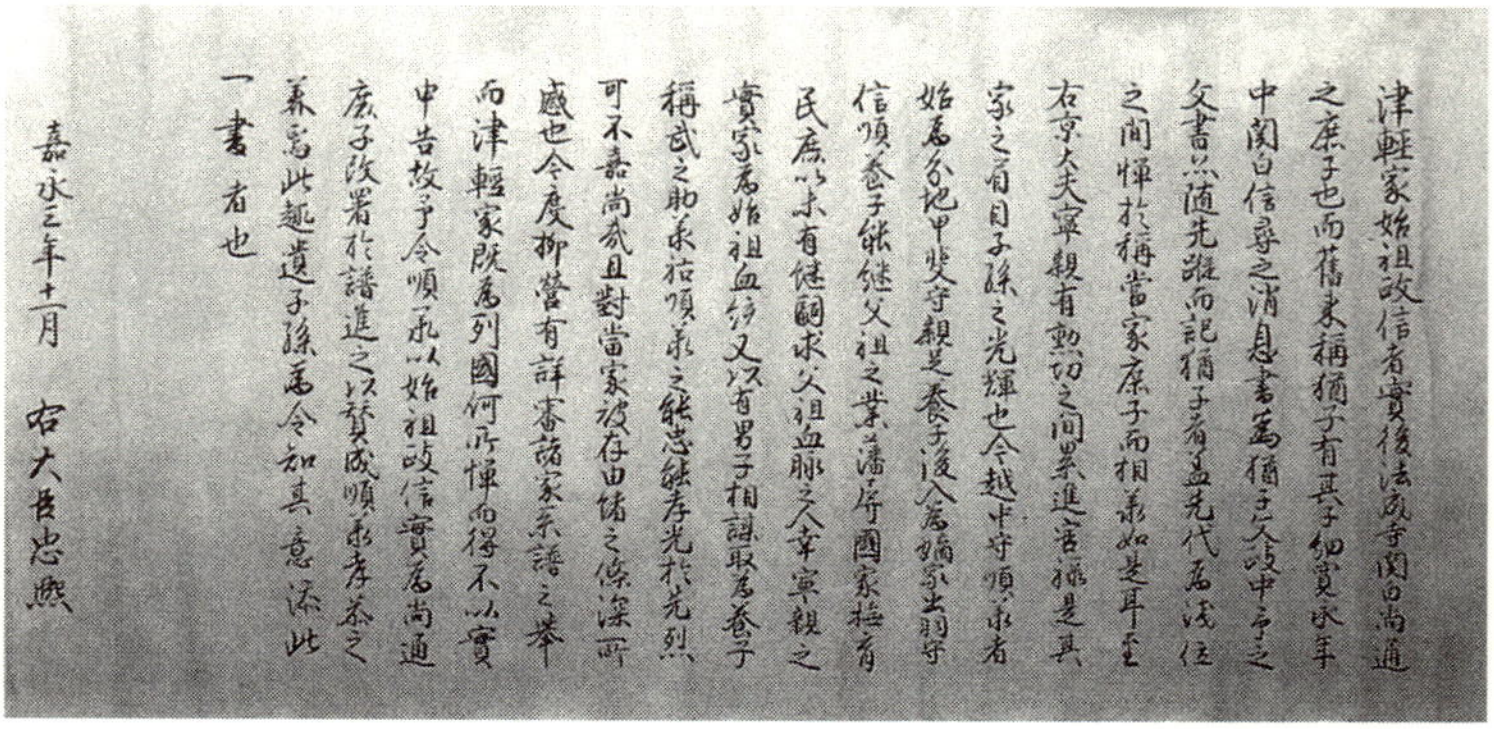

近衛忠熙の書状

沢為量と藩境封鎖事件——官軍北上に揺れる弘前藩

戊辰戦争が激化する中、弘前藩は新政府側に付くか旧幕府側に付くか、難しい選択を迫られた。明治元年(一八六八)正月、江戸詰めの弘前藩士には帰国命令が出され、国元でも藩主津軽承昭自ら諭告を出して現状説明に当たるなど、藩内の意思統一がはかられた。青森の商人瀧屋の伊東善五郎は、混乱し慌ただしい世相を評して「恐怖ノ時勢」と日記に記している(「家内年表」)。先行きの不透明さは、庶民にも不安を抱かせた。

弘前藩は事態を静観し、積極的には戦闘に参加しない方針をとった。佐幕の態度を貫く会津藩の征討を強硬に主張した長州藩士世良《せら》修蔵は「奥羽皆敵」と書いた密書を薩摩藩士大山巌《いわお》に送ったが、会津藩をかばおうとする仙台藩や、江戸の薩摩藩邸焼き打ちの責任を問われた庄内藩などを除けば、東北諸藩の多くは弘前藩と同様の立場にあった。したがって、明治元年(一八六八)五月に結成された奥羽越列藩同盟は、必ずしも新政府との対決を前提とはせず、むしろ勤皇の意思を明らかにして穏やかに事態を収拾しようとしたものだったと言える。

折から、新政府軍(官軍)の奥羽鎮撫副総督沢為量《さわためかず》は、蝦夷地渡海のため藩領内を通過したい旨、弘前藩に申し送った。沢は新政府に近い立場をとる秋田藩領に来ており、津軽領内の通過は、奥羽越列藩同盟の結成会議の際の議題にもなっていた。

沢の要求を認めることは、帯同する薩長兵の通過をも認めることである。藩論は二分し、日替わりで変転した。その様を追ってみると次のようになる。

五月一日　沢ら一行が新庄を出発、秋田領を目指す。
五月七日　弘前藩は軍政局の進言で、沢に通行を許可、薩長兵は拒否と決定。
五月九日　沢らが秋田城下に到着。
五月十日　沢に付属する藤川能登ら三人が先ぶれとして弘前城下に到着。
五月十一日　藤川らに弘前城下を避けて通行するよう指示。沢らの通過も許可。
五月十二日　仙台藩から弘前藩に奥羽越列藩同盟の成立が伝えられる。
五月十三日　弘前藩は、沢の通行は認めるが、薩長兵は通過させないと決定。
五月十六日　沢らが大館に到着。

これにより、藩境地帯の碇ヶ関周辺は、にわかに緊張の度を増した。

十六日、弘前藩は碇ヶ関に家老杉山上総《かずさ》を派遣し、伐採した倒木で街道を封鎖した。これをみた大隊長山崎所左衛門や館山善左衛門は急ぎ弘前に帰還し、官軍への反抗と見られかねない行動は「狂人ノ如シ」と批判して、藩主承昭に藩境封鎖を解除するよう進言した。この意見は容れられず、山崎らは封鎖命令に従ったが、やがて沢らが立腹しているとの風聞(「公私留記」)が流れるにおよんで、二十

碇ヶ関の図

二日に封鎖は解除された。

その後、官軍の津軽領内通行が延引されたため問題は収束したが、この事件は弘前藩に対する沢らの疑いを強めることとなった。決断の時は確実に迫っていた。

野辺地戦争―弘前藩、盛岡藩に敗北

藩境封鎖事件の報に接した京都留守居役の西舘平馬は、神戸港で蒸気船を雇い、急いで帰藩した。朝廷から出された勤皇遵守《じゅんしゅ》の令書のほか、近衛忠熙・忠房父子から託された勤皇を勧める令書や岩倉具視の書状を携え、朝敵と見られかねない行動は慎むようにと警告するためである。これにより、想像以上に事態は切迫していると気づいた弘前藩はようやく新政府に従う意思を固め、秋田藩につづいて奥羽越列藩同盟から脱退した。

慶応四年(一八六八)七月、新政府から庄内藩征討への参加を命じられた弘前藩は、館山善左衛門・田中小四郎・和嶋安左衛門・成田求馬らに兵を預け、急ぎ秋田藩と合流させた(「弘前藩記事」)。一刻も早く勤皇の態度を認めてもらわねばならなかったからである。四月からつづく庄内戦争は激戦をきわめた。一時は庄内・仙台・盛岡藩を主体とする列藩同盟側が横手城を攻略し、秋田領内へ進入する機会を窺うなど優位に立った。弘前藩は矢島奪回戦で一〇名戦死、一一名負傷とい

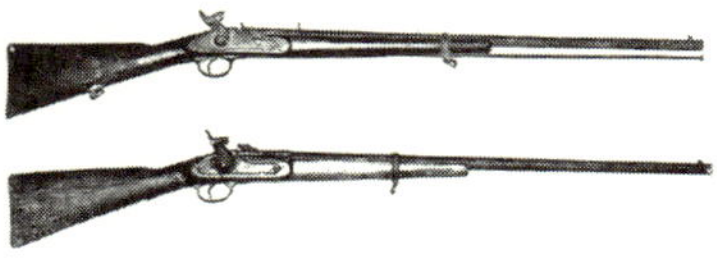

エンフィールド銃

伝小島左近着用兜(野辺地八幡宮)

う犠牲を出した。しかし八月末には、佐賀藩士田村勘左衛門ら援軍五〇〇名が到着し、補給路も確保され、新政府軍は圧倒的な火器力を生かして戦況を逆転させた。

この時期、弘前藩は軍制改革に着手し、洋式兵器を導入した。小銃としてははじめオランダ製のゲベール銃が使用されたが、命中精度の悪さなどから、しだいにフランス製のミニエー銃らに切りかえられた。エンフィールド銃やスナイドル銃も一部で使用されたようだ。大砲は射程の長いカノン砲が用いられた。軍装も新しくなり、筒袖・ズボンの洋装と袴・戎服・呉絽《ごろ》服の和装が混用された。不満を口にする藩士もいたが、秋田領に集う新政府軍を見て、その声もやがて収まった。

八月から九月にかけて庄内・仙台・米沢藩が降伏し、会津でも鶴ヶ城が落城して、大勢は新政府軍の勝利に傾いていた。これに呼応して、佐賀藩士中牟《なかむ》田倉《たくら》之助《すけ》は軍艦加賀丸で、盛岡藩兵が守る野辺地砲台に五〇発余りの砲撃を加えた。しかし、大きな成果はあげられずかえって反撃にあい、船は機能を失った。弘前藩は、中牟田の作戦を援助しなかったことで、再び勤皇の態度を疑われかねない状況に陥っていた。身の証を立てるには行動しかない。九月二十二日夜、弘前藩は木村繁四郎ら六小隊に野辺地馬門《まかど》口を襲撃させた。しかし作戦のまずさから盛岡藩に待ち伏せされ、身を隠す場所もない平地で銃撃されて、一八〇人中四九名が

佐賀藩船が使用した砲弾

野辺地戦争戦死者の墓

戦死するありさまだった。実は盛岡藩はこの戦いの前に降伏の意思を示し、秋田藩に仲介を依頼していたから、この野辺地戦争はほとんど無意味にも見える。しかし弘前藩にとっては勤皇の態度を示す最後の機会であり、勝敗ははじめから度外視されていた。その後、たとえ一時的にでも平和がもたらされたのだから、弘前藩兵の戦死は無駄ではなかったのである。

箱館戦争と青森―青函新時代の到来

明治元年(一八六八)十月、箱館府知事清水谷公考《しみずだにきんなる》から、「旧幕臣の榎本武揚《えのもとたけあき》ひきいる艦隊が箱館を占拠しようとしている」との一報が入った。榎本は開陽・回天など八隻で品川を出港し、仙台などに寄港しながら、「蝦夷共和国」の樹立を夢見て北上したのである。当時、東洋一の規模を誇る榎本艦隊の勢いはすさまじく、箱館はあえなく占領された。十一月七日の朝には、回天・蟠龍《ばんりゅう》の二隻が青森に現れ、箱館を占拠したいきさつを説明する文書を弘前藩に提出した。さらに同月二十一日には、松前藩主松前広徳が、家族とともに平舘《たいらだて》(現外ヶ浜町平舘)に逃れてきた。

こうした中、青森には、新政府軍の艦隊が続々と集結した。約一万二千人もの兵員のために用意する食糧・物資の手配はたいへんで、弘前藩家老杉山上総《かずさ》も

「時には参謀で、時には問屋のようだ」とぼやいている。大きな負担を強いられた青森の廻船問屋瀧屋（伊東善五郎家）の彦太郎も「青森は総つぶれになる」と心配している。

翌年五月、奮闘むなしく旧幕府軍は降伏した。総裁の榎本は東京に護送され、新政府の処断を待つことになったが、途中の弘前で「健卒帯刀前後行　籃輿羅網失窗明　山河百戦恍如夢　独仰皇裁向武城」と心中を託した漢詩をしたためている。

戊辰戦争が終わり、青森はようやく平穏の時を迎えた。しかし、新政府がうち出した北海道開拓の構想を前に、青森には新しい役割が期待されるようになっていた。明治六年一月には、北海道開拓使の付属船「弘明丸」が、箱館（函館）・青森・安渡（現むつ市大湊）間に就航し、青函定期航路が開設された。同年二月には、山口県下関の商人小田藤吉の「青開丸」も就航し、定期航路事業は官民取り混ぜの状況になった。

しかし、その後事業は国有化され、明治四十一年には、日本初の蒸気タービン船「比羅夫丸」「田村丸」の就航を見た。「青函連絡船」誕生の瞬間である。以後、連絡船は北の物資輸送の大動脈として、津軽海峡をはさむ青函地域の発展に、大きく貢献した。

時世の変化と神仏分離—百沢寺廃寺

津軽氏は宗教統制の必要から岩木山参詣を奨励し、岩木山神社を整備した。その別当寺が百沢寺《ひゃくたくじ》である。別当寺は平安時代以降に広まった神仏習合思想の影響を受けたもので、神宮寺《じんぐうじ》とも呼ばれる。神と仏を一体と見なす観点から、神社の境内に建てられた。このような場合、仏と神のどちらを主（本地《ほんじ》）とし、どちらを従（垂迹《すいじゃく》）とするかによって信仰の形態は違ってくるが、弘前藩は、仏は神の権現《ごんげん》（この世での仮の姿）とする卜部《うらべ》（吉田）神道を重視し、神が主、仏が従という立場をとっていた。

百沢寺は真言宗智積院に属し、岩木山光明院と号した。同寺に残る永正十四年（一五一七）銘の吊り灯籠には「岩木山宝殿」とあり、この頃にはすでに堂舎があったようだ。寺の縁起には、神社・下居宮《おりいのみや》・境内一〇坊が天正十七年（一五八九）正月の火災で焼失したとあり、少なくともその時期までに、社殿や伽藍《がらん》が建てられていたことがわかる（岩木山神社蔵「岩木山百沢寺光明院縁起」）。慶長六年（一六〇一）九月の棟札に弘前藩初代藩主津軽為信が越前・若狭などから大工を招いて百沢寺下居宮を再建したとあり、この「再建」という文字が焼失の事実を裏づけている。この棟札は、慶長八年の百沢寺大堂（現拝殿）建立の棟札とともに、長勝寺に保

岩木山神社の本殿

蒼龍窟（長勝寺）

管されている。

　慶長十五年八月、二代藩主津軽信枚は百沢寺に願文を納めた（国文学研究資料館蔵津軽家文書）。それには本尊仏である阿弥陀如来・薬師如来・十一面観音菩薩の三尊像と四天王・十一面双王倶生神・五百羅漢の各像を、信枚が刻ませたとある。鰺ヶ沢で陸揚げしたともあり、上方の仏師に制作を依頼したのだろう。岩木山神社と百沢寺には寺社領四百石が支給され、江戸時代全期を通じ、藩の祈禱所として尊崇された。

　ところが幕末維新の激動により、状況は一変する。明治三年（一八七〇）八月、弘前藩は領内大社に別当寺の廃止を命じ、仏像を神体としたり、本地と称して仏像を神社の前に置いたり、鰐口や仏具などを置いたりすることを禁止した（「諸稟底簿」）。ただし岩木山神社の境内は広いため、山の部分は岩木山神社に、林の部分は神主・百沢寺・救聞持《ぐもんじ》堂に預けるとしているので、この時点では百沢寺の廃止までは考えていなかったようだ。そのため山頂の御室《おむろ》（＝奥宮）には新たに御神体を置くことにして東京に注文し、御室の本尊仏と麓の下居宮の仏像など、境内の仏像はすべて百沢寺に預けられることになった。しかし翌年、百沢寺の廃止が決まると仏像は行き場を失い、持ち出されたり捨てられたりして、散逸してしまった。

　現在、これらの仏像の一部は、青森県立郷土館が弘前大学・弘前市史編纂《へんさん》室・

旧百沢寺の羅漢立像（長勝寺）

青森県史編さんグループなどの協力を得て行った仏像調査により、各地で確認されている。長勝寺蒼龍窟《そうりゅうくつ》には本尊仏三体と五百羅漢像一三一体があり、ほかに鶴田町の浄林寺、木造町の正法寺・洪福寺などにも五百羅漢像が保管されている。いずれも曹洞宗の寺院であるのは興味深い。中には仏像の傷ましい状況を見かねた信者が拾いあげ、奉納したものもあるかもしれない。

藩政改革と廃藩置県――弘前藩の終焉と「帰田法」

戊辰戦争が終結すると、新政府は弘前藩の功労を讃え、藩主津軽承昭に賞典禄二万石を贈った。承昭はその一部を戦没者の慰霊と論功行賞に当て、二六四一件・二五三〇人に対し、米二〇一〇石余、金一七八九六両余ほかを支出した。

しかし弘前藩が費やした軍費は莫大で、財政はほとんど破綻《はたん》していた。以前からの借財は六二万両余あり（『津軽承昭公伝』）、ほかに戦争中に発行した藩札の未整理分が、明治四年（一八七一）の時点で約一四万両残っていた。文久三年（一八六三）から慶応二年（一八六六）までの四年間を平均して、弘前藩には年に四五万両程度の歳入があったが、到底まかなえない数字である。弘前藩は新政府に窮状を訴えて交付金を受け、藩札を整理してその場をしのいだ。しかし藩内に不満が出る懸念から、藩士の俸禄をすぐに削減することはしなかった。

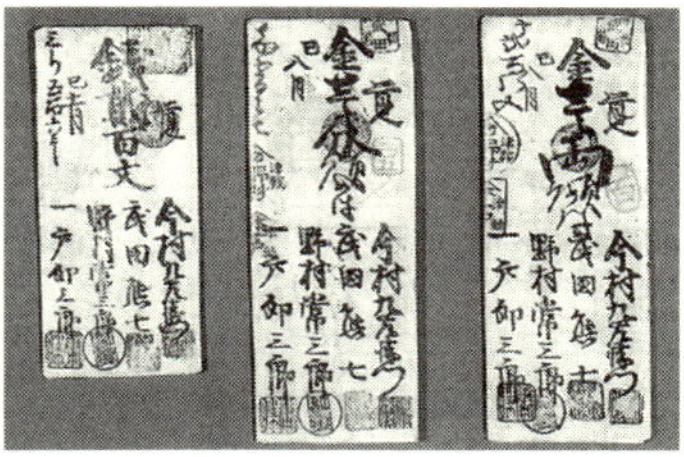
明治二年の藩札

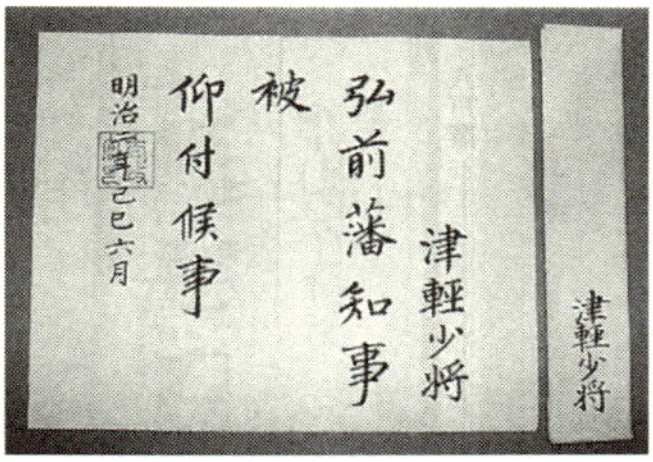

弘前藩知事の辞令

新時代の到来は急激である。明治元年、新政府は各藩に対し、役職の見直しと職務の統一をはかるよう制度改革を指令した（藩治職制）。人員の適正配置と経費削減が目的だった。改革の恩恵を受ける者と受けない者の格差は大きく、元用人山田登《のぼる》が首脳部批判を行ったりした。明治三年六月、按察使府の次官菱田重禧《ひしだしげよし》が来藩し、山田ら反対派の要求を抑えた。しかし首脳部には藩内一致と改革推進の徹底をはかるよう指示し、藩士の俸禄も削減するよう求めた。

削減率は小禄の者ほど低かったが、たび重なる俸禄借り上げや軍費供出で家計はすでに限界に達していた。例えば、八人家族の樋口小作は粥をすすり、傘張りの内職をしてしのいでいたが、そこまでしてもなお渇命の危険があるとして、明治四年五月、監正所に救いを求めた（「諸稟底簿」）。こうした窮状を打開する方策として採用されたのが帰田法《きでんほう》である。領内の地主から一〇町歩を残して藩が土地を買いあげ、藩士に分与しようとしたのだ。この制度は地主に犠牲を強いるもので、土地代金も満足に払われなかった。しかも明治四年七月、廃藩置県で弘前藩そのものが消滅するにおよんで、帰田法も効力を失い、経済は混乱した。十月、新たに赴任した弘前県大参事野田豁通《ひろみち》は、帰田法の立案者である西舘孤清（平馬）を新政府の弾正台に呼んで尋問したが、当の西舘は、藩士に分与した土地はすでに転売され返すに返せないと答えるばかりだった。

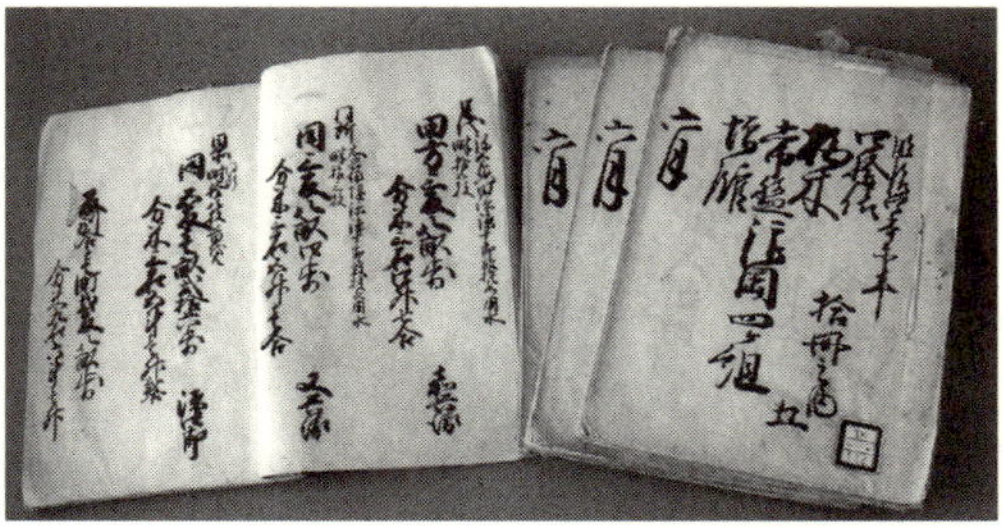
帰田法の水帳

これも弘前

『忍ぶ草』と横岡兄弟

文化七年（一八一〇）、北蝦夷地（樺太＝カラフト）警備に派遣された弘前藩士横岡光喜は、翌八年二月、弘前藩の陣屋が置かれていた増毛で病死した。その死を悲しんだ弟元喜は、同九年十一月、弘前藩の御抱絵師今村養淳（「八幡宮祭礼図巻」の作者と伝えられる）に頼んで、兄弟が並んだ姿の肖像画を描いてもらった。

文化十年、北蝦夷地行きを命じられた元喜は三月十一日に弘前を出立。往復とも増毛を通過し、ようやく二年目にして、兄の菩提を弔うことができた。帰りには、墓の脇に新しい卒塔婆を建てている。

十一月一日に帰弘した元喜は、その間の出来事を二巻の巻物『忍ぶ草』に綴った。ところどころに俳句を織り込みつつ、墓参りの状況を絵入りで説明する構成になっている。挿絵は引き続き養淳に頼み、翌十一年九月に完成した。「なつかしき春やむかしの花の兄」「此墓へ胡砂吹きよせな春の風」などの句には、兄光喜に対する追慕の念がよく表れている。

途中、謡曲の形式に載せて地名や景観、陣屋の所在地、風待ちや行程の日数などを書き込んだ部分があり、北蝦夷地に旅する者が現地の様子を居ながらに把握できるよう配慮している。

書き出しの部分に「武士の道」「君恩」「忠義」の文字が見えることから、元喜が兄に寄せる感情は、単に肉親であるというだけでなく、忠孝の精神を貫いた一人の武士への尊敬が込められているように思える。藩士らの努力の結果として、弘前藩の蝦夷地での働きは幕府に高く評価され、七万石、十万石へと昇進を果たすことになった。しかし、不案内な地に送られる弘前藩士は多かれ少なかれ、横岡兄弟のように、辛く切ない思いを抱いたであろう。

首尾よく弘前に帰り着いた元喜は旅の最後を「おもふ事晴てうれしや時雨雲」の句で締めくくったが、この点に、津軽と北蝦夷地の遠さを実感することができる。

『忍ぶ草』より。上: 2図 弘前城下出立、中: 5図 兄の墓詣り、下:11図 元喜の帰宅（個人蔵）

エピローグ

新たな地域像を求めて

弘前県から青森県へ——県庁の移転と弘前

明治四年（一八七一）七月の時点で現在の青森県域には五つの藩があったが、廃藩置県によってそれぞれ弘前県・黒石県・八戸県・七戸県・斗南《となみ》県となった。しかしどの県も財政状況は厳しく、とりわけ斗南県の困窮は甚だしかった。そこで斗南県少参事広沢安任《ひろさわやすとう》と八戸県大参事太田広城《おおたひろき》が会談し、財政安定と経費節減を目的とする五県の合併を、明治政府の大久保利通《おおくぼとしみち》に働きかけた。

こうして九月には、北海道の館《たて》県を編入するかたちで青森県が誕生した。その後、若干の県域変更を経て現在に至っている。青森県の成立により、県庁は弘前から青森へと移されることになった。弘前県大参事野田豁通《ひろみち》は青森県権《ごん》参事となり、政府から青森県権令菱田重禧《ひしだしげよし》が赴任して、十二月一日に開庁式が行われた。

幕末維新の動乱の中で人々の生活は混乱し、治安も乱れた。弘前城は荒れ果て、各

西谷休之助撮影の弘前城

地で騒ぎが起こった。県政に対する不満も強く、地元に同情的な野田はまだしも、強権的な菱田のやり方に批判が集中した。菱田は旧斗南県士族を救済するため政府から米九万石を借り受けるなど一定の成果をあげたが、県民全体の理解は得られなかった。けっきょく菱田は明治六年に弘前で起きた騒動の責任をとらされ、東京に呼び戻された。

中央から来る官僚たちは、青森県を「難治県《なんじけん》」（治め難い県）と表現した。生活水準、人々の意識、衛生面のどれをとっても水準以下だと言う。こうした考え方は根強く残り、明治二十年七月の「無神経事件」で表面化する。政府『官報』に「青森県のようなやや無神経の人民」という表現があったのだ。県民の反発は激しく、ついには県知事鍋島幹《なべしまみき》に対する抗議行動に発展した。

津軽には「じょっぱり」ということばがある。「強情を張る」からきたものだが、津軽の厳しい風土と歴史に根ざした人情をこれだけみごとに表現した津軽弁は、ほかに見あたらない。

弘前藩御仮屋

あとがき

学生時代の恩師である弘前大学の長谷川成一教授から本書の執筆を持ちかけられたのは四年前、平成十六年のことである。

江戸時代、二百六十年余に及ぶ歴史を一人で語るのは荷が重いと感じたが、弘前藩の関係では、「弘前藩庁日記」をはじめとする豊富な藩政文書が残されていて、過去の研究にも相当の厚みがある。さらに、『新編弘前市史』や『新青森市史』などに代表される近年の自治体史編さん事業を通じて、新しい発見も成されている。そうした蓄積を踏まえつつ、弘前藩の魅力を紹介するのが私に与えられた課題と思い、引き受けることにした。

筆を起こすに当たってまず考えたのは、歴史の流れを常に意識し、単なるエピソード集にならないようにしたいという点である。それゆえ、典拠はできるだけ明らかにし、歴史資料に即した記述になるよう心がけた。なお、読みやすさに配慮して専門用語の使用はなるべく控えたつもりだが、それでもまだ、表現が硬いところがあるかもしれない。十分に意が伝わらないとすればそれは、私の拙文のゆえである。あらかじめお詫びしておきたい。

本書は弘前藩という一地方の歴史をテーマとしているが、人・物・文化の諸相をダイナミックにとらえるためには、藩内の諸問題を取り上げるだけでなく、弘前藩自体が外からどう見えていたのかを常に意識しておく必要がある。いわゆる「移動と交流の視点」で、これについては、進行中の『青森県史』の成果に学んだ。かつて、私もその事務局の一員として各地の調査に参加し、行く先々で多くの教えをいただいた。その経験も、いささかは活かすことができたと思う。

私事になるが、話をいただいた年の四月、高校教師に戻った私は、「遅れてきた新人」のつもりで学校現場に挑んでいた。「部活動の顧問は何を」と聞かれて、私は野球部を選んだ。本州最北端の高校に赴任して以来、常に野球に関わってきたからだ。十年ぶりで踏んだグラウンドの感触は昨日のことのように覚えている。しかし、県内屈指の強豪校であるこの野球部の練習は長く厳しく、片手間で付き合うことはできなかった。やがて私は部長となり、生活の中心は野球に移っていった。

平成十九年に現職へ復帰するまでの三年間、歴史研究を疎かにしたつもりは決してないが、本書の執筆が滞ったのは確かで、やはり私の時間の使い方に問題があったと思う。そうした諸々の事情を理解し、辛抱強く待っていただいた現代書館の菊地泰博さんには、改めて感謝申し上げたい。

また、本書ができるまでにいただいた学恩は余りに多く、すべての方のお名前を挙げることはできなかった。そのことを末尾に書き添え、せめてもの御礼としたい。

参考文献

森山泰太郎校訂『洋夷茗話・箱館紀行』（八坂書房　一九七四）
長谷川成一編『津軽藩の基礎的研究』（国書刊行会　一九八四）
長谷川成一編『北奥地域史の研究―北からの視点』（名著出版　一九八八）
浪川健治『近世日本と北方社会』（三省堂　一九九二）
黒滝十二郎『弘前藩政の諸問題』（北方新社　一九九七）
田中秀和『幕末維新期における宗教と地域社会』（清文堂　一九九七）
長谷川成一『近世国家と東北大名』（吉川弘文館　一九九八）
浅倉有子『北方史と近世社会』（清文堂　一九九九）
菊池勇夫『エトロフ島―つくられた国境』（吉川弘文館　一九九九）
鈴木元子『平家詞曲相伝の家―弘前藩士楠美家の人々』（北の街社　一九九九）
長谷川成一ほか『青森県の歴史』（山川出版社　二〇〇〇）
長谷川成一編『津軽・松前と海の道』街道の日本史3（吉川弘文館　二〇〇一）
浪川健治編『下北・渡島と津軽海峡』街道の日本史4（吉川弘文館　二〇〇一）
沼田　哲編『「東北」の成立と展開』（岩田書院　二〇〇二）
菊池勇夫『飢饉から読む近世社会』（校倉書房　二〇〇三）
長谷川成一『弘前藩』（吉川弘文館　二〇〇四）
浪川健治『近世北奥社会と民衆』（吉川弘文館　二〇〇五）
長谷川成一ほか編『北方社会史の視座』1～3（清文堂　二〇〇七～〇八）
長谷川成一『北奥羽の大名と民衆』（清文堂　二〇〇八）

○資料集・報告書

『青森県史　資料編　近世1　近世北奥の成立と北方世界』（青森県　二〇〇一）
『青森県史　資料編　近世2　前期津軽領』（青森県　二〇〇二）
『青森県史　資料編　近世3　後期津軽領』（青森県　二〇〇六）
『青森県史　資料編　近世　学芸関係』（青森県　二〇〇四）
『青森県史研究』第五号（青森県　二〇〇〇）
『新編弘前市史　資料編2　近世編1』（弘前市　一九九六）
『新編弘前市史　資料編3　近世編2』（弘前市　二〇〇〇）
『新編弘前市史　資料編4　近現代編1』（弘前市　一九九七）
『弘前の仏像―弘前市内寺院彫刻・絵画調査報告書』（『新編弘前市史』特別編　一九九八）
『新編弘前市史　通史編2　近世編1』（弘前市　二〇〇二）
『新編弘前市史　通史編3　近世編2』（弘前市　二〇〇三）
『新編弘前市史　通史編4　近現代編1』（弘前市　二〇〇五）
『新青森市史　資料編3　近世1』（青森市　二〇〇二）
『新青森市史　資料編4　近世2』（青森市　二〇〇四）
坂本寿夫編『弘前藩記事』一～四　津軽近世史料（北方新社　一九八七～九二）
『津軽藩初期文書集成』弘前の文化財・第一四集（弘前市教育委員会　一九八八）
松木明知・花田要一編『津軽医事文化史料集成』御国日記上・御国日記下・続（一九九三・一九九四・一九九八）

○図録・図説・写真集

『円空・学秀仏―庶民の心を彫る』展示図録（青森県立郷土館　一九七七）
『目で見る津軽の歴史』（弘前市立博物館　一九八〇）
『津軽家の名品』展示図録（弘前市立博物館　一九八九）
『図説　青森県の歴史』（河出書房新社　一九九一）
『漆の美―日本の漆文化と青森県』展示図録（青森県立郷土館　一九九三）
『稲生川と土淵堰』展示図録（青森県立郷土館　一九九四）
『西・北津軽の仏たち』展示図録（青森県立郷土館　一九九六）
『描かれた青森』展示図録（青森県立郷土館　一九九九）
『蝦夷錦と北方交易』展示図録（青森県立郷土館　二〇〇三）
『描かれた北東北』展示図録（青森県立郷土館　二〇〇四）
『図説　弘前・黒石・中南津軽の歴史』（郷土出版　二〇〇六）
『図説　五所川原・西北津軽の歴史』（郷土出版　二〇〇六）
『図説　青森・東津軽の歴史』（郷土出版　二〇〇七）
『よみがえれ北前船』展示図録（青森県立郷土館　二〇〇七）

本田伸（ほんだ・しん）
青森県立青森商業高等学校教諭。昭和三十六年（一九六一）青森県八戸市生まれ。弘前大学人文学部卒。専攻は日本近世史（絵図史及び境界論）。
青森県史編さん近世部会事務局、青森県立郷土館学芸課を経て現職。『青森県史』『新編八戸市史』『新編弘前市史・岩木地区』の編さんに関わる。
著書、シリーズ藩物語『八戸藩』。共著『津軽・松前と海の道』『写真が語る八戸の歴史世紀を超えて近世編』ほか。

シリーズ藩物語 **弘前藩**

二〇〇八年七月二十日　第一版第一刷発行
二〇一八年三月十五日　第一版第二刷発行

著者――本田伸
発行所――株式会社 現代書館
東京都千代田区飯田橋三―二―五　郵便番号 102―0072
電話 03―3221―1321　FAX 03―3262―5906　振替 00120―3―83725
発行者――菊地泰博
組版――エディマン
装丁――中山銀士＋杉山健慈
印刷――平河工業社（本文）東光印刷所（カバー、表紙、見返し、帯）
製本――越後堂製本
編集協力――原島康晴
校正協力――岩田純子

 ISBN978-4-7684-7113-5

江戸末期の各藩

松前、**八戸**、七戸、黒石、**弘前**、**盛岡**、**一関**、秋田、亀田、本荘、秋田新田、仙台、松山、**新庄**、**庄内**、天童、長瀞、**山形**、上山、**米沢**、米沢新田、相馬、福島、**二本松**、三春、**会津**、**守山**、棚倉、平、湯長谷、泉、**村上**、黒川、三日市、**新発田**、村松、三根山、与板、**長岡**、椎谷、**高田**、糸魚川、松岡、笠間、宍戸、**水戸**、下館、結城、**古河**、下妻、府中、土浦、麻生、谷田部、牛久、大田原、黒羽、烏山、喜連川、**宇都宮・高徳**、壬生、吹上、**足利**、佐野、関宿、高岡、佐倉、小見川、多古、一宮、**生実**、鶴牧、久留里、大多喜、請西、飯野、佐貫、勝山、館山、岩槻、忍、岡部、**川越**、沼田、前橋、**伊勢崎**、館林、高崎、吉井、小幡、安中、七日市、飯山、須坂、**松代**、**上田**、**小諸**、岩村田、田野口、**松本**、諏訪、**高遠**、飯田、金沢、荻野山中、小田原、**沼津**、小島、田中、掛川、**相良**、横須賀、浜松、富山、加賀、大聖寺、郡上、高富、苗木、岩村、加納、大垣、高須、今尾、犬山、挙母、岡崎、西大平、西尾、吉田、田原、大垣新田、尾張、**刈谷**、西端、長島、**桑名**、神戸、菰野、亀山、津、久居、鳥羽、宮川、彦根、大溝、山上、西大路、三上、膳所、水口、丸岡、勝山、大野、**福井**、鯖江、敦賀、小浜、淀、新宮、田辺、紀州、峯山、宮津、田辺、綾部、山家、園部、亀山、福知山、柳生、柳本、芝村、郡山、小泉、櫛羅、高取、高槻、麻田、丹南、狭山、岸和田、伯太、豊岡、出石、柏原、篠山、尼崎、三田、三草、明石、小野、姫路、林田、安志、龍野、山崎、三日月、赤穂、鳥取、若桜、鹿野、**津山**、勝山、新見、岡山、庭瀬、足守、岡田、岡山新田、浅尾、松山、鴨方、福山、広島、広島新田、高松、丸亀、多度津、西条、小松、今治、松山、**大洲・新谷**、**伊予吉田**、**宇和島**、徳島、**土佐**、土佐新田、**松江**、広瀬、母里、浜田、津和野、岩国、徳山、長州、長府、清末、小倉、小倉新田、**福岡**、**秋月**、**久留米**、柳河、三池、蓮池、唐津、**佐賀**、小城、鹿島、大村、島原、平戸、平戸新田、**中津**、杵築、日出、**府内**、臼杵、**佐伯**、森、**岡**、熊本、熊本新田、宇土、人吉、延岡、高鍋、佐土原、飫肥、薩摩、対馬、五島（各藩名は版籍奉還時を基準とし、藩主家名ではなく、地名で統一した）　**★太字は既刊**

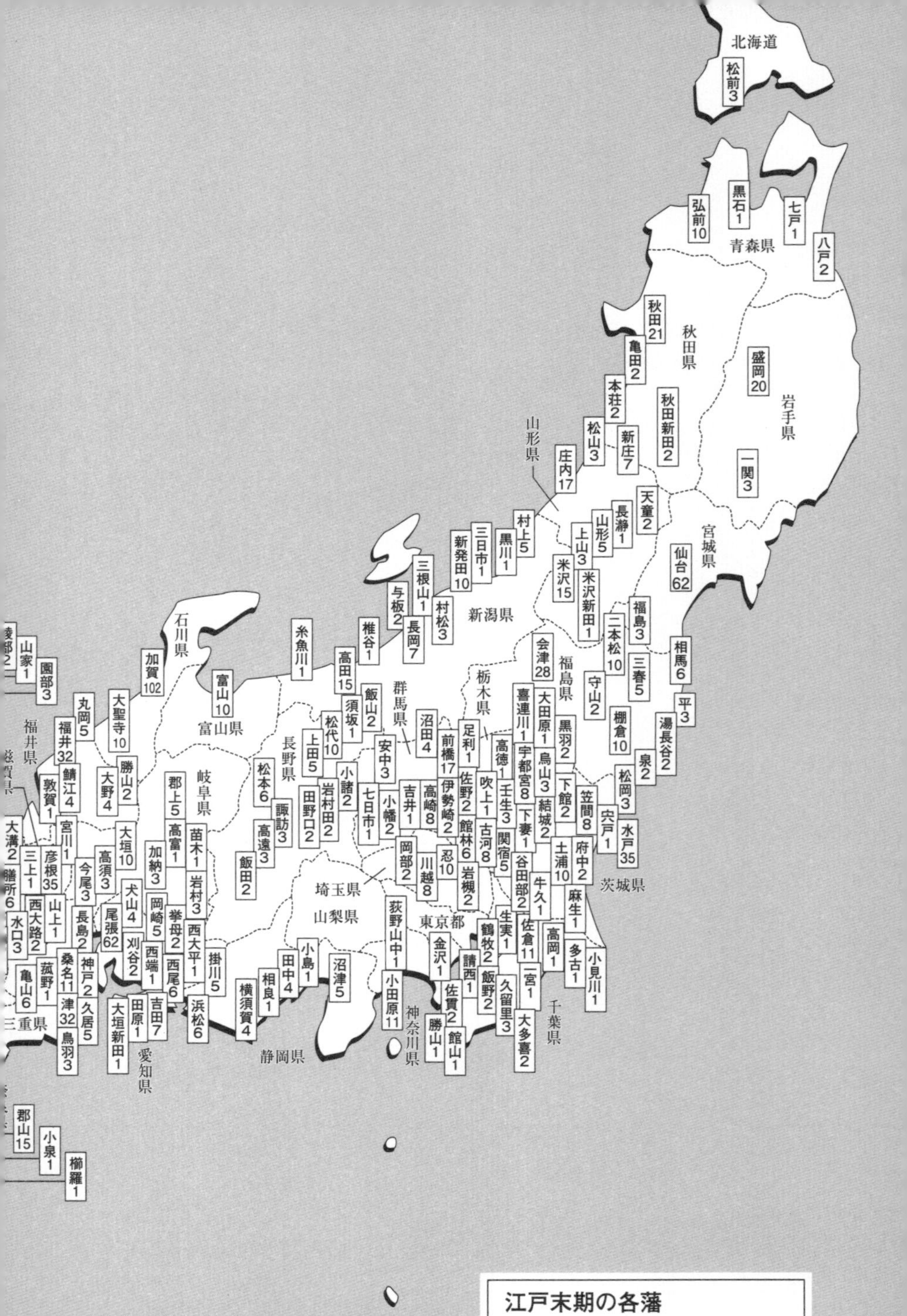

江戸末期の各藩
（数字は万石。万石以下は四捨五入）